Pies

igloobooks

Published in 2014
by Igloo Books Ltd
Cottage Farm
Sywell
NN6 0BJ
www.igloobooks.com

Food photography and recipe development: PhotoCuisine UK
Front and back cover images © PhotoCuisine UK

GUA006 0714
2 4 6 8 10 9 7 5 3
ISBN 978-1-78343-457-2

Printed and manufactured in China

Contents

Classic Pies

Beef and potato lattice pies

Makes: 6

Preparation time: 1 hour

Cooking time: 25 minutes

Ingredients

225 g / 8 oz / 1 ¼ cups potatoes, sliced

300 g / 10 ½ oz / 2 cups
   sirloin steak, sliced

4 tbsp butter, softened

1 clove of garlic, crushed

1 tbsp dill, chopped

For the pastry

400 g / 14 oz / 2 ⅔ cups plain
   (all purpose) flour

200 g / 7 oz / ¾ cup butter, cubed
   and chilled

1 egg, beaten

Method

To make the pastry, sieve the flour into a mixing bowl then rub in the butter until the mixture resembles fine breadcrumbs. Stir in just enough cold water to bring the pastry together into a pliable dough. Chill for 30 minutes.

Meanwhile, parboil the potatoes in salted water for 10 minutes, then drain well.

Preheat the oven to 200°C (180°C fan) / 400F / gas 6. Roll out half of the pastry on a floured surface and cut out 6 circles then use them to line 6 tartlet tins.

Divide half of the potatoes between the cases, then top with the steak before finishing with a layer of potatoes. Beat the butter with the garlic and dill, then dot it over the top of the potatoes.

Roll out the rest of the pastry and cut out 6 circles for the lids. Lay them on top of the pastry cases and crimp the edges to seal. Re-roll the trimmings and cut the sheet into 1 cm (½ in) strips. Lay them on top of the pies in a lattice pattern, then brush the tops with beaten egg.

Bake the pies for 25 minutes or until the pastry is cooked underneath and golden brown on top.

Creamy chicken and leek pie

Serves: **4**

Preparation time: **30 minutes**

Cooking time: **45 minutes**

Ingredients

2 tbsp butter

2 leeks, sliced

1 tbsp plain (all purpose) flour

250 ml / 9 fl. oz / 1 cups milk

3 cooked chicken breasts, cubed

150 ml / 5 ½ fl. oz / ⅔ cup crème fraiche

½ tsp freshly grated nutmeg

2 tbsp tarragon, finely chopped

450 g / 1 lb / 2 cups all-butter puff pastry

1 egg, beaten

salt and pepper

Method

Heat the butter in a saucepan and fry the leeks for 10 minutes without colouring. Sprinkle in the flour and stir well, then stir in the milk and bubble until it thickens. Add the chicken and crème fraiche and heat through, then season to taste with salt and white pepper. Stir in the nutmeg and tarragon, then leave to cool completely.

Preheat the oven to 200°C (180°C fan) / 400F / gas 6.

Roll out half the pastry on a lightly floured surface and use it to line a pie dish. Spoon in the filling and level the top, then brush round the rim with water. Roll out the rest of the pastry and lay it over the top then trim away any excess.

Brush the top of the pie with beaten egg then bake for 45 minutes or until the pastry is cooked through underneath and golden brown on top.

Pork, carrot and sage pie

Serves: 4

Preparation time: 45 minutes

Cooking time: 40 minutes

Ingredients

2 tbsp olive oil

300 g / 10 ½ oz / 2 cups pork shoulder, cubed

1 onion, chopped

1 large carrot, peeled, and chopped

1 tsp dried sage

1 tbsp plain (all purpose) flour

1 tbsp concentrated tomato purée

500 ml / 18 fl. oz / 2 cups chicken stock

For the pastry

200 g / 7 oz / 1 cup butter, cubed, and chilled

400 g / 14 oz / 2 ⅔ cups plain (all purpose) flour

Method

First make the pastry. Rub the butter into the flour until the mixture resembles fine breadcrumbs. Stir in just enough cold water to bring the pastry together into a pliable dough then chill for 30 minutes.

Meanwhile, heat the butter in a saucepan and fry the onion and carrot for 5 minutes without colouring. Add the pork and sear on all sides to seal. Sprinkle in the flour and stir well, then stir in the tomato purée, sage and stock and bubble until it thickens. Leave to cool completely.

Preheat the oven to 200°C (180°C fan) / 400F / gas 6.

Roll out half the pastry on a lightly floured surface and use it to line a pie dish. Spoon in the filling and level the top, then brush round the rim with water. Roll out the rest of the pastry and lay it over the top. Trim away any excess, then crimp round the edge with your thumb and forefinger. Prick the top to allow the steam to escape.

Bake the pie for 40 minutes or until the pastry is cooked through underneath and golden brown on top.

12

Potato pie

Ingredients

450 g / 1 lb / 2 ½ cups potatoes, peeled
  and sliced
1 clove of garlic, crushed
300 ml / 10 ½ fl. oz / 1 ¼ cups double
  (heavy) cream
2 tbsp tarragon, finely chopped
450 g / 1 lb / 2 cups all-butter puff pastry
1 egg, beaten
salt and pepper

Method

Preheat the oven to 200°C (180°C fan) / 400F / gas 6.

Parboil the potatoes in salted water for 10 minutes, then drain well. Toss the potatoes with the garlic, cream and tarragon and season well with salt and pepper, then leave to cool to room temperature.

Roll out half the pastry on a floured surface and use it to line a pie dish. Pack the potatoes in tightly and pour over any cream left in the bowl.

Roll out the rest of the pastry and lay it over the top then crimp the edges to seal. Trim away any excess pastry and make a hole in the top for the steam to escape. Score a pattern in the top, being careful not to cut all the way through, then brush the top with beaten egg.

Bake the pie in the oven for 45 minutes or until the pastry is cooked through underneath and golden brown on top.

Salmon and dill pie

Serves: 6

Preparation time: 15 minutes

Cooking time: 40 minutes

Ingredients

450 g / 1 lb / 2 cups all-butter puff pastry

450 g / 1 lb / 3 cups skinless boneless salmon fillet, cubed

300 ml / 10 ½ fl. oz / 1 ¼ cups double (heavy) cream

1 tbsp Dijon mustard

2 egg yolks, beaten

2 tbsp dill, chopped

1 egg, beaten

salt and pepper

Method

Preheat the oven to 200°C (180°C fan) / 400F / gas 6.

Roll out half the pastry on a floured surface and use it to line a pie dish. Arrange the salmon on top in an even layer.

Mix the cream with the mustard, egg yolks, and dill and season with salt and white pepper, then pour it over the salmon.

Roll out the rest of the pastry and lay it on top. Trim away any excess and crimp round the edge, then brush it with beaten egg.

Bake the pie for 40 minutes or until the pastry is cooked through underneath and golden brown on top.

Mince and potato pie

Serves: 8

Preparation time: 45 minutes

Cooking time: 45 minutes

Ingredients

450 g / 1 lb / 2 ½ cups potatoes, peeled
  and sliced
2 tbsp olive oil
1 onion, finely chopped
1 medium carrot, sliced
2 cloves of garlic, finely chopped
450 g / 1 lb / 3 cups minced beef
½ tbsp fresh thyme leaves

For the pastry

400 g / 14 oz / 2 ⅔ cups plain
  (all purpose) flour
200 g / 7 oz / ¾ cup butter,
  cubed and chilled
1 egg, beaten

Method

To make the pastry, sieve the flour into a mixing bowl, then rub in the butter until the mixture resembles fine breadcrumbs. Stir in just enough cold water to bring the pastry together into a pliable dough, then chill for 30 minutes.

Meanwhile, parboil the potatoes in a large pan of salted water for 8 minutes, then drain well.

Heat the oil in a large frying pan and fry the onion, carrot, and garlic for 5 minutes without colouring. Add the minced beef and stir-fry for 5 minutes or until it starts to brown. Leave to cool.

Preheat the oven to 200°C (180°C fan) / 400F / gas 6 and line a deep pie tin with greaseproof paper. Roll out half the pastry on a floured surface and use it to line the tin. Layer up the potatoes with the mince mixture inside, then moisten the edge of the pastry with a little water.

Roll out the rest of the pastry and lay it over the top then trim away any excess pastry and crimp around the edge with a fork. Make a hole in the top for the steam to escape before brushing with beaten egg.

Bake the pie for 45 minutes or until the pastry is cooked through underneath and golden brown on top.

Fish pie

Serves: **6**

Preparation time: **30 minutes**

Cooking time: **40 minutes**

Ingredients

500 ml / 17 ½ fl. oz / 2 cups milk

1 bay leaf

200 g / 7 oz / smoked haddock fillet

4 tbsp butter

2 tbsp plain (all purpose) flour

200 g / 7 oz / 1 ⅓ cups skinless
    boneless salmon fillet, cubed

150 g / 5 ½ oz / 1 cup raw
    king prawns, peeled

2 tbsp dill, chopped

450 g / 1 lb / 2 cups all-butter puff pastry

1 egg, beaten

salt and pepper

Method

Put the milk and bay leaf in a small saucepan and
bring to a simmer. Lay the haddock in a snugly fitting
dish and pour the hot milk over the top. Cover the dish
with cling film and leave to stand for 10 minutes.

Heat the butter in a small saucepan and stir in the
flour. Strain in the haddock milk, stirring constantly.
Cook until the sauce is thick and smooth.

Remove any skin and bones from the haddock, then
flake the flesh into the white sauce and stir in the
salmon, prawns and dill. Season to taste with salt and
black pepper and leave to cool.

Preheat the oven to 200°C (180°C fan) / 400F / gas 6.

Roll out half the pastry on a floured surface and use
it to line a baking dish. Spoon in the filling and level
the top.

Roll out the rest of the pastry and lay it on top.
Trim away any excess and crimp round the edge.
Use the offcuts to decorate the top, then brush it with
beaten egg.

Bake the pie for 40 minutes or until the pastry is
cooked through underneath and golden brown on top.

Lamb, pea and mint pie

Serves: 4

Preparation time: **30 minutes**

Cooking time: **30 minutes**

Ingredients

2 tbsp olive oil

450 g / 1 lb / 3 cups minced lamb

1 onion, finely chopped

3 cloves of garlic, finely chopped

600 ml / 1 pint / 2 ½ cups good quality
   beef stock

1 large potato, peeled and diced

150 g / 5 ½ oz / 1 cup peas, defrosted
   if frozen

2 tbsp mint leaves, finely chopped

225 g / 8 oz / 1 cup all-butter puff pastry

1 egg, beaten

salt and pepper

Method

Heat the oil in a saucepan and fry the mince for
5 minutes or until browned. Add the onion and garlic
and fry for 5 more minutes, then stir in the stock and
potatoes and bring to the boil. Simmer for 8 minutes,
then stir in the peas and mint and season to taste with
salt and pepper.

Preheat the oven to 220°C (200°C fan) / 425F / gas 7.

Pour the lamb mixture into a baking dish and level
the top.

Roll out the pastry and lay it over the top, then press
round the edges to seal and trim away any excess
pastry. Score a few lines across the top of the pastry,
being careful not to cut all the way through.

Brush the top of the pie with egg, then bake it for
30 minutes or until the crust is golden brown and
cooked through.

Chicken pie

Serves: 4

Preparation time: **45 minutes**

Cooking time: **30 minutes**

Ingredients

2 tbsp butter

1 onion, chopped

1 large carrot, peeled and chopped

1 tbsp plain (all purpose) flour

500 ml / 18 fl. oz / 2 cups milk

3 cooked chicken breasts, cubed

75 g / 2 ½ oz / ½ cup peas,
    defrosted if frozen

75 g / 2 ½ oz / 1 cup button
    mushrooms, quartered

salt and pepper

For the pastry

200 g / 7 oz / 1 cup butter,
    cubed and chilled

400 g / 14 oz / 2 ⅔ cups plain
    (all purpose) flour

2 tbsp milk

Method

First make the pastry. Rub the butter into the flour until the mixture resembles fine breadcrumbs. Stir in just enough cold water to bring the pastry together into a pliable dough, then chill for 30 minutes.

Meanwhile, heat the butter in a saucepan and fry the onion and carrot for 5 minutes without colouring. Sprinkle in the flour and stir well, then stir in the milk and bubble until it thickens. Add the chicken, peas and mushrooms to the pan and heat through, then season to taste with salt and white pepper.

Preheat the oven to 200°C (180°C fan) / 400F / gas 6.

Roll out half the pastry on a lightly floured surface and use it to line a pie dish. Spoon in the filling and level the top, then brush round the rim with water.
Roll out the rest of the pastry and lay it over the top. Trim away any excess, then crimp round the edge with your thumb and forefinger.

Use the pastry trimmings to decorate the top, then brush it with milk.

Bake the pie for 30 minutes or until the pastry is cooked through underneath and golden brown on top.

Meat and Fish Pies

Salmon and potato deep dish pie

Serves: 8

Prep time: 45 minutes

Cooking time: 45 minutes

Ingredients

450 g / 1 lb / 2 ½ cups potatoes, peeled and sliced

1 clove of garlic, crushed

300 ml / 10 ½ fl. oz / 1 ¼ cups double (heavy) cream

300 g / 10 ½ oz / 2 cups salmon fillet, skinned and chopped

450 g / 1 lb / 2 cups all-butter puff pastry

1 egg, beaten

salt and pepper

Method

Preheat the oven to 200°C (180°C fan) / 400F / gas 6.

Parboil the potatoes in salted water for 10 minutes, then drain well. Toss the potatoes with the garlic and cream and season well with salt and pepper, then leave to cool to room temperature.

Roll out half the pastry on a floured surface and use it to line a deep 23 cm (9 in) spring-form cake tin. Arrange the salmon in the bottom and top with the sliced potatoes and cream.

Roll out the rest of the pastry and lay it over the top then crimp the edges to seal. Trim away any excess pastry and make a hole in the top for the steam to escape, then brush the top with beaten egg.

Bake the pie in the oven for 45 minutes or until the pastry is cooked through underneath and golden brown on top.

Serve hot or at room temperature.

Fish and vegetable potato-topped pie

Serves: 4

Preparation time: **30 minutes**

Cooking time: **30 minutes**

Ingredients

450 g / 1 lb / 2 ½ cups floury potatoes, peeled and cubed
500 ml / 17 ½ fl. oz / 2 cups milk
1 bay leaf
400 g / 14 oz smoked haddock fillet
4 tbsp butter
2 tbsp plain (all purpose) flour
1 carrot, coarsely grated
1 courgette (zucchini), coarsely grated
1 yellow pepper, very thinly sliced
75 g / 2 ½ oz / ¾ cup Cheddar, grated
salt and pepper

Method

Preheat the oven to 200°C (180°C fan) / 400F / gas 6.

Cook the potatoes in boiling salted water for 12 minutes or until tender then drain well.

Meanwhile, put the milk and bay leaf in a small saucepan and bring to a simmer. Lay the haddock in a snugly fitting dish and pour the hot milk over the top. Cover the dish with cling film and leave to stand for 10 minutes.

Heat half of the butter in a small saucepan and stir in the flour. Reserve 2 tbsp of the haddock milk for the potatoes and strain the rest into the butter and flour mixture, stirring constantly. Cook until the sauce is thick and smooth.

Remove any skin and bones from the haddock, then flake the flesh into the white sauce with the vegetables. Season to taste with salt and black pepper and pour the mixture into a baking dish.

Mash the potatoes with the reserved milk and remaining butter and spoon it on top of the haddock. Sprinkle with cheese, then bake for 30 minutes or until the topping is golden brown.

Game pie

Serves: **8**

Preparation time: **30 minutes**

Cooking time: **1 hour**

Ingredients

200 g / 7 oz / 1 ⅓ cups minced pork

200 g / 7 oz / 1 ⅓ cups boneless
  rabbit, finely chopped

200 g / 7 oz / 1 ⅓ cups boneless
  venison, finely chopped

100 g / 3 ½ oz / ⅔ cup back bacon,
  finely chopped

1 onion, finely grated

½ tsp freshly grated nutmeg

salt and pepper

For the pastry:

50 g / 1 ¾ oz / ¼ cup butter

200 g / 7 oz / 1 ⅓ cups plain
  (all purpose) flour

50 g / 1 ¾ oz / ⅓ cup strong white
  bread flour

50 g / 1 ¾ oz / ¼ cup lard

1 egg, beaten

Method

First make the pastry. Rub the butter into the two flours with a teaspoon of salt until the mixture resembles fine breadcrumbs. Put the lard in a saucepan with 100 ml / 3 fl. oz / ½ cup water and bring to the boil, then stir it into the flour.

Turn the dough out onto a lightly floured work surface and knead for 1 minute or until smooth. Reserve a third of the dough for making the lid, then roll the rest out into a large rectangle.

Use the pastry to line a baking tin, allowing the edges to overhang a little.

Mix the mince, rabbit, venison, bacon, onion and nutmeg together, seasoning liberally with sea salt and white pepper. Pack the mixture into the pastry case. Roll out the reserved pastry into a rectangle large enough to cover the surface of the pie.

Brush the overhanging edges with beaten egg then lay the pastry lid over the top and crimp the edges to seal. Trim away any excess pastry and make a 1 cm (½ in) hole in the top for the steam to escape. Chill the uncooked pie for 30 minutes to firm up the pastry.

Preheat the oven to 200°C (180°C fan) / 400F / gas 6.

Brush the pastry lid with beaten egg then bake the pie for 1 hour. Leave to cool completely before serving.

Chicken and vegetable pie

Serves: 4

Preparation time: **45 minutes**

Cooking time: **45 minutes**

Ingredients

2 tbsp butter

200 g / 7 oz / 1 ⅓ cups
   chicken breast, cubed

1 leek, chopped

1 celery stick, chopped

2 carrots, chopped

1 tsp plain (all purpose) flour

250 ml / 9 fl. oz / 1 cup chicken stock

75 g / 2 ½ oz / ½ cup peas,
   defrosted if frozen

salt and pepper

For the pastry

100 g / 3 ½ oz / ½ cup butter,
   cubed and chilled

200 g / 7 oz / 1 ⅓ cups plain
   (all purpose) flour, plus extra
   for rolling

Method

First make the pastry. Rub the butter into the flour until the mixture resembles fine breadcrumbs. Stir in just enough cold water to bring the pastry together into a pliable dough, then chill for 30 minutes.

Preheat the oven to 200°C (180°C fan) / 400F / gas 6.

Heat the butter in a saucepan and fry the chicken, leek, celery and carrots for 5 minutes without colouring. Sprinkle in the flour and stir well, then stir in the stock and bubble until it thickens slightly. Add the peas to the pan and heat through, then season to taste with salt and pepper.

Roll out half the pastry on a lightly floured surface and use to line a round pie dish. Spoon in the filling, then brush round the rim with water. Roll out the rest of the pastry to make the lid, then trim away any excess and crimp the sides.

Bake the pie for 45 minutes or until the pastry is golden brown and cooked through underneath.

Salmon coulibiac

Serves: **8**

Preparation time: **1 hour**

Cooking time: **40 minutes**

Ingredients

700 g / 1 lb 9 oz / 4 cups skinless,
  boneless salmon fillet
2 tbsp butter
1 large onion, finely chopped
1 tsp ground coriander (cilantro)
1 tsp ground cumin
200 g / 7 oz / 1 cup basmati rice
400 ml / 14 fl. oz / 1 ⅔ cups fish stock
½ lemon, juiced and zest finely grated
2 tbsp fresh dill, finely chopped
2 tbsp flat leaf parsley, finely chopped
2 tbsp chives, chopped
6 hard-boiled eggs, peeled
salt and pepper

For the pastry

200 g / 7 oz / 1 cup butter, frozen
400 g / 14 oz / 2 ⅔ cups plain
  (all purpose) flour

Method

To make the flaky pastry, grate the frozen butter into the flour and add a pinch of salt. Stir in just enough cold water to bring the pastry together into a pliable dough, then chill for 30 minutes.

Meanwhile, bring a large pan of water to the boil, then add the salmon. Cover the pan, turn off the heat and leave to poach gently for 10 minutes. Drain well.

Heat the butter in a saucepan and fry the onion for 5 minutes without colouring. Stir in the coriander, cumin and rice and cook for 1 more minute, then pour in the stock and season with salt and pepper.

When the stock starts to boil, cover the pan and turn the heat down to its lowest setting. Cook for 10 minutes, then turn off the heat and leave to stand for 10 minutes. Leave the rice to cool completely, then stir through the lemon zest and juice and the herbs.

Preheat the oven to 200°C (180°C fan) / 400F / gas 6. Roll out three quarters of the pastry on a lightly floured surface and use it to line a large loaf tin. Spoon in half of the rice, then flake in half of the salmon. Arrange the boiled eggs in a line down the centre, then top them with the rest of the salmon. Spoon over the remaining rice and level the top.

Roll out the rest of the pastry, lay it over the top and crimp the edges to seal. Bake the coulibiac for 40 minutes, then leave it to cool for 10 minutes before serving.

36

Mince and herb pie

Serves: 4

Preparation time: **45 minutes**

Cooking time: **30 minutes**

Ingredients

2 tbsp olive oil

1 onion, finely chopped

2 cloves of garlic, finely chopped

450 g / 1 lb / 3 cups minced beef

½ tbsp fresh thyme leaves

1 tbsp flat leaf parsley

1 tbsp chives, chopped

For the pastry

400 g / 14 oz / 2 ⅔ cups plain
   (all purpose) flour

200 g / 7 oz / ¾ cup butter,
   cubed and chilled

1 egg, beaten

Method

To make the pastry, sieve the flour into a mixing bowl then rub in the butter until the mixture resembles fine breadcrumbs. Stir in just enough cold water to bring the pastry together into a pliable dough, then chill for 30 minutes.

Heat the oil in a large frying pan and fry the onion and garlic for 5 minutes without colouring. Add the minced beef and stir-fry for 5 minutes or until it starts to brown. Leave to cool, then stir in the herbs.

Preheat the oven to 200°C (180°C fan) / 400F / gas 6.

Roll out half the pastry on a floured surface and use it to line a shallow pie tin. Spoon the mince mixture inside, then moisten the edge of the pastry with a little water.

Roll out the rest of the pastry and lay it over the top, then trim away any excess pastry and crimp around the edge. Make a hole in the top for the steam to escape before brushing with beaten egg.

Bake the pie for 30 minutes or until the pastry is cooked through underneath and golden brown on top.

Chicken, chestnut and truffle pie

Serves: 6

Preparation time: 25 minutes

Cooking time: 45 minutes

Ingredients

450 g / 1 lb / 2 ½ cups floury potatoes, peeled and cubed
100 ml / 3 ½ fl. oz / ½ cup milk
50 g / 1 ¾ oz / ¼ cup butter
2 tbsp olive oil
1 onion, finely chopped
2 cloves of garlic, crushed
450 g / 1 lb / 2 cups boneless chicken thigh, cubed
200 g / 7 oz / 1 ⅓ cups cooked chestnuts
200 ml / 7 fl. oz / ¾ cup chicken stock
½ small truffle, shaved
2 tbsp dried breadcrumbs
2 tbsp Parmesan, finely grated
salt and pepper

Method

Preheat the oven to 180°C (160°C fan) / 350F / gas 4.

Boil the potatoes in salted water for 12 minutes, or until they are tender, then drain well. Return the potatoes to the saucepan and add the milk and butter, then mash until smooth.

Heat the oil in a large frying pan and fry the onion and garlic for 5 minutes without colouring. Add the chicken and fry until it starts to brown then stir in the chestnuts, stock and truffle slices. Season with salt and pepper.

Tip the mixture into a baking dish and spoon the mash on top. Mix the breadcrumbs with the Parmesan and scatter them over the top. Bake the pie for 45 minutes.

Pork and pumpkin potato pie

Serves: 6

Preparation time: 25 minutes

Cooking time: 45 minutes

Ingredients

450 g / 1 lb / 2 ½ cups floury potatoes,
    peeled and cubed

100 ml / 3 ½ fl. oz / ½ cup milk

50 g / 1 ¾ oz / ¼ cup butter

2 tbsp olive oil

1 onion, finely chopped

2 cloves of garlic, crushed

450 g / 1 lb / 2 cups pork mince

400 g / 14 oz / 3 cups culinary pumpkin,
    peeled and cubed

a pinch of ground cinnamon

200 ml / 7 fl. oz / ¾ cup vegetable stock

salt and pepper

Method

Preheat the oven to 180°C (160°C fan) / 350F / gas 4.

Boil the potatoes in salted water for 12 minutes, or until they are tender, then drain well. Return the potatoes to the saucepan and add the milk and butter, then mash until smooth.

Heat the oil in a large frying pan and fry the onion and garlic for 5 minutes without colouring. Add the mince and fry until it starts to brown then stir in the pumpkin, cinnamon and stock. Season with salt and pepper.

Tip the mixture into a baking dish and spoon the mash on top. Bake the pie for 45 minutes.

Turkey and vegetable pie

Serves: 4

Preparation time: 30 minutes

Cooking time: 45 minutes

Ingredients

2 tbsp butter

1 onion, chopped

1 carrot, chopped

1 celery stick, chopped

1 tbsp plain (all purpose) flour

250 ml / 9 fl. oz / 1 cups milk

300 g / 10 ½ oz / 2 cups cooked turkey
    breast, cubed

150 ml / 5 ½ fl. oz / ⅔ cup crème fraiche

2 tbsp flat leaf parsley, finely chopped

450 g / 1 lb all-butter puff pastry

1 egg, beaten

salt and pepper

Method

Heat the butter in a saucepan and fry the onion, carrot and celery for 10 minutes without colouring. Sprinkle in the flour and stir well, then stir in the milk and bubble until it thickens. Add the turkey and crème fraiche and heat through, then season to taste with salt and white pepper. Stir in the parsley then leave to cool completely.

Preheat the oven to 200°C (180°C fan) / 400F / gas 6.

Roll out half the pastry on a lightly floured surface and use it to line a pie dish. Spoon in the filling and level the top, then brush round the rim with water. Roll out the rest of the pastry and lay it over the top then trim away any excess.

Brush the top of the pie with beaten egg then bake for 45 minutes or until the pastry is cooked through underneath and golden brown on top.

Beef and onion free-form pie

Serves: 4

Preparation time: **45 minutes**

Cooking time: **40 minutes**

Ingredients

2 tbsp olive oil

2 red onions, sliced

3 cloves of garlic, finely chopped

450 g / 1 lb / 3 cups sirloin steak, cubed

250 g / 9 oz / 1 ¼ cup all-butter puff pastry

1 egg, beaten

salt and pepper

Method

Heat the oil in a frying pan and fry the onions for 20 minutes, stirring occasionally to soften and caramelise them. Take the pan off the heat and leave to cool, then stir in the garlic and steak and season well with salt and pepper.

Preheat the oven to 220°C (200°C fan) / 425F / gas 7.

Roll out half the pastry on a floured surface into a large circle and brush round the edge with beaten egg. Pile the filling on top. Roll out the rest of the pastry into a circle a little smaller than the base. Lay it on top, then bring up the sides of the pastry and crimp to seal. Trim away any excess and use the offcuts to decorate the top.

Brush the pie with egg, then bake for 40 minutes or until the pastry is cooked through and crisp underneath.

46

Cheese, bacon and tomato quiche

Serves: 6

Preparation time: 1 hour

Cooking time: 40 minutes

Ingredients

225 g / 8 oz / 1 cup all-butter puff pastry

200 g / 7 oz / 1 ½ cups smoked
   bacon lardons

2 tbsp olive oil

3 large eggs, beaten

225 ml / 8 fl. oz / ¾ cup double
   (heavy) cream

2 tomatoes, cut into wedges

150 g / 5 ½ oz / 1½ cups Gruyère, grated

salt and pepper

Method

Preheat the oven to 190°C (170°C fan) / 375F / gas 5.

Roll out the pastry on a floured surface and use it to line a 23 cm (9 in) round tart tin. Prick the pastry with a fork, line with cling film and fill with baking beans or rice. Bake the case for 10 minutes, then remove the cling film and baking beans. Brush the inside with beaten egg and return to the oven for 8 minutes to crisp.

Lower the oven to 150°C (130°C fan) / 300F / gas 2.

Fry the lardons in the oil for 5 minutes or until starting to brown.

Whisk the eggs with the double cream until smoothly combined then stir in the lardons, tomatoes and half of the Gruyère. Season generously with salt and pepper.

Pour the filling into the pastry case and scatter the rest of the cheese on top. Bake for 40 minutes or until just set in the centre.

Vegetable Pies

Feta and mushroom turnovers

Makes: 6

Preparation time: 30 minutes

Cooking time: 18 minutes

Ingredients

2 tbsp butter

½ onion, finely chopped

150 g / 5 oz / 2 cups chestnut
   mushrooms, sliced

1 garlic clove, crushed

100 g / 3 ½ oz / 4 cups baby leaf spinach

100 g / 3 ½ oz / ½ cup feta
   cheese, crumbled

700 g / 1 ½ lb / 3 ¼ cups all-butter
   puff pastry

1 egg, beaten

salt and pepper

Method

Heat the butter in a frying pan and fry the onion for 5 minutes or until translucent. Add the mushrooms and garlic and cook for 5 more minutes, stirring occasionally until golden. Stir in the spinach and let it wilt down, then tip everything into a bowl and let it cool to room temperature.

Preheat the oven to 220°C (200°C fan) / 425F / gas 7.

Stir the feta into the mushroom mixture and season to taste with salt and pepper.

Roll out the pastry on a lightly floured surface and cut out 6 circles. Divide the filling between them and brush round the edge with egg.

Fold the pastry in half and crimp around the edges.

Brush the turnovers with beaten egg and bake for 18 minutes or until golden brown and cooked through.

Spinach turnovers

Makes: 4

Preparation time: 45 minutes

Cooking time: 20 minutes

Ingredients

2 tbsp olive oil

1 onion, finely chopped

2 cloves of garlic, crushed

100 g / 3 ½ oz / 4 cups young
   spinach leaves, washed

½ tsp freshly grated nutmeg

75 g / 2 ½ oz / ¾ cup halloumi
   cheese, grated

1 tbsp mint leaves, chopped

1 tbsp fresh dill, chopped

salt and pepper

For the pastry

100 g / 3 ½ oz / ½ cup butter,
   cubed and chilled

200 g / 7 oz / 1 ⅓ cups plain
   (all purpose) flour

Method

First make the pastry. Rub the butter into the flour until the mixture resembles fine breadcrumbs. Stir in just enough cold water to bring the pastry together into a pliable dough, then chill for 30 minutes.

Meanwhile, heat the oil in a large saucepan and fry the onion and garlic for 5 minutes without colouring. Stir in the spinach until it wilts right down, then take the pan off the heat and stir in the nutmeg, halloumi and herbs. Season to taste with salt and pepper.

Preheat the oven to 200°C (180°C fan) / 400F / gas 6.

Roll out the pastry on a lightly floured surface and cut it into 4 squares. Brush round the edge of the squares with water, then divide the spinach mixture between them.

Fold each pastry square in half to form a triangle and completely encase the filling. Crimp around the edges with a fork to seal and prick a few holes in the top of each one.

Bake the turnovers for 20 minutes or until the pastry is cooked through and crisp underneath.

Aubergine turnover

Serves: 2

Preparation time: **30 minutes**

Cooking time: **30 minutes**

Ingredients

1 large aubergine (eggplant), sliced
lengthways

3 tbsp olive oil

4 tbsp sun-dried tomato pesto

1 mozzarella ball, sliced

225 g / 8 oz / 1 cup all-butter puff pastry

1 egg, beaten

salt and pepper

Method

Heat a griddle pan until smoking hot. Brush the aubergine slices with oil and season with salt and pepper, then griddle them for 4 minutes on each side or until nicely marked. Leave to cool.

Preheat the oven to 220°C (200°C fan) / 425F / gas 7.

Roll out the pastry into a large square. Layer up the aubergine, pesto, and mozzarella on one side of the square, then brush round the edge with beaten egg.

Fold over the pastry and crimp round the edge to seal, then cut away any excess pastry. Decorate the top of the turnover with the offcuts, then brush the top with beaten egg.

Bake the turnover for 30 minutes or until the pastry is cooked through underneath and golden brown on top.

Vegetable pot pies

Makes: 4

Preparation time: **45 minutes**

Cooking time: **20 minutes**

Ingredients

2 tbsp olive oil

1 onion, chopped

1 yellow pepper, diced

1 courgette (zucchini), diced

½ head of broccoli, diced

2 cloves of garlic, crushed

100 ml / 3 ½ fl. oz / ½ cup dry
   white wine

salt and pepper

For the pastry

100 g / 3 ½ oz / ½ cup butter,
   cubed and chilled

200 g / 7 oz / 1 ⅓ cups plain
   (all purpose) flour

1 tsp sesame seeds

Method

First make the pastry. Rub the butter into the flour until the mixture resembles fine breadcrumbs. Stir in just enough cold water to bring the pastry together into a pliable dough, then chill for 30 minutes.

Meanwhile, heat the oil in a frying pan fry the onion and peppers for 5 minutes to soften. Add the courgette, broccoli and garlic and stir-fry for 5 more minutes, then pour in the wine. Bubble for 2 minutes, then season well with salt and pepper.

Preheat the oven to 200°C (180°C fan) / 400F / gas 6.

Roll out the pastry on a lightly floured surface and cut out 4 circles. Divide the filling between four individual pie dishes and brush the rims with water. Top each pie with a pastry lid and press around the edges firmly to seal.

Sprinkle the tops with sesame seeds, then bake for 20 minutes or until the pastry is golden brown.

58

Mushroom and leek filo pies

Makes: **4**

Preparation time: **30 minutes**

Cooking time: **15 minutes**

Ingredients

2 tbsp olive oil

1 large leek, chopped

2 cloves of garlic, crushed

250 g / 9 oz / 3 cups button
  mushrooms, quartered

100 g / 3 ½ oz / ⅔ cup peas, defrosted
  if frozen

100 ml / 3 ½ fl. oz / ½ cup dry white wine

8 sheets filo pastry

50 g / 1 ¾ oz / ¼ cup butter, melted

salt and pepper

Method

Heat the oil in a frying pan and fry the leek and garlic for 5 minutes without colouring. Add the mushrooms to the pan and season with salt and pepper, then cook for 10 minutes, stirring occasionally. Add the peas and wine and bubble until reduced by half. Season to taste with salt and pepper.

Preheat the oven to 200°C (180°C fan) / 400F / gas 6.

Divide the filling between 4 individual pie dishes. Brush the filo with melted butter, then scrunch up the sheets and lay them on top.

Bake the pies for 15 minutes or until the pastry is crisp and golden brown.

Cheese and potato pie

Serves: 6

Preparation time: 30 minutes

Cooking time: 45 minutes

Ingredients

450 g / 1 lb / 2 ½ cups potatoes, peeled
and sliced

1 clove of garlic, crushed

300 ml / 10 ½ fl. oz / 1 ¼ cups double
(heavy) cream

2 tbsp thyme leaves

100 g / 3 ½ oz / 1 cup Gruyère
cheese, grated

450 g / 1 lb / 2 cups all-butter
puff pastry

1 egg, beaten

salt and pepper

Method

Preheat the oven to 200°C (180°C fan) / 400F / gas 6.

Par-boil the potatoes in salted water for 10 minutes, then drain well. Toss the potatoes with the garlic, cream, thyme and Gruyère and season well with salt and pepper, then leave to cool to room temperature.

Roll out half the pastry on a floured surface and use it to line a pie dish. Pack the potatoes in tightly and pour over any cream left in the bowl.

Roll out the rest of the pastry and lay it over the top then crimp the edges to seal. Trim away any excess pastry, then brush the top with beaten egg.

Bake the pie in the oven for 45 minutes or until the pastry is cooked through underneath and golden brown on top.

Vegetarian mince and bean pie

Serves: **6**

Preparation time: **25 minutes**

Cooking time: **3 hours**

Ingredients

2 tbsp olive oil

1 onion, sliced

1 red pepper, diced

2 cloves of garlic, crushed

450 g / 1 lb / 2 cups vegetarian mince

400 g / 14 oz / 1 ¾ cups canned
   tomatoes, chopped

200 ml / 7 fl. oz / ¾ cup vegetable stock

400 g / 14 oz / 1 ¾ cups canned haricot
   beans, drained

400 g / 14 oz / 2 cups Maris Piper
   potatoes, sliced

50 g / 1 ¾ oz / ¼ cup butter, cubed

Method

Preheat the oven to 160°C (140°C fan) / 325F / gas 3.

Heat the oil in a large frying pan and fry the onion, pepper and garlic for 10 minutes, stirring occasionally. Add the mince and fry until it starts to brown, then stir in the tomatoes, stock and beans.

Scrape the mixture into a baking dish and arrange the potato slices in top. Cover the dish with foil and bake for 2 hours.

Remove the foil and dot the surface of the hot pot with butter then bake for 1 more hour.

Individual Pies

Steak and kidney pie

Makes: **4**

Preparation time: **2 hours 40 minutes**

Cooking time: **45 minutes**

Ingredients

4 tbsp olive oil

1 kg / 2 lb 3 oz / 5 cups braising
     steak, cubed

4 lamb's kidneys, trimmed and cubed

1 onion, finely chopped

3 cloves of garlic, finely chopped

2 bay leaves

600 ml / 1 pint / 2 ½ cups good quality
     beef stock

250 g / 9 oz / 3 cups mushrooms,
     quartered

450 g / 1 lb / 2 cups all-butter
     puff pastry

1 egg, beaten

salt and pepper

Method

Heat the oil in an ovenproof saucepan and sear the steak and kidney in batches until well browned. Remove the meat from the pan, add the onions, garlic, and bay leaves and cook for 5 minutes.

Pour in the stock and return the beef, then simmer for 2 hours. 30 minutes before the end of the cooking time, season to taste with salt and pepper and stir in the mushrooms. Leave to cool completely.

Preheat the oven to 220°C (200°C fan) / 425F / gas 7.

Roll out two thirds of the pastry and use it to line 4 individual pie dishes. Ladle the pie filling into the pastry cases and brush round the edges with beaten egg.

Roll out the rest of the pastry and lay it over the tops of the pies, then trim away the excess pastry. Scallop the edges and decorate the tops with shapes cut from the offcuts, then brush with beaten egg and make a hole for the steam to escape.

Bake the pie for 45 minutes or until the pastry is golden brown and cooked through.

Lamb and rosemary pot pies

Makes: 4

Preparation time: 45 minutes

Cooking time: 20 minutes

Ingredients

2 tbsp olive oil

2 lamb leg steaks, sliced

1 onion, sliced

1 red pepper, sliced

1 green pepper, sliced

2 cloves of garlic, crushed

1 tsp dried rosemary

2 tbsp redcurrant jelly

100 ml / 3 ½ fl. oz / ½ cup dry
  white wine

For the pastry

100 g / 3 ½ oz / ½ cup butter,
  cubed and chilled

200 g / 7 oz / 1 ⅓ cups plain
  (all purpose) flour

1 tsp dried rosemary

Method

First make the pastry. Rub the butter into the flour until the mixture resembles fine breadcrumbs. Stir in just enough cold water to bring the pastry together into a pliable dough, then chill for 30 minutes.

Meanwhile, heat the oil in a frying pan and stir-fry the lamb for 2 minutes. Add the onion and peppers and fry for 5 minutes, then stir in the garlic and rosemary. Cook for 1 more minute, then stir in the redcurrant jelly and pour in the wine. Bubble gently for 2 minutes, then take the pan off the heat.

Preheat the oven to 200°C (180°C fan) / 400F / gas 6.

Roll out the pastry on a lightly floured surface and cut out 4 circles. Divide the filling between 4 individual pie dishes and brush the rims with water. Top each pie with a pastry lid and press around the edges firmly to seal.

Make five slashes across the top of each pie and sprinkle with rosemary. Bake the pies for 20 minutes or until the pastry is golden brown.

Salmon pot pies

Makes: 4

Preparation time: **25 minutes**

Cooking time: **25 minutes**

Ingredients

2 tbsp butter

1 tsp plain (all purpose) flour

250 ml / 9 fl. oz / 1 cup milk

200 g / 7 oz / 1 ⅓ cups salmon fillet, cubed

2 tbsp chives, chopped

250 g / 9 oz / 1 ¼ cups all-butter puff pastry

1 egg, beaten

salt and pepper

Method

Preheat the oven to 200°C (180°C fan) / 400F / gas 6.

Heat the butter in a saucepan then stir in the flour and cook for 30 seconds. Gradually incorporate the milk, stirring all the time, then bring to a gentle simmer.

Stir in the salmon and chives then season with salt and pepper and divide the mixture between four mini casserole dishes.

Roll out the pastry on a lightly floured surface and cut out four circles. Top each dish with a pastry lid and press around the edges to seal.

Brush the tops with beaten egg then bake for 25 minutes or until the pastry is golden brown and puffy.

Confit duck pies

Makes: 4

Preparation time: 45 minutes

Cooking time: 35 minutes

Ingredients

1 large potato, peeled and diced
2 confit duck legs
1 onion, finely chopped
2 cloves of garlic, finely chopped
450 g / 1 lb / 2 cups all-butter
    puff pastry
1 egg, beaten

Method

Preheat the oven to 200°C (180°C fan) / 400F / gas 6.

Parboil the potatoes in salted water for 5 minutes, then drain well.

Meanwhile, fry the confit duck legs for 5 minutes on each side, then remove them from the pan. Fry the onion and garlic in the fat from the duck for 5 minutes without colouring. Shred the duck and discard the bones, then toss the meat with the potatoes and onions. Leave to cool a little.

Roll out two thirds of the pastry on a lightly floured surface and use it to line 4 individual pie dishes. Spoon the duck mixture into the pastry cases.

Roll out the rest of the pastry and make the lids, then crimp around the outsides with a fork.

Brush the tops with beaten egg then bake for 35 minutes or until the pastry is cooked through underneath and golden brown on top.

Prawn and potato pot pies

Makes: **4**

Preparation time: **45 minutes**

Cooking time: **30 minutes**

Ingredients

2 tbsp butter

1 onion, chopped

2 potatoes, peeled and diced

1 tsp plain (all purpose) flour

250 ml / 9 fl. oz / 1 cup milk

200 g / 7 oz / 1 ⅓ cups prawns (shrimp) peeled

2 tbsp flat leaf parsley, finely chopped

For the pastry

100 g / 3 ½ oz / ½ cup butter, cubed and chilled

200 g / 7 oz / 1 ⅓ cups plain (all purpose) flour

1 large egg, beaten

Method

First make the pastry. Rub the butter into the flour until the mixture resembles fine breadcrumbs. Stir in just enough cold water to bring the pastry together into a pliable dough, then chill for 30 minutes.

Preheat the oven to 200°C (180°C fan) / 400F / gas 6.

Heat the butter in a saucepan and fry the onion and potato for 5 minutes without colouring.

Sprinkle in the flour and stir well, then stir in the milk and bubble until it thickens slightly.

Season to taste with salt and white pepper, then stir in the prawns and parsley.

Roll out the pastry on a lightly floured surface and cut out 4 circles. Divide the filling between 4 individual pie dishes and brush the rims with water. Top each pie with a pastry lid and press around the edges firmly to seal.

Brush the tops with beaten egg, then bake the pies for 30 minutes or until the pastry is golden brown.

Chicken and carrot pot pies

Makes: 4

Preparation time: **45 minutes**

Cooking time: **30 minutes**

Ingredients

2 tbsp butter

1 onion, chopped

2 carrots, chopped

1 tsp plain (all purpose) flour

250 ml / 9 fl. oz / 1 cup milk

200 g / 7 oz / 1 ⅓ cups
   cooked chicken
   breast, cubed

½ tbsp fresh thyme leaves

salt and pepper

For the pastry

100 g / 3 ½ oz / ½ cup butter, frozen

200 g / 7 oz / 1 ⅓ cups plain
   (all purpose) flour

1 egg, beaten

thyme sprigs to garnish

Method

To make the flaky pastry, grate the frozen butter into the flour and add a pinch of salt. Stir in just enough cold water to bring the pastry together into a pliable dough, then chill for 30 minutes.

Preheat the oven to 200°C (180°C fan) / 400F / gas 6.

Heat the butter in a saucepan and fry the onion and carrot for 5 minutes without colouring. Sprinkle in the flour and stir well, then stir in the milk and bubble until it thickens slightly. Add the chicken and heat through, then season to taste with salt and white pepper.

Roll out the pastry on a lightly floured surface and cut out 4 circles. Divide the filling between 4 individual pie dishes and brush the rims with water. Top each pie with a pastry lid and crimp the edges to seal. Brush the tops with beaten egg.

Bake the pies for 30 minutes or until the pastry is golden brown. Garnish with thyme sprigs before serving.

Individual wild mushroom pies

Makes: 4

Preparation time: 45 minutes

Cooking time: 30 minutes

Ingredients

2 tbsp butter

4 shallots, finely chopped

2 cloves of garlic, crushed

250 g / 9 oz / 3 ⅓ cups wild
mushrooms, cleaned

100 ml / 3 ½ fl. oz / ½ cup dry white wine

100 ml / 3 ½ fl. oz / ½ cup double
(heavy) cream

2 tbsp flat leaf parsley, chopped

salt and pepper

For the pastry

200 g / 7 oz / 1 cup butter, cubed
and chilled

400 g / 14 oz / 2 ⅔ cups plain (all
purpose) flour

1 egg, beaten

Method

First make the pastry. Rub the butter into the flour until the mixture resembles fine breadcrumbs. Stir in just enough cold water to bring the pastry together into a pliable dough, then chill for 30 minutes.

Meanwhile, heat the butter in a frying pan and fry the shallots and garlic for 5 minutes without colouring. Add the mushrooms to the pan and season with salt and pepper, then cook for 10 minutes, stirring occasionally. Pour in the white wine and bubble until it has reduced by half. Stir in the cream and parsley, then taste for seasoning. Leave to cool completely.

Preheat the oven to 200°C (180°C fan) / 400F / gas 6.

Roll out two thirds of the pastry on a lightly floured surface and use it to line 4 individual pie dishes. Divide the filling between them and brush the rims with water.

Roll out the rest of the pastry and cut out 4 lids, making a hole in the centres so the steam can escape. Lay the lids on top of the pies, then fold the edges over the top and crimp to seal.

Brush the pies with beaten egg, then bake for 30 minutes or until the pastry is golden brown and cooked through underneath.

Lamb and apple potato-topped pies

Serves: **6**

Preparation time: **15 minutes**

Cooking time: **3 hours 15 minutes**

Ingredients

300 ml / 10 ½ fl. oz / 1 ¼ cups
  lamb stock
600 g/ 1 lb 5 oz / 3 cups lamb
  shoulder, sliced
3 onions, sliced
1 Bramley apple, peeled, cored,
  and diced
salt and pepper

For the topping

450 g / 1 lb / 2 ½ cups floury
  potatoes, peeled and cubed
100 ml / 3 ½ fl. oz / ½ cup milk
50 g / 1 ¾ oz / ¼ cup butter
1 eating apple, cored and diced

Method

Preheat the oven to 150°C (130°C fan) / 300F / gas 2
and bring the stock to boiling.

Mix the lamb, onions, and Bramley apple together in
a cast iron casserole dish and season well with salt and
pepper. Pour the hot stock over the mixture. Then cover
the dish and transfer to the oven for 3 hours.

Meanwhile, boil the potatoes in salted water for
12 minutes, or until they are tender, then drain well.
Return the potatoes to the saucepan and add the milk
and butter, then mash until smooth.

Season the lamb mixture to taste, then divide
between 6 individual gratin dishes. Increase the oven
temperature to 200°C (180°C fan) / 400F / gas 6.

Spoon the mash on top of the lamb and scatter the tops
with diced apple. Transfer the gratin dishes to the oven
and bake for 15 minutes or until the apple pieces are
just starting to colour at the edges.

Individual cottage pies

Makes: 4

Preparation time: 1 hour 15 minutes

Cooking time: 25 minutes

Ingredients

2 tbsp olive oil

1 small onion, finely chopped

2 cloves of garlic, crushed

200 g / 7 oz / 1 cup minced beef

200 g / 7 oz / 1 cup canned
   tomatoes, chopped

200 ml / 7 fl. oz / ¾ cups beef stock

For the pastry

100 g / 3 ½ oz / ½ cup butter, cubed

200 g / 7 oz / 1 ⅓ cups plain
   (all purpose) flour

For the topping

450 g / 1 lb floury potatoes,
   peeled and cubed

100 ml / 3 ½ fl. oz / ½ cup milk

50 g / 1 ¾ oz / ¼ cup butter

50 g / 1 ¾ oz / ½ cup Cheddar,
   grated

Method

Heat the oil in a saucepan and fry the onion and garlic for 3 minutes. Add the mince and fry for 2 minutes then add the tomatoes and stock and bring to a gentle simmer. Cook for 1 hour, stirring occasionally, until the mince is tender.

Meanwhile, make the pastry. Rub the butter into the flour and add just enough cold water to bind. Chill for 30 minutes, then roll out on a floured surface.

Preheat the oven to 200°C (180°C fan) / 400F / gas 6.

Use the pastry to line 4 individual tart cases and prick the bases with a fork. Line the pastry with cling film and fill with baking beans, then bake for 10 minutes.

Meanwhile, cook the potatoes in salted water for 10 minutes, or until they are tender, then drain well. Return the potatoes to the saucepan and add the milk and butter. Mash the potatoes until smooth.

Remove the cling film and beans from the pastry cases and fill them with the mince mixture.

Top with the mashed potato, sprinkle with cheese, and bake for 15 minutes.

Chicken, pea and leek pot pies

Makes: 4

Preparation time: 25 minutes

Cooking time: 20 minutes

Ingredients

2 tbsp butter

2 leeks, chopped

2 tsp plain (all purpose) flour

250 ml / 9 fl. oz / 1 cup milk

200 g / 7 oz / 1 ⅓ cups cooked chicken
   breast, cubed

150 g / 5 ½ oz / 1 cup peas, defrosted
   if frozen

½ tbsp fresh thyme leaves

225 g / 8 oz / 1 cup all-butter puff pastry

salt and pepper

Method

Preheat the oven to 200°C (180°C fan) / 400F / gas 6.

Heat the butter in a saucepan and fry the leeks for 5 minutes without colouring. Sprinkle in the flour and stir well, then stir in the milk and bubble until it thickens slightly. Add the chicken and peas and heat through, then season to taste with salt and white pepper.

Roll out the pastry on a lightly floured surface and cut out 4 circles. Divide the filling between 4 individual pie dishes and brush the rims with water. Top each pie with a pastry lid and crimp the edges to seal. Brush the tops with beaten egg.

Bake the pies for 20 minutes or until the pastry is golden brown.

Sweet Pies

Biscuit crust custard tarts

Makes: 8

Preparation time: 15 minutes

Cooking time: 20 minutes

Ingredients

50 g / 1 ¾ oz / ¼ cup butter

200 g / 7 oz / 1 ⅓ cups shortcrust
biscuits, crushed

2 large egg yolks, beaten

50 g / 1 ¾ oz / ¼ cup caster
(superfine) sugar

2 tsp cornflour (cornstarch)

225 ml / 8 fl. oz / ¾ cup whole milk

½ lemon, zest finely grated

½ tsp ground cinnamon

sugar nibs and mini sugar shapes
to decorate

Method

Preheat the oven to 160°C (140°C fan) / 325F / gas 3.

Melt the butter, then stir in the biscuit crumbs. Divide it between 8 tartlet tins and firm the base and sides with your fingers.

Mix the rest of the ingredients together in a jug, then pour it into the tart cases.

Transfer the tins to the oven and bake for 20 minutes or until the custard is just set in the centre.

Decorate the tarts with sugar nibs and sugar shapes.

Walnut frangipane tarts

Makes: 4

Preparation time: 45 minutes

Cooking time: 25 minutes

Ingredients

75 g / 2 ½ oz / ¾ cup ground walnuts
75 g / 2 ½ oz / ⅓ cup butter, softened
75 g / 2 ½ oz / ⅓ cup caster
   (superfine) sugar
1 large egg
1 tbsp plain (all purpose) flour
300 ml / 10 ½ fl. oz / 1 ¼ cups double
   (heavy) cream

For the pastry

225 g / 8 oz / 1 ½ cups plain
   (all purpose) flour
110 g / 4 oz / ½ cup butter, cubed
   and chilled

Method

Sieve the flour into a mixing bowl, then rub in the butter until the mixture resembles fine breadcrumbs. Stir in just enough cold water to bring the pastry together into a pliable dough, then chill for 30 minutes.

Preheat the oven to 200°C (180°C fan) / 400F / gas 6.

Roll out the pastry on a floured surface and use it to line 4 individual tart cases.

Whisk together the walnuts, butter, sugar, eggs and flour until smoothly whipped, then spoon the mixture into the pastry cases.

Bake the tarts for 25 minutes or until golden brown on top and cooked through underneath. Leave to cool completely.

Whip the cream until it holds its shape, then spoon it into a piping bag fitted with a large plain nozzle. Pipe some cream onto each tart and serve immediately.

Lemon meringue pie

Serves: 8

Preparation time: **45 minutes**

Cooking time: **30 minutes**

Ingredients

2 tsp cornflour (cornstarch)

4 lemons, juiced and zest finely grated

4 large eggs, beaten

225 g / 8 oz / 1 cup butter

175 g / 6 oz / ¾ cup caster
  (superfine) sugar

For the pastry

100 g / 3 ½ oz / ½ cup butter, cubed

200 g / 7 oz / 1 ⅓ cups plain
  (all purpose) flour

2 tbsp caster (superfine) sugar

For the meringue

4 large egg whites

100g / 3 ½ oz / ½ cup caster
  (superfine) sugar

Method

Preheat the oven to 200°C (180°C fan) / 400F / gas 6.

Rub the butter into the flour and sugar then add just enough cold water to bind. Chill for 30 minutes, then roll out on a floured surface. Use the pastry to line a 24 cm (9 in) loose-bottomed tart tin and prick it with a fork.

Line the pastry with cling film and fill with baking beans or rice, then bake for 10 minutes. Remove the cling film and beans and cook for another 8 minutes to crisp.

Meanwhile, dissolve the cornflour in the lemon juice and put it in a saucepan with the rest of the ingredients. Stir constantly over a medium heat to melt the butter and dissolve the sugar. Bring to a gentle simmer then pour it into the pastry case.

Whisk the egg whites until stiff, then gradually add the sugar and whisk until the mixture is thick and shiny. Spoon the meringue on top of the lemon mixture and make peaks with the spoon. Bake for 10 minutes or until golden brown.

Plum pie

Serves: **6**

Preparation time: **15 minutes**

Cooking time: **35–40 minutes**

Ingredients

450 g / 1 lb / 2 cups all-butter puff pastry

450 g / 1 lb / 2 ½ cups plums, stoned and chopped

3 tbsp caster (superfine) sugar

2 tsp cornflour (cornstarch)

1 egg, beaten

Method

Preheat the oven to 200°C (180°C fan) / 400F / gas 6.

Roll out half the pastry on a floured surface and use it to line a pie dish.

Toss the plums with the sugar and cornflour and pack them into the pastry case.

Roll out the other half of the pastry. Brush the rim of the bottom crust with beaten egg, then lay the pie lid on top and press firmly around the edges to seal.

Trim away any excess pastry and use the scraps to decorate the top.

Brush the top of the pie with beaten egg and bake for 35–40 minutes or until the pastry is golden brown and cooked through underneath.

Cherry pies

Makes: 6

Preparation time: 45 minutes

Cooking time: 30 minute

Ingredients

400 g / 14 oz / 2 ⅔ cups plain (all purpose)
   flour

200 g / 7 oz / ¾ cup butter, cubed
   and chilled

400 g / 14 oz / 2 ⅔ cups cherries, stoned

4 tbsp caster (superfine) sugar

1 tsp cornflour (cornstarch)

1 egg, beaten

Method

Sieve the flour into a mixing bowl, then rub in the butter until the mixture resembles fine breadcrumbs. Stir in just enough cold water to bring the pastry together into a pliable dough. Wrap the dough in cling film and chill in the fridge for 30 minutes.

Meanwhile, preheat the oven to 200°C (180°C fan) / 400F / gas 6.

Roll out two thirds of the pastry on a floured surface and cut out 6 circles, then use them to line 6 deep pie tins.

Toss the cherries with the sugar and cornflour and divide the mixture between the 6 pastry cases. Roll out the rest of the pastry and cut out 6 circles for the lids. Brush the rim of the pastry cases with egg before laying the lids on top, then press down firmly around the outside to seal.

Trim away any excess pastry and crimp around the edges with your thumb and forefinger.

Brush the top of the pies with beaten egg, then bake in the oven for 30 minutes or until the tops are golden and the pastry underneath has cooked all the way through.

Apple and hazelnut pie

Serves: 8

Preparation time: 45 minutes

Cooking time: 45 minutes

Ingredients

55 g / 2 oz / ½ cup ground hazelnuts (cobnuts)

55 g / 2 oz / ¼ cup caster (superfine) sugar

55 g / 2 oz / ¼ cup butter, softened

1 large egg

1 tsp almond essence

1 large Bramley apple, peeled, cored and thinly sliced

For the pastry

200 g / 7 oz / 1 cup butter, cubed and chilled

400 g / 14 oz / 2 ⅔ cups plain (all purpose) flour

1 egg, beaten

2 tbsp hazelnuts (cobnuts), chopped

Method

Preheat the oven to 200°C (180°C fan) / 400F / gas 6.

To make the pastry, rub the butter into the flour, then add just enough cold water to bind the mixture together into a pliable dough. Roll out half of the pastry on a floured surface and use it to line a shallow pie dish.

Combine the ground hazelnuts, sugar, butter, egg and almond essence in a bowl and whisk together for 2 minutes or until smooth. Fold in the apple slices, then pack the mixture into the pastry case.

Roll out the rest of the pastry and lay it over the top. Trim away any excess, then roll the edges in and crimp to seal. Make a hole in the centre for the steam to escape.

Brush the top of the pie with beaten egg and sprinkle with hazelnuts, then bake for 45 minutes or until a skewer inserted in the centre comes out clean.

100

Blueberry pies

Makes: 6

Preparation time: 1 hour

Cooking time: 25 minutes

Ingredients

400 g / 14 oz / 2 ⅔ cups plain
(all purpose) flour
200 g / 7 oz / ¾ cup butter, cubed
and chilled
400 g / 14 oz / 2 ⅔ cups blueberries
4 tbsp caster (superfine) sugar
½ tsp cornflour (cornstarch)
1 egg, beaten

Method

Sieve the flour into a mixing bowl, then rub in the butter until the mixture resembles fine breadcrumbs. Stir in just enough cold water to bring the pastry together into a pliable dough. Wrap the dough in cling film and chill in the fridge for 30 minutes.

Meanwhile, preheat the oven to 200°C (180°C fan) / 400F / gas 6.

Roll out half the pastry on a floured surface and cut out 6 circles, then use them to line 6 tartlet tins. Toss the blueberries with the sugar and cornflour and divide between the 6 pastry cases.

Roll out the rest of the pastry and cut out 6 circles for the lids. Brush the rim of the pastry cases with egg before laying the lid on top, then press down firmly around the outside to seal.

Trim away any excess pastry and roll it out again. Cut the pastry into long strips and attach them to the top of the pies in a lattice pattern with a little beaten egg.

Brush the top of the pies with more beaten egg then bake in the oven for 25 minutes, or until the tops are golden and the pastry underneath has cooked all the way through.

Apple and sultana lattice pie

Serves: 8

Preparation time: 50 minutes

Cooking time: 45 minutes

Ingredients

1 kg / 2 lb 3 oz / 5 cups Bramley apples
125 g / 4 ½ oz / ½ cup caster
   (superfine) sugar
2 tbsp plain (all purpose) flour
1 tsp ground cinnamon
75 g / 2 ½ oz / ⅓ cup sultanas

For the pastry

200 g / 7 oz / 1 ⅓ cups plain
   (all purpose) flour
200 g / 7 oz / 1 ⅓ cups
   wholemeal flour
2 tbsp light brown sugar
200 g / 7 oz / ¾ cup butter, cubed
icing (confectioners')
   sugar for dusting

Method

First make the pastry. Mix the plain flour, wholemeal flour, and sugar together, then rub in the butter until it resembles fine breadcrumbs. Add just enough cold water to bring the mixture together into a pliable dough, then wrap in cling film and chill for 30 minutes.

Preheat the oven to 190°C (170°C fan) / 375F / gas 5.

Peel, core, and quarter the apples, then slice them thinly and blot away any excess moisture with kitchen paper.

Mix the sugar, flour, cinnamon and sultanas together in a bowl, then toss with the apples.

Set a third of the pastry aside, then roll out the rest on a lightly floured surface and use it to line a deep pie tin. Pack the apple mixture in tightly.

Roll out the reserved pastry, then roll a lattice cutter over the top. Gently ease the pastry apart to show the holes, then transfer it to the top of the pie and secure with a dab of water. Trim away any excess pastry.

Bake the pie for 45 minutes or until the apples are tender in the centre and the pastry is crisp underneath.

Blueberry lattice tartlets

Makes: 4

Preparation time: 1 hour

Cooking time: 25 minutes

Ingredients

225 g / 8 oz / 1 ½ cups plain
    (all purpose) flour
110 g / 4 oz / ½ cup butter, cubed
    and chilled
150 g / 5 ½ oz / 1 cup blueberries
225 g / 8 oz / 1 cup blueberry jam (jelly)
1 egg, beaten

Method

Preheat the oven to 200°C (180°C fan) / 400F / gas 6.

Sieve the flour into a mixing bowl, then rub in the butter until the mixture resembles fine breadcrumbs. Stir in just enough cold water to bring the pastry together into a pliable dough. Chill for 30 minutes.

Roll out the pastry on a floured surface and cut out 4 circles then use them to line 4 tartlet tins. Re-roll the trimmings and cut the sheet into 1 cm (½ in) strips.

Mix the blueberries with the jam and spoon it into the pastry cases. Lay the pastry strips over the top in a lattice pattern and crimp the edges to seal. Brush the pastry with beaten egg.

Bake the tartlets for 25 minutes or until the pastry is cooked underneath and golden brown on top.

Rhubarb meringue pies

Makes: 4

Preparation time: 1 hour

Cooking time: 28 minutes

Ingredients

100 g / 3 ½ oz / ½ cup butter, cubed
200 g / 7 oz / 1 ⅓ cups plain
   (all purpose) flour
600 g / 1 lb 5 ½ oz / 3 cups rhubarb stems
100 g / 3 ½ oz ½ cup caster
   (superfine) sugar

For the meringue

4 large egg whites
110g / 4 oz / ½ cup caster
   (superfine) sugar

Method

Preheat the oven to 200°C (180°C fan) / 400F / gas 6.

Rub the butter into the flour, then add just enough cold water to bind. Chill for 30 minutes, then roll out on a floured surface. Use the pastry to line a 23 cm (9 in) loose-bottomed tart tin and prick it with a fork.

Line the pastry with cling film and fill with baking beans or rice then bake for 10 minutes. Remove the cling film and beans and cook for another 8 minutes to crisp.

While the pastry is cooking, put the rhubarb and sugar in a saucepan with 4 tbsp of water. Cover and poach gently for 6 minutes or until the rhubarb is just tender. Drain well and divide between the pastry cases.

Whisk the egg whites until stiff, then gradually add the sugar and whisk until the mixture is thick and shiny. Spoon the meringue into a piping bag fitted with a large star nozzle and pipe a big swirl on top of each tart.

Return the tarts to the oven to bake for 10 minutes or until golden brown.

Raspberry and ricotta lattice tart

Serves: **6**

Preparation time: **45 minutes**

Cooking time: **45 minutes**

Ingredients

2 large eggs

100 g / 3 ½ oz / ½ cup caster
   (superfine) sugar

450 g / 1 lb / 2 ½ cups fresh ricotta

100 ml / 3 ½ fl. oz / ½ cup double
   (heavy) cream

1 tsp vanilla extract

200 g / 7 oz / 1 ⅓ cups raspberries

For the pastry

400 g / 14 oz / 2 ⅔ cups plain
   (all purpose) flour

200 g / 7 oz / ¾ cup butter,
   cubed and chilled

1 large egg, beaten

Method

Preheat the oven to 160°C (140°C fan) / 325F / gas 3.

Sieve the flour into a mixing bowl, then rub in the butter until the mixture resembles fine breadcrumbs. Stir in just enough cold water to bring the pastry together into a pliable dough. Chill for 30 minutes.

Roll out the pastry on a floured surface and use it to line a large rectangular baking tin. Trim off the edges with a fluted pastry wheel and reserve the offcuts.

Whisk the eggs and sugar together for 3 minutes or until thick, then whisk in the ricotta, cream and vanilla extract. Fold in two thirds of the raspberries, then pour the mixture into the pastry case and level the top. Scatter over the remaining raspberries.

Re-roll the pastry trimmings and cut them into strips with the pastry wheel. Lay them over the top of the tart in a lattice pattern, then brush the top with beaten egg.

Bake the tart for 45 minutes or until a skewer inserted into the centre comes out clean and the pastry is cooked underneath.

Apple frangipane tart

Serves: 8

Preparation time: 45 minutes

Cooking time: 45 minutes

Ingredients

110 g / 4 oz / ½ cup butter, cubed
  and chilled
225 g / 8 oz / 1 ½ cups plain
  (all purpose) flour
3 eating apples, peeled, cored and very
  thinly sliced

For the frangipane

55 g / 2 oz / ½ cup ground almonds
55 g / 2 oz / ¼ cup caster (superfine)
  sugar
55 g / 2 oz / ¼ cup butter, softened
1 large egg
1 tsp almond essence

Method

Rub the butter into the flour, then add just enough cold water to bind the mixture together into a pliable dough. Roll out the pastry on a floured surface and use it to line a 23 cm (9 in) round tart case. Leave the pastry to chill the fridge for 30 minutes.

Preheat the oven to 200°C (180°C fan) / 400F / gas 6.

Line the pastry case with cling film and fill it with baking beans, then bake for 15 minutes.

To make the frangipane, combine the ground almonds, sugar, butter, egg and almond essence in a bowl and whisk together for 2 minutes or until smooth.

When the pastry case is ready, remove the cling film and baking beans and layer up the apple slices and frangipane mixture inside.

Bake for 30 minutes or until a skewer inserted comes out clean. Serve hot or cold.

Strawberry and chocolate meringue pie

Serves: **8**

Preparation time: **1 hour**

Cooking time: **28 minutes**

Ingredients

100 g / 3 ½ oz / ½ cup butter, cubed

200 g / 7 oz / 1 ⅓ cups plain
  (all purpose) flour

2 tbsp unsweetened cocoa powder

4 tbsp strawberry jam (jelly)

4 large egg whites

100 g / 3 ½ oz / ½ cup caster
  (superfine) sugar

150 g / 5 ½ oz / 1 cup strawberries

icing (confectioners') sugar for dusting

Method

Preheat the oven to 200°C (180°C fan) / 400F / gas 6.

Rub the butter into the flour and cocoa, then add just enough cold water to bind. Chill for 30 minutes then roll out on a floured surface. Use the pastry to line a 24 cm (9 in) loose-bottomed tart tin and prick it with a fork.

Line the pastry with cling film and fill with baking beans or rice then bake for 10 minutes. Remove the cling film and beans and cook for another 8 minutes to crisp. Spoon the jam into the pastry case.

Whisk the egg whites until stiff, then gradually add the sugar and whisk until the mixture is thick and shiny. Spoon the meringue on top of the jam and smooth with a palette knife. Return to the oven for 10 minutes to lightly brown the top.

Leave to cool a little, then arrange the strawberries on top and dust with icing sugar.

Apple and blueberry frangipane pie

Serves: 8

Preparation time: 45 minutes

Cooking time: 30 minutes

Ingredients

200 g / 7 oz / 1 cup butter, cubed
  and chilled
400 g / 14 oz / 2 ⅔ cups plain
  (all purpose) flour
2 large bramley apples, peeled, cored
  and diced
150 g / 5 ½ oz / 1 cup blueberries
3 tbsp sultanas

For the frangipane

100 g / 3 ½ oz / 1 cup ground almonds
100 g / 3 ½ oz / ½ cup caster
  (superfine) sugar
100 g / 3 ½ oz / ½ cup butter, softened
2 large eggs
1 tsp almond essence

Method

Rub the butter into the flour, then add just enough cold water to bind the mixture together into a pliable dough. Roll out the pastry on a floured surface and use it to line a deep 23 cm (9 in) spring-form cake tin. Leave the pastry to chill in the fridge for 30 minutes.

Preheat the oven to 200°C (180°C fan) / 400F / gas 6.

To make the frangipane, combine the ground almonds, sugar, butter, egg and almond essence in a bowl and whisk together for 2 minutes or until smooth.

Mix the apples with the blueberries and sultanas, then layer them up with the frangipane inside the pastry case.

Fold the edges of the pastry over the top, then bake for 30 minutes or until a skewer inserted comes out clean. Serve hot or cold.

Pear frangipane tart

Serves: **6**

Preparation time: **20 minutes**

Cooking time: **30 minute**

Ingredients

450 g / 1 lb / 2 cups ready to roll puff pastry
75 g / 2 ½ oz / ¾ cup ground almonds
75 g / 2 ½ oz / ⅓ cup butter, softened
75 g / 2 ½ oz / ⅓ cup caster
    (superfine) sugar
1 large egg
1 tbsp plain (all purpose) flour
400 g / 14 oz/ 2 cups of pear halves in
    syrup, drained

Method

Preheat the oven to 200°C (180°C fan) / 400F / gas 6.

Roll out the pastry on a floured surface and use it to line a rectangular baking tin.

Whisk together the almonds, butter, sugar, eggs, thyme and flour until smoothly whipped, then spoon the mixture into the pastry case.

Arrange the pear halves on top, then bake in the oven for 30 minutes or until the frangipane is cooked through in the centre.

Apple and walnut pie

Serves: 6

Preparation time: **20 minutes**

Cooking time: **40 minutes**

Ingredients

2 Bramley apples, peeled, cored and
  thinly sliced

100 g / 3 ½ oz / ⅔ cup walnut halves

1 lemon, zest finely grated

1 tsp cornflour (cornstarch)

2 tbsp caster (superfine) sugar

For the pastry

200 g / 7 oz / 1 cup butter, cubed
  and chilled

400 g / 14 oz / 2 ⅔ cups plain
  (all purpose) flour

1 egg, beaten

Method

Preheat the oven to 200°C (180°C fan) / 400F / gas 6.

To make the pastry, rub the butter into the flour,
then add just enough cold water to bind the mixture
together into a pliable dough. Roll out half of the
pastry on a floured surface and use it to line a shallow
pie dish.

Toss the apples with the walnuts, lemon zest, cornflour
and sugar, then pack the mixture into the pastry case.

Roll out the rest of the pastry and lay it over the top.
Trim away any excess, then roll the edges in and
crimp to seal. Make a hole in the centre for the steam
to escape.

Brush the top of the pie with beaten egg, then bake
for 40 minutes or until the pastry is cooked through
underneath and golden brown on top.

120

Marmalade Breton tart

Serves: 6

Preparation time: 15 minutes

Cooking time: 40–45 minutes

Ingredients

250 g / 9 oz / 1 ¼ cups butter, cubed
250 g / 9 oz / 1 ⅔ cups plain
   (all purpose) flour
250 g / 9 oz / 1 ¼ cups caster
   (superfine) sugar
5 large egg yolks
175 g / 6 oz / ½ cup marmalade
icing (confectioners') sugar for dusting

Method

Preheat the oven to 180°C (160°C fan) / 350F / gas 4 and butter a 20 cm (8 in) round loose-bottomed cake tin.

Rub the butter into the flour with a pinch of salt, then stir in the sugar.

Beat the egg yolks and stir them into the dry ingredients.

Bring the mixture together into a soft dough and divide it in two. Put half in the freezer for 10 minutes. Press the other half into the bottom of the cake tin to form an even layer. Spread the marmalade on top.

Coarsely grate the other half of the dough over the top and press down lightly.

Bake the tart for 40–45 minutes or until golden brown and cooked through.

Cool completely before unmoulding and dusting with icing sugar.

Lemon and passion fruit tart

Serves: 8

Preparation time: **45 minutes**

Cooking time: **50 minutes**

Ingredients

4 passion fruits, halved

2 lemons, juiced

175 g / 6 oz / ¾ cup caster
  (superfine) sugar

2 tsp cornflour (cornstarch)

4 large eggs, beaten

225 ml / 8 fl. oz / ¾ cup double
  (heavy) cream

For the pastry

100 g / 3 ½ oz / ½ cup butter, cubed

200 g / 7 oz / 1 ⅓ cups plain
  (all purpose) flour

50 g / 1 ¾ oz / ¼ cup caster
  (superfine) sugar

1 large egg, beaten

Method

Preheat the oven to 200°C (180°C fan) / 400F / gas 6.

To make the pastry, rub the butter into the flour and
sugar, then add enough beaten egg to bind it into a
pliable dough.

Wrap the dough in cling film and chill for 30 minutes,
then roll out on a floured surface. Use the pastry to line
a 23 cm (9 in) loose-bottomed tart tin and trim the
edges. Prick the pastry with a fork, line with cling film,
and fill with baking beans or rice.

Bake the pastry case for 10 minutes then remove the
cling film and baking beans and cook for another
8 minutes to crisp.

Reduce the oven temperature to 160°C (140°C fan) /
325F / gas 3.

Scoop the passion fruit seeds and pulp into a bowl and
stir in the lemon juice, sugar and cornflour to dissolve,
then whisk in the eggs and cream.

Pour the mixture into the pastry case and bake for
30 minutes or until just set in the centre.

Leave to cool completely before serving.

Index

Index

EIN
»MEISTER DER DRUCKKUNST«
IN HEIDELBERG

CHRISTOPH ROTH

Ein »Meister der Druckkunst« in Heidelberg

Das Heidelberger
Publikationsprogramm
des Inkunabeldruckers
Heinrich Knoblochtzer
1485–1495/1500

Universitätsverlag
WINTER
Heidelberg

Bibliografische Information der Deutschen Nationalbibliothek

Die Deutsche Nationalbibliothek verzeichnet diese Publikation
in der Deutschen Nationalbibliografie;
detaillierte bibliografische Daten sind im Internet
über *http://dnb.d-nb.de* abrufbar.

UMSCHLAGBILD

Lichtenberger, Johannes: Pronosticatio zu theutsch, [Heidelberg],
[nach 1488.04.01.], Bayerische Staatsbibliothek München,
2 Inc.s.a. 790, fol. F2 verso [BSB-Ink L-168],
http://daten.digitale-sammlungen.de/bsb00008265/image_68, Ausschnitt,
mit freundlicher Genehmigung der Bayerischen Staatsbibliothek
München verwendet unter CC BY-NC-SA 4.0:
https://creativecommons.org/licenses/by-nc-sa/4.0/deed.de

ISBN 978-3-8253-4800-7

© 2021 Universitätsverlag Winter GmbH Heidelberg
Imprimé en Allemagne · Printed in Germany
Umschlaggestaltung: Klaus Brecht GmbH, Heidelberg
Druck: Memminger MedienCentrum, 87700 Memmingen

Gedruckt auf umweltfreundlichem, chlorfrei gebleichtem
und alterungsbeständigem Papier

Den Verlag erreichen Sie im Internet unter:
www.winter-verlag.de

Vorwort

Die Arbeit, eine Art Bibliographie raisonnée, ist geleitet von dem Wunsch, eine kleine Auswahl aus der riesigen Datenmenge, die der *Gesamtkatalog der Wiegendrucke* (*Gw*) unter [https://www.gesamtkatalogderwiegendrucke.de/] bereitstellt, zum Sprechen und zur Anschauung zur bringen. Die abgerufenen Daten betreffen den Heidelberger Inkunabeldrucker Heinrich Knoblochtzer. Durch die Auswahl und zielgerichtete Verknüpfung der Informationen wird die Geschäftsstrategie einer mittelgroßen (Wiegen)Druckoffizin nachvollziehbar. Zugleich sollte – in wichtiger Ergänzung der bisher schon erschienen Arbeiten zur Kultur- und Literaturgeschichte Heidelbergs (Skizze dazu vgl. Einleitung) – ein plastisches Bild vom Beitrag der Druckerzeugnisse zum kulturellen Leben der von Kurfürstenhof, Universität, Franziskanerkloster und stadtbürgerlichem Leseinteresse geprägten Neckarstadt in den letzten Jahrzehnten des 15. Jahrhunderts entstehen. Dass diese Daten aus dem Gw auch zur Anschauung gebracht werden können, ist den vielen Bibliotheken und anderen Einrichtungen zu verdanken, die in großzügiger Weise Digitalisate aus den Wiegendrucken zur Verfügung stellen (in alphabetischer Reihenfolge):

Staatsbibliothek BAMBERG / Deutsches Historisches Museum BERLIN / Staatsbibliothek BERLIN Preußischer Kulturbesitz / Universitäts- und Landesbibliothek BONN / Universitäts- und Landesbibliothek DARMSTADT / Universitäts- und Landesbibliothek DÜSSELDORF / Universitätsbibliothek FRANKFURT / Universitätsbibliothek FREIBURG I. BR. / Forschungsbibliothek GOTHA der Universität Erfurt / Universitätsbibliothek HEIDELBERG / Thüringische Universitäts- und Landesbibliothek JENA / Bayerische Staatsbibliothek MÜNCHEN / Germanisches Nationalmuseum NÜRNBERG / Scheide Library, Princeton University, PRINCETON (New Jersey) / Württembergische Landesbibliothek STUTTGART / Lessing J. Rosenwald Collection, Library of Congress, WASHINGTON D. C. / Universitätsbibliothek WIEN / Herzog August Bibliothek WOLFENBÜTTEL / Zentralbibliothek ZÜRICH.

Die Quellen der Abbildungen[1] werden dem Leser stets mit vollständiger Adresse zum leichten Wiederaufruf und weiteren Studium der Materialien angegeben. Nur weniges Anschauungsmaterial musste aus lizenztechnischen Gründen ausgeklammert bleiben.

Dass die Arbeit nun in die vorliegende Publikation mündete, dafür danke ich herzlich allen Mitarbeiterinnen und Mitarbeitern des Winter-Verlags, die auf den unterschiedlichen organisatorischen, technischen und gestalterischen Ebenen so engagiert bei der Realisierung des Projektes mitgewirkt haben.

---

[1] Wenn nicht anders vermerkt, zuletzt eingesehen am 24.4.2021.

KVnst der truckerey [...] *dardurch die*
kostpern schetze schrifftlicher kunst und
weißheit, so in den alten bůchern langzeit
als der werlt unbekant in dem grabe der
unwissenheit verborgen gelegen sind, herfůr
in das liecht gelangt haben.

Buch der Croniken vnd Geschichten (‚Schedelsche Weltchronik‘), Nürnberg 1493, Bl. 252ʳ

Inhalt

Einleitung: Knoblochtzer in Heidelberg

Heidelberg, genauer gesagt die Bibliothek der drittältesten Universität im deutschsprachigen Raum, ist prominenter Standort von Handschriften, deren berühmteste die Große Heidelberger Liederhandschrift, der *Codex Manesse*, darstellt. Weniger bekannt ist Heidelberg als Druckort von Inkunabeln (Drucke mit beweglichen Lettern bis 1500),[2] und die sonst so opulent bestückte Universitätsbibliothek hat nicht sonderlich viele Textzeugen aus Heidelberger Druckoffizinen aufzuweisen, einige befinden sich auch im Heidelberger Stadtarchiv.[3] Der relativ geringe Bestand an Heidelberger Inkunabeln an ihrem Herkunftsort dürfte nicht darauf zurückzuführen sein, dass die Bibliotheca Palatina diese ursprünglich nicht enthielt. Vielmehr wurden die Wiegendruckbestände schon bei der Einverleibung der Kriegsbeute in die Bibliotheca Vaticana im Jahre 1622 weit weniger sorgfältig, und im Gegensatz zu den Handschriften nicht als geschlossene Fonds behandelt und dadurch weit verstreut.[4]

Eine Vorstellung davon, wie eine Heidelberger Druckwerkstatt/Offizin um 1490 ausgesehen haben könnte, gibt das in diesem Kontext mangels echter Alternativen immer wieder zitierte Bild[5] aus einem französischen Totentanz-Text, der *grant danse macabre des hommes et des femmes,* aus Lyon 1499/1500 (Gesamtkatalog der Wiegendrucke, Nr. 7954, Bl. 7ʳ):[6] Die Memento-mori-Thematik (‚Gedenke Mensch, dass Du sterblich bist‘) wird hier so zum Ausdruck gebracht, dass auch in einer Druckwerkstatt, so wie in allen Berufssparten, alle vom Tod bedroht sind: a) Der Setzer (links) vor seinem Setzkasten (*les capses* heißt es im französischen Redetext des Todes an die *impremeurs*) mit der aufgesteckten Halterung für die Textvorlage (‚Tenakel‘), b) derjenige, der den gesetzten Text mit Hilfe eines Lederballens einfärbt

---

[2] Das Jahr 1500 stellt nach weitverbreiteter Auffassung die hintere Grenze des Mittelalters dar. Bücher, die von der Erfindung des Buchdrucks mit beweglichen Lettern kurz nach 1450 bis zu diesem Jahr 1500 gedruckt wurden, nennt man ‚Inkunabeln‘ oder ‚Wiegendrucke‘: Die Erfindung dieses Buchdrucks in Europa (in Asien früher) ist mit dem Namen Johannes Gutenberg verbunden.

[3] Vgl. SCHLECHTER/RIES (2009). Verzeichnet sind 27 Exemplare Heidelberger Inkunabeln (ein Titel dreifach, drei doppelt), davon 22 in der UB, fünf im Stadtarchiv.

[4] Vgl. dazu kurz und aufschlussreich: WALTER BERSCHIN: *Die Palatina in der Vaticana*, Stuttgart/Zürich 1992, im Abschnitt „Die Druckschriften […]“, S. 158 f.

[5] Z. B. auch bei FERDINAND GELDNER: *Inkunabelkunde. Eine Einführung in die Welt des frühen Buchdrucks (Elemente des Buch- und Bibliothekswesens 5)*, Wiesbaden 1978, Tafel XX.

[6] Zwei Exemplare dieser Inkunabel haben sich in öffentlichen Einrichtungen erhalten, vom Exemplar Princeton University Library, Treasures of the Scheide Library, steht ein Digitalisat zur Verfügung (s. Abb. 1).

(Mitte, Hintergrund), c) der eigentliche Drucker (Mitte, Vordergrund, man beachte
die Ähnlichkeit des Druckmechanismus mit einer Weinpresse und seine Verstrebung
mit dem umgebenden Gebälk), und d) der ‚Buchführer‘ (so wird der nicht selten
durch die Lande ziehende Buchverkäufer im Mittelalter genannt), der im Laden (im
vorliegenden Fall rechts, unmittelbar neben der Werkstatt) die fertigen Bände an die
Kundschaft bringen soll.[7]

Abb. 1: *Grant danse macabre des hommes et des femmes*, Lyon: Mathias Huss, 18 Feb. 1499
[/1500?], Princeton, Treasures of the Scheide Library 43.2 [https://dpul.princeton.edu/scheide/
catalog/ms35td33q], 7ʳ (Bild 19, Ausschnitt).

Übergangen sind in der Abbildung zwei wichtige Arbeitsschritte, die während der
Inkunabelzeit beide noch in der Hand der Druckoffizin lagen: Die diffizile Herstellung
der geeigneten Farbe (‚die schwarze Kunst‘) sowie diejenige Vorarbeit, die eigentlich

---

[7] Singulär innerhalb des Zyklus wird bei diesem Bild den beiden Berufsgruppen, die jeweils
pro Seite zur Darstellung kommen, hier *les impremeurs* (links) und *le libraire* (rechts), nicht
gleich viel Platz eingeräumt.

die zentrale Erfindung Gutenbergs ausmachte – der Guss der einzelnen Bleilettern.[8] Dazu kam noch die Holzschnittkunst, die für den Buchschmuck, Illustrationen und Zierinitialen, sorgte. Was von außerhalb, von Papiermühlen, von denen lange Zeit die besten in Italien angesiedelt waren, zugekauft werden musste und einen wesentlichen Kostenfaktor ausmachte, war das Papier. Nicht genuine Aufgaben der Druckoffizin waren auch das Rubrizieren, Illuminieren und Binden der Bücher, so dass die Möglichkeit bestand, dass der Leser die Texte recht günstig und schmucklos erwarb, und erst später, dem eigenen Geschmack und Geldbeutel entsprechend, für das endgültige Erscheinungsbild seines Buches sorgte.

Kurz nach 1450 war der Buchdruck mit beweglichen Lettern in Mainz von Johannes Gutenberg erfunden worden, und in den folgenden Jahren verbreitete sich die Kunst in ganz Europa, innerhalb des deutschen Sprachraums zuerst in Bamberg (1458), Straßburg (1458/9), Köln (1464/5), Eltville (1467), Basel 1468), Augsburg (1468), Konstanz (1468/9), Nürnberg (1469), … Speyer (1471). In dieser Reihe der deutschen Druckorte erscheint Heidelberg erst auf dem 40sten Platz um 1485.[9]

Von den ca. 95 Titeln, die im Zeitraum von ca. 10–15 Jahren (1485–1495/1500)[10] in Heidelberg erschienen (manche in mehreren Auflagen), gehen ca. 85 auf den Drucker Heinrich Knoblochtzer zurück. Diese Titel sind bis heute in 1204 Exemplaren an öffentlichen Bibliotheken erhalten, die kleineren meist nur in geringer Stückzahl (hier ist auch mit einer Verlustquote von Werken zu rechnen, von denen gar kein Exemplar überlebt hat), die umfänglicheren in Knoblochtzers Fall in einer Stückzahl von bis zu 166 Exemplaren. Die Zahlen sind den Verzeichnissen des großartigen Projektes *Gesamtkatalog der Wiegendrucke* (künftig *Gw*) entnommen, ohne dessen Listen, Verzeichnisse und Verlinkungen die vorliegende Arbeit gar nicht möglich gewesen wäre.[11]

Heidelberg ist ein eher ‚kleiner‘ Druckort mit relativ wenigen Ausgaben und gerade auch deshalb interessant, weil wenige Drucker (ich konzentriere mich hier auf Heinrich Knoblochtzer) alle Sparten bedienen mussten und unter verschiedenen Einflüssen agierten, während in ‚größeren‘ Druckorten wie Augsburg, Basel, Köln, Nürnberg, Ulm Spezialisierungen zwischen den zahlreichen Mitbewerbern stattfanden.

---

[8] Eigentlich eine komplexe Mischlegierung aus Blei, Zinn und Antimon. Vor und neben der Etablierung dieser Technik gab es im 15. Jahrhundert auch Versuche, mit Hilfe von Holzschnitttafeln zu einer Vervielfältigung von Text und dazugehörigen Bildern zu kommen: die sogenannten Blockbücher.

[9] GELDNER: *Inkunabeldrucker*, Inhalt, S. 7.

[10] Für die letzten fünf Jahre des Jahrhunderts ist die Drucktätigkeit Knoblochtzers nicht sehr gut gesichert, dazu später mehr. ‚Circa‘-Angaben sind angebracht, weil nahe verwandte Ausgaben desselben Titels mit nur geringen Abweichungen bisweilen doppelt gelistet werden.

[11] https://www.gesamtkatalogderwiegendrucke.de/

Aus den biographischen Daten zu Heinrich Knoblochtzer, die am ausführlichsten zuletzt von FERDINAND GELDNER zusammengestellt wurden, ergibt sich nur ein sehr schemenhaftes Bild seines Lebens und Wirkens:[12] Er wäre demnach um 1445 in Ettenheim im Ortenaukreis, zwischen Offenburg und Freiburg, geboren worden und hätte eine grundlegende Ausbildung in den Sieben Freien Künsten in der naheliegenden Benediktinerabtei Ettenheimmünster erhalten können (so ROTH: *Geschichte* [1901], S. 197). Ab 1475/76 bis 1484 war er als Buchdrucker neben einigen Mitkonkurrenten in Straßburg tätig. Akademische Titel und Bürgerrecht sind für ihn nicht nachgewiesen. Für Straßburg verzeichnet der *Gw* 72 Drucktitel vom Einblattdruck bis zu umfangreichen Codices. Aktenkundig ist nur seine Frau durch eine Entlassurkunde aus einem Pflegeheim in Schiltigheim 1479 und er selbst durch eine Schuldurkunde gegenüber dem Basler M. Tischmacher 1483. Vielleicht liegt in dieser Verschuldung auch der Grund für den Weggang aus Straßburg nach 1484. Aber auch wachsende Konkurrenz könnte die Ursache für den Ortswechsel gewesen sein. Vergleichbares lässt sich auch andernorts beobachten: Johannes Zainer, der seinerseits die Technik des Buchdrucks in Straßburg erlernt hatte, kam an seinem neuen Wirkungsort Ulm 1483 durch konkurrierende Unternehmen in so große Bedrängnis, dass er Zierinitialen und Randleisten veräußern musste, wovon dann wieder Knoblochtzer in Heidelberg profitierte, der das Material dort weiterverwendete (s. u. passim).[13] Dass es Knoblochtzer ausgerechnet nach Heidelberg zog, lag möglicherweise auch daran, dass die dortigen Kurfürsten Interesse hatten, die neue (,schwarze') Kunst in ihrer Residenzstadt zu etablieren. Sie hatten das Gewerbe in Straßburg offenbar beobachtet, was wiederum durch die Tatsache belegt ist, dass der Straßburger Drucker Heinrich Eggestein schon 1466 einen Schutzbrief von Kurfürst Friedrich I. von der Pfalz ausgestellt bekam.[14] 1486 wurde Knoblochtzer dann jedenfalls (pro forma?) an der Heidelberger Universität immatrikuliert. Wahrscheinlich hat er gleichzeitig seine Drucktätigkeit in Heidelberg aufgenommen, voll firmierte, d. h. mit Ort, Jahr, Druckernamen versehene Drucke liegen aber erst seit 1489 vor (dazu Näheres im folgenden Abschnitt). In nur 15 Heidelberger, bevorzugt deutschsprachigen Inkunabeldrucken nennt er seinen Namen, ein einziges Mal bezeichnet er sich in der Schlussschrift eines eher kleinen, lateinischen Werkes (12 Bll.) als *impressorie artis magister* (,Meister der Druckkunst', Gw 11597: Guarinus, Baptista: *De ordine docendi ac studendi*, s. Kap. 3). Ansonsten gibt es alle Abstufungen an Informationsgehalt innerhalb der Kolophone (Schlussschriften) von vollkommenem Ausbleiben über Angabe nur des Jahres, von Ort und Jahr, von Druckername und Jahr, von Ort und

---

[12] GELDNER: *Inkunabeldrucker* (1968). S. 66 f. und S. 265–267, sowie GELDNER: *Knoblochtzer* (1979), S. 195 mit Hinweis auf weitere Literatur, u. a. K. SCHORBACH und M. SPIRGATIS (1888), E. VOULLIÉME (²1922 und 1925), dazu FERDINAND W. E. ROTH: *Geschichte* (1901), S. 197–224.

[13] Vgl. dazu AMELUNG: *FDSW*, S. 23 sowie die Abb. der entsprechenden Initialen S. 62 f. und 67 f.

[14] GELDNER: *Inkunabeldrucker* (1968), S. 60.

Druckername bis hin zu den wenigen schon genannten voll firmierten Inkunabeln. Knoblochtzers besondere Bedeutung wurde in der Forschung immer wieder auch in der Ausstattung seiner Straßburger wie auch seiner Heidelberger Drucke mit ziervollen Initialen und Holzschnittillustrationen gesehen.[15] Wer sie anfertigte (evtl. Knoblochtzer selbst?) ist ganz unklar. Gesichert ist seine Drucktätigkeit in Heidelberg dann bis ca. 1495, GELDNERS Vermutung, dass Knoblochtzer „nicht vor 1501" gestorben sei, ist schon vom Autor selbst mit Fragezeichen versehen worden.

---

[15] Dazu später mehr. Einen guten Überblick zu diesem Aspekt bekommt man bei SCHRAMM: *Bilderschmuck 19*, Leipzig 1936, online als Digitalisat der UB Heidelberg zugänglich. SCHORBACH und SPIRGATIS (1888) weisen Knoblochtzer einen „Ehrenplatz in der Geschichte der Buchillustration" zu. Zitiert nach GELDNER: *Knoblochtzer* (1979), o. S.

A Unterschiedliche Themenblöcke, unterschiedliche Einflüsse, unterschiedliche Interessenten, Kunden, Initiatoren

Die exemplarische Beschreibung von Knoblochtzers Druckprogramm in einer mittelgroßen, vom Sitz der Pfalzgrafen und einer bereits hundert Jahre alten Universität geprägten Stadt dient zugleich der Auffüllung einer Lücke bei der Beschreibung des literarisch kulturellen Lebens in Heidelberg zum Ende des 15. Jahrhunderts: Innerhalb der Münsterschen Mittelalter-Schriften (Band 67: *Wissen für den Hof*, 1994 herausgegeben von JAN-DIRK MÜLLER) wird *der spätmittelalterliche Verschriftlichungsprozess am Beispiel Heidelberg im 15. Jahrhundert* in mehreren Beiträgen von verschiedenen AutorInnen anhand des Buchbesitzes des Hofkaplans, Kirchenrechtlers und Chronisten Mathias von Kemnat (†1476), anhand von Albertus-Magnus-Übersetzungen, anhand von Kriegskunst-Traktaten und anderen Sachtexten, anhand eines zum Wissensbuch ausgeweiteten Gebetbuchs und anhand anderer Detailuntersuchungen allesamt *vor* Knoblochtzers Zeit beschrieben.

Auch aus den zahlreichen kleingliedrigen Einzelbeiträgen in den 1986, zum Gründungsjubiläum der Universität herausgegebenen Katalogbänden *Bibliotheca Palatina* (Text- und Bildband) ergibt sich ein mosaikartiges, allerdings sehr auf die Universität zentriertes Bild des Heidelberger literarischen Lebens im Mittelalter. Das Hauptinteresse liegt naturgemäß bei den zur Ausstellung vorübergehend zurückgekehrten, vor allem lateinsprachigen Beständen der Palatina (v. a. Artes liberales, Theologie, Reformation, Zimelien, Einbände usw.), die Druckgeschichte der Stadt spielt aber keine Rolle. Dies ist ebenso wenig der Fall in der älteren Arbeit von GERHARD RITTER, der im III. Abschnitt „Zwischen alter und neuer Zeit […]" innerhalb seiner Studie *Die Heidelberger Universität im Mittelalter (1386–1508)* die Umbrüche dieser Jahrzehnte im Lehrbetrieb der Hochschuhle, in die auch Knoblochtzers Wirkungszeit fällt, ansonsten anschaulich beschreibt.[16]

Im großen Stadtbuch *Heidelberg. Geschichte und Gestalt*, das (wie schon die *Bibliotheca-Palatina*-Bände auch) ELMAR MITTLER 1996 herausgegeben hat, findet sich eine Überblicksdarstellung von Michael Buselmeier zu *Heidelberg und die Literatur* (S. 242–267, excl. 250–253 und 257–261), in der das Mittelalter ganz peripher erwähnt wird. Mehr relevante Informationen für den hier zu betrachtenden Zeitraum bietet der Beitrag von RUDOLF KETTEMANN: *Loblied auf Heidelberg. Peter Luders Enkomion aus dem 15. Jahrhundert* (S. 321–324) und ELMAR MITTLER: *Bibliothek*

---

[16] GERHARD RITTER: *Die Heidelberger Universität im Mittelalter (1386–1508). Ein Stück deutscher Geschichte*. Heidelberg 1936, ND ebd. 1986, v. a. S. 411–491.

im Wandel. Die Universitätsbibliothek in Vergangenheit und Zukunft (S. 326–361, excl. 348 f. fürs Mittelalter v. a. 326–337). Dass auch hier die früheste Druckgeschichte Heidelbergs keine Berücksichtigung findet, belegt schon das Fehlen eines Knoblochtzer-Eintrags im Register, (obwohl der Inkunabeldrucker S. 245 einmal kurz erwähnt ist).

Die Darstellung von MARTINA BACKES: *Das literarische Leben am kurpfälzischen Hof* (1992) berücksichtigt das Ende des Jahrhunderts durchaus in instruktiven Abschnitten, doch fehlt die Einbeziehung der in Heidelberg erstellten *Drucke* weitgehend. Der Abschnitt über „Die Buchdrucker", S. 66–73, bleibt recht skizzenhaft und ermangelt der Verknüpfung mit dem Abschnitt „Philipp der Aufrichtige" (S. 136–171), in dessen Regierungsjahre, 1476–1508, Knoblochtzers Wirken fällt. Die von BACKES genannten älteren Werke zum Thema von H. WIRTH und W. E. ROTH sind, was in Anbetracht der seinerzeit unendlich mühevollen Recherche nicht zu verwundern braucht, ganz unvollständig, bieten trotzdem hie und da brauchbare Details. [17]

Wieder ganz aus bibliotheksgeschichtlicher Sicht wird das literarisch kulturelle Leben der zweiten Hälfte des 15. Jahrhunderts in KARIN ZIMMERMANNS Beitrag *Die Anfänge der Bibliotheca Palatina bis zu Friedrich I. dem Siegreichen und Philipp dem Aufrichtigen* beschrieben. [18]

HENRIKE LÄHNEMANN vertieft 2002 nochmals einen Teilaspekt der Arbeit von MARTINA BACKES, indem sie den Fokus auf *Margarethe von Savoyen in ihren literarischen Beziehungen* legt. [19]

Nicht zuletzt möchte die hier vorgelegte Bibliographie raisonnée als eine Ergänzung und Fortsetzung zu PETER AMELUNGS hervorragendem Katalogband *Der Frühdruck im deutschen Südwesten 1473–1500* fungieren, der anlässlich einer Ausstellung der Württembergischen Landesbibliothek Stuttgart 1979 herausgebracht wurde. Das Unternehmen war auf mehrere Bände angelegt, berücksichtigt aber im publizierten Sektor nur den Ulmer Inkunabeldruck, sporadisch finden sich auch schon Hinweise auf die geplanten Folgebände, die dem Frühdruck in Esslingen, Konstanz, Freiburg, Urach u. a., und eben auch Heidelberg (kurzer Überblick S. XX) gewidmet werden sollten, aber nie erschienen sind und (nach Auskunft von entsprechender Stelle) in absehbarer Zeit auch nicht erscheinen werden.

Von den vielen Fragen, die an die Tätigkeit Knoblochtzers in Heidelberg zu stellen wären (wo könnte seine Werkstatt angesiedelt gewesen sein, woher bezog er das notwendige Papier, mit welchen Partnern kooperierte er, wie agierte er markttechnisch), [20]

---

[17] HERMANN WIRTH: *Geschichte der Buchdruckerkunst in Heidelberg*, in: *Archiv für die Geschichte der Stadt Heidelberg* 1868, S. 21–25 sowie ROTH: *Geschichte* (1901).

[18] Relevant hier v. a. die Abschnitte: „Das Anwachsen der Bibliotheksbestände unter Philipp" und „Bücher aus dem Besitz der Margarethe von Savoyen".

[19] Margarethe von Savoyen, †1479, in zweiter Ehe verbunden mit Kurfürst Ludwig IV., Mutter von Philipp dem Aufrichtigen, 1448–1508.

[20] Mit diesen und anderen Fragen mehr beschäftigen sich eingehend z. B. bezogen auf den Augsburger Inkunabeldruck die Arbeiten von HANS-JÖRG KÜNAST: ‚*Getruckt zu Augsburg*'

will ich mich hier zuerst einmal auf den Versuch konzentrieren, das Material unter inhaltlichen Gesichtspunkten zu sichten, zu gliedern, Gebrauchszusammenhänge zu eruieren, indem ich exemplarisch *alle* vertretenen Themenblöcke betrachte, was bislang für Heidelberg noch nie unternommen wurde.[21] Die gedruckten Werke dienen mal mehr der Unterrichtung (*utilitas*), mal mehr der Unterhaltung (*delectatio*) der Leser, Lateinisches ist ebenso vertreten wie Volkssprachliches, kleine Flugschriften ebenso wie umfangreiche Codices. Bisweilen sind die Themenblöcke und Rezeptionskreise (wie schon gesagt) nicht klar zu trennen, so dass Mehrfachnennungen unvermeidbar sind.[22]

1   Theologische Werke aus dem Umfeld des Franziskanerklosters

Knoblochtzer war also schon knapp zehn Jahre in Straßburg als Drucker tätig gewesen, bevor er aus Gründen, über die man nur spekulieren kann, von dort wegzog. Auch was ihn bewog, ausgerechnet in Heidelberg eine neue Offizin einzurichten, ist vollkommen unbekannt, immerhin scheint es hier so gut wie keine Konkurrenz gegeben zu haben. Vielleicht wurde er aber auch von einem der mutmaßlichen Heidelberger Akteure im kulturellen Betrieb, dem kurfürstlichen Hof, Theologen der Universität oder dem Franziskanerkloster angeworben oder zumindest angezogen. Nur ein Teil der Drucke ist firmiert, andere weist man Knoblochtzer auf Grund des Vergleichs des zum Druck verwendeten Typenmaterials zu.[23] Zwölf der 85 Titel aus der *Gw*-Liste über Knoblochtzer, die sich über einen Zeitraum von 1485–1489 datieren lassen, sind ihm nicht direkt zuzuordnen. Man hat sie früher einem Anonymus ‚Drucker des Lindelbach' zugerechnet.[24] Sie werden ihm aber seit einiger Zeit, wiederum auf der Grundlage der Analyse des verwendeten Typenmaterials und anderer ein-

---

Buchdruck und Buchhandel in Augsburg zwischen 1468 und 1555, Tübingen 1997 (*Studia Augustana 8*) und bezogen auf den Frühdruck allgemein: UWE NEDDERMEYER: *Von der Handschrift zum gedruckten Buch. Schriftlichkeit und Leseinteresse im Mittelalter und in der frühen Neuzeit. Quantitative und qualitative Aspekte*, 2 Bände, Wiesbaden 1998.

[21] Derartig literarhistorisch zentrierte Studien für andere Druckorte sind z.B.: ROMY GÜNTHART: *Deutschsprachige Literatur im frühen Basler Buchdruck (ca. 1470–1510)*, Münster/ München u.a. 2007, sowie Barbara Weinmayer: *Studien zur Gebrauchssituation früher deutscher Druckprosa. Literarische Öffentlichkeit in Vorreden zu Augsburger Frühdrucken*, München/Zürich 1982.

[22] Vgl. MÜLLER: *Wissen für den Hof* (1994), z.B. S. 11: „Allerdings zeigen diese Beispiele letztlich nur, wie wenig sinnvoll es für das Spätmittelalter schon ist, mit streng gegeneinander abgeschlossenen Rezeptionsgemeinschaften zu rechnen." Ähnlich BACKES (1992), S. 170.

[23] Von unschätzbarem Wert dabei: Das *Typenrepertorium der Wiegendrucke* der Staatsbibliothek in Berlin, https://tw.staatsbibliothek-berlin.de

[24] Benannt nach den Drucktypen, mit denen Gw M18384: Michael Lindelbach: *Praecepta latinitatis*, 15. XII. 1486, gedruckt wurde. Vgl. die entsprechenden Einträge in *Tw* und unten Kapitel 3: Schule und Grundstudium der Artistenfakultät.

schlägiger Beobachtungen, zugeschrieben. Unter ihnen sind zahlreiche Werke, die dem Umfeld der Universität angehören (dazu später mehr in Kap. 2 und 3) und etliche, sehr opulente Drucke, die für eine erstaunliche Leistungsfähigkeit der neu gegründeten Werkstatt sprechen und dem monastischen Bereich nahestehen, so dass hier die Hypothese gewagt sei, dass diese Heidelberger Druckerzeugnisse mit dem Franziskanerkloster unterhalb des Schlosses in Verbindung zu bringen sind.

Dieses war, um 1250 gegründet, unter „besondere[r] Förderung durch die kurfürstliche Familie" 1320 auf das Areal, das heute der Karlsplatz einnimmt (seit 1807), verlegt worden und diente vielfach als Grablege der kurfürstlichen Familie.[25] Auch der Humanist Rudolf Agricola ließ sich dort bestatten (vgl. Kap. 3). Die Klosterkirche war der Gottesmutter Maria geweiht (vgl. Kap. 8). Den engen Kontakt zum Fürstenhaus im 15. Jahrhundert belegen einige erhaltene lateinische und volkssprachliche Predigten.[26] 1803/1807 wurde das Kloster aufgelöst und in der Folgezeit abgebrochen.

Wenn die besagten Inkunabeln auch nicht vom Franziskanerkloster beauftragt wurden, so könnten sie doch zumindest von dort angeregt worden sein, oder der ‚Drucker des Lindelbach' (künftigt auch abgekürzt DdL) alias Heinrich Knoblochtzer hat sich Distributionsmöglichkeiten über das Franziskanernetzwerk erhofft. Dieser Neuanfang in Heidelberg ist allemal ein enormer Kraftakt gewesen, denn es handelt sich – wie gesagt – um sehr umfangreiche Werke, die einen enormen Ankauf von Papier und kompetente, lateinkundige Mitarbeiter in der Werkstatt erforderten. Möglicherweise haben Franziskanische Mönche hier selbst mitgewirkt und sich somit eine eigene Klosterdruckerei erspart, wie sie die Fratres vitae communis in Marienthal, die Fratres ordinis Eremitorum in Nürnberg oder die Benediktiner in Augsburg, St. Ulrich und Afra, betrieben.

[Gw 06548: CHAIMIS, BARTHOLOMAEUS DE: *Confessionale* (DdL)]: Das *Confessionale* des zeitgenössischen Minoriten Bartholomäus de Chaimis, laut Angaben in *Gw* (ohne Quelle) ein Franziskaner „aus vornehmer Mailänder Familie" und „berühmter Prediger" („†um 1496") stellt eine lateinsprachige, theologisch fundierte Abhandlung zu den Rechten, Pflichten, geforderten Kompetenzen und der Vorgehensweise des Beichtigers (*confessor*) beim Abnehmen der Beichte dar und passt somit auch zum Themenschwerpunkt der Beichtlehre, die in Knoblochtzers Programm später auch noch in der Volkssprache fortgesetzt wurde, dann aber natürlich nicht den Beichtvater sondern den Beichtenden als Leser anvisierte (s. Kap. 7). Eine genaue

---

[25] ANNELIES SEELIGER-ZEISS: *Heidelberger Kirchenbaukunst*, in MITTLER: *Heidelberg* (1996), S. 202–227, hier 207.

[26] Vgl. dazu CHRISTOPH ROTH: *Lateinische und deutsche Predigten im Umfeld von Universität und Hof in Heidelberg um 1420*, in: KNAPP/MIETHKE/NIESNER (Hg.): *Schriften im Umkreis mitteleuropäischer Universitäten um 1400: Lateinische und volkssprachige Schriften aus Prag, Wien und Heidelberg: Unterschiede, Gemeinsamkeiten, Wechselbeziehungen*, Leiden 2004, S. 197–230.

Datierung des in der Heidelberger Ausgabe[27] zweispaltig gedruckten, 104 Blätter umfassenden und im Darmstädter Exemplar mit Rubrizierung versehenen Werkes, wird in *Gw* nicht vorgenommen, immerhin wird es auf „nicht nach 1485" taxiert.

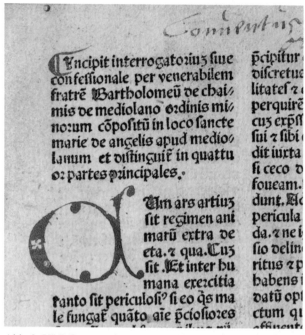

Abb. 2: ULB Darmstadt, Inc. II 637 [http://tudigit.ulb.tu-darmstadt.de/show/inc-ii-637/0001], 2[r] (Ausschnitt).

Ein Exemplar dieses Werkes befindet sich in der Ub (SCHLECHTER/RIES 218). Einen ganz ähnlichen Druck dieses Titels (im Darmstädter Exemplar wohl sogar vom selben Rubrikator überarbeitet wie Gw 06548) finden wir mit Gw 06550 vor, der vormals ebenfalls dem ‚Drucker des Lindelbach' zugerechnet wurde, heute aber in die Hagenauer Offizin von Heinrich Gran, „um 1489" lokalisiert wird. Gran hatte für seinen Drucksatz etwas mehr Papier benötigt (und damit höhere Investitionen tätigen müssen) als der Heidelberger Frühdrucker.

[Gw 0948920: EVRARDUS DE VALLE SCHOLARUM: *Sermones de sanctis* (DdL)]: Ebenfalls eine Herkulesleistung stellt gleich das zweite, nun genauer, auf „21.1.1485", datierte, vormals auch dem ‚Drucker des Lindelbach' zugeordnete Werk dar, das sogar 286 Bll. umfasst.

---

[27] Weitere Inkunabelausgaben (nach *Gw*): Mailand (2), Venedig (2) Nürnberg (2, davon eine aus der eben schon erwähnten Klosterbibliothek), Basel, Straßburg, Mainz, Hagenau und Augsburg.

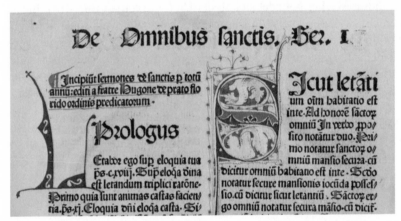

Abb. 3: ULB Düsseldorf, Pr.Th.I.379 (Ink.) [https://digital.ub.uni-duesseldorf.de/ink/content/pageview/8357396], 274ʳ (Ausschnitt).

Das Exemplar der Universitäts- und Landesbibliothek Düsseldorf, aus dem die vorstehende Abbildung stammt, wurde vom ursprünglichen Besitzer (laut zeitgenössischem Eintrag auf dem Vorsatzblatt), dem Kreuzherrenkloster Marienfriede bei Xanten (auch dies ein Bettelordenkloster) sehr hoch geschätzt: Man ließ den Druck nämlich mit relativ aufwendigen Initialen versehen. Das Exemplar der UB Heidelberg, das vormals dem Kloster Benediktbeuren gehörte, ist immerhin „durchgehend rubriziert" (vgl. SCHLECHTER/RIES 627). Die Zuschreibung der Sammlung von Musterpredigten *De sanctis „per totum annum"* (also für die besonderen Messen an den Heiligenfesten übers ganze Jahr, als Gegenstück zu den *de-tempore*-Sammlungen, die auf die Sonn- und Festtage des Kirchenjahres hin geordnet sind) an EVRARDUS ist modern,[28] im Mittelalter, auch in der hier vorliegenden Druckausgabe, lief sie unter dem prominenten Namen des Dominikaners HUGO DE PRATO FLORIDO (†1322).

Abb. 4: ULB Düsseldorf, Pr.Th.I.379 (Ink.) [https://digital.ub.uni-duesseldorf.de/ink/content/pageview/8356852], 2ʳ (*aij*ʳ, Ausschnitt).

---

[28] Bezieht sich auf einen französischen Prediger aus dem Augustinerorden.

Ein umfangreiches Register machte die Predigtsammlung auch als theologisches Nachschlagewerk brauchbar. Außer in Heidelberg wurde das Werk nur noch in Ulm gedruckt, dort von den Dominikanern (also auch einem Bettelorden) beauftragt.[29]

Eine bemerkenswerte Beobachtung nebenbei: Diese Inkunabel zeigt, wie derartig frühe Drucke heute auch zu Spekulationsobjekten werden können: Ein Exemplar des Heidelberger Wiegendrucks, ebenfalls aufwendig rubriziert, zudem mit einem soliden alten Ledereinband und handschriftlichen Fragmenten im Vorsatz versehen, wurde 2014 in einem Hamburger Kunsthaus für 16.800 € versteigert, ist seither im Amerikanischen Handelshaus *fine books & medieval manuscripts* für 35.000 $ angeboten worden.[30]

Einen weiteren Kraftakt vollbrachte Knoblochtzer ebenfalls in dieser frühen Heidelberger Zeit mit dem Druck eines *Vocabularius Ex quo* (*Gw*: „1485" aber nicht DdL zugewiesen), von dem kein Exemplar erhalten ist, das aber in Rückschluss von seiner Straßburger Ausgabe um die 150 Bll. umfasst haben dürfte (s. Kap. 2).

[Gw 03411: BARTHOLOMAEUS ANGLICUS: *De proprietatibus rerum* (DdL)]: Drei Jahre später („21.V.1488") entsteht dann die 326 Bll. umfassende, ebenfalls durch umfangreiche Register erschlossene Enyklopädie *De proprietatibus rerum*, die sich im wahrsten Sinne des Wortes mit ‚Gott und der Welt' beschäftigt:

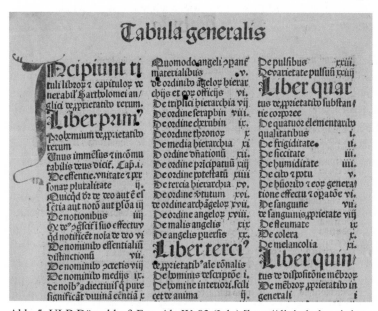

Abb. 5: ULB Düsseldorf, E. u. Ak. W. 83 (Ink.) [http://digital.ub.uni-duesseldorf.de/ink/content/pageview/3664313], 2ʳ (Ausschnitt).

---

[29] Vgl. AMELUNG: *FDSW*, Nr. 107, S. 202, 205, 210.

[30] In *Gw* sind immer nur die Exemplare „in öffentlichen Einrichtungen" verzeichnet, d.h. hie und da kann man mit einer gewissen ‚Dunkelziffer' an tatsächlich erhaltenen Textzeugen rechnen.

Deren Druckausgabe dürfte auch durch franziskanisches Umfeld motiviert sein: Hier ist der Autor selbst Franziskaner gewesen, was die Schlussschrift ausdrücklich hervorhebt:

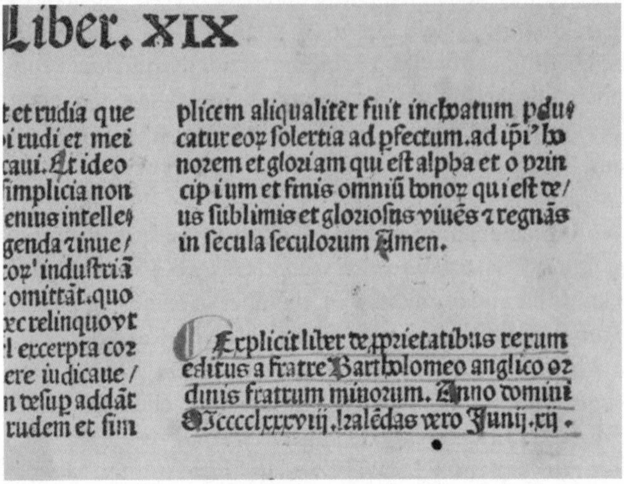
Liber. XIX

t et rudia que
i rudi et mei
caui. Et ideo
implicia non
enius intelle-
genda ⁊ inue-
coꝝ' industriā
omittāt. quo
ex relinquo vt
l excerpta coꝛ
ere iudicaue-
n de sup addāt
rudem et sim

plicem aliqualiter fuit inchoatum pdu-
catur eoꝝ solertia ad pfectum. ad ipi' honorem et gloriam qui est alpha et o prin-
cipium et finis omniū bonoꝝ qui est deus sublimis et gloriosus viuēs ⁊ regnās
in secula seculorum Amen.

Explicit liber de pꝛietatibus rerum
editus a fratre Bartholomeo anglico oꝛ-
dinis fratrum minoꝛum. Anno domini
Mcccclxxxviij. kalēdas vero Junij .xij.

Abb. 6: ULB Düsseldorf, E. u. Ak. W. 83 (Ink.) [http://digital.ub.uni-duesseldorf.de/ink/content/pageview/3664961], 326r (*DD8*r, Ausschnitt).

Druckausgaben dieses Werks waren freilich nicht auf franziskanisches Umfeld beschränkt, laut Einträgen im *Gw* waren in der Inkunabelzeit mindestens elf Editionen erstellt worden, eine in Basel, drei in Köln, drei in Lyon, zwei in Nürnberg und zwei in Straßburg. Das Exemplar, das sich heute in der Ub Heidelberg befindet, war ursprünglich im Besitz des Zisterzienserinnenklosters Lichtenthal in Baden-Baden (Schlechter/Ries 206).

Für eine weitere Edition möchte ich die These wagen, dass ihr Zustandekommen durch die Franziskaner in Heidelberg zumindest begünstigt wurde:

[Gw 10786: Gerson, Johannes: *Opus tripartitum*, deutsch von Gabriel Biel]: Bei der deutschen, 30 Bll. umfassenden Ausgabe des *Opus tripartitum* des berühmten Pariser Theologen Johannes Gerson (1363–1429, „nicht nach 1488“, das einzige Werk in diesem Kapitel, das nicht dem ‚Drucker des Lindelbach‘ zugewiesen wird) veranlasst mich der Umstand, dass dieses Werk während der Inkunabelzeit sonst nur noch in der allerältesten Klosterdruckerei, nämlich derjenigen der Fratres vitae communis (‚Brüder vom Gemeinsamen Leben‘) in Marienthal, Geisenheim (im Rheingau-Taunus-Kreis/Hessen) zum Druck kam („um 1475“ Gw 1078550N), zur Vermutung, dass die Entstehung der hier besprochenen Edition von den Heidelberger Franziskanern motiviert, zumindest unterstützt wurde. Auch gilt Gerson als ein Theologe, der sich überaus eingehend mit dem Werk des Franziskaners Bonaventura (†1274) beschäftigt hatte. Der Übersetzer des *Opus tripartitum* ins Deutsche ist der zeitweise in Heidelberg tätige Theologe und Prediger Gabriel Biel, der 1477 auch auf Wunsch Graf Eberhards I. im Bart an der Gründung eines Hauses ‚Vom Gemeinsamen Leben‘ in Urach mitwirkte.[31] Das Werk mag der Laienseelsorge, gedient haben, welcher sich die Franziskaner verschrieben hatten. Die beiden Themen ‚Memento mori‘ (*von der kůnst zů sterben*) und Beichte (*Von der bijcht*), die zwei der drei Kapitel des *drigedeilt werck* bilden, stellen natürlich auch eine starke Brücke zu den Themenblöcken des 6. und 7. Kapitels dar. Der Kolophon am Ende des Werkes lautet:

Hye endet sich diß drigedeilt werck. von dẽ tzehen
gebodẽ. Von der bijcht. Vnd von der kůnst zů sterben.
Dorch dẽ vßmeligẽ lerer der heylgen schrifft. Meyster
Johan von Gerson Cantzler der heylgẽ hoen schulen
zů Parijs.

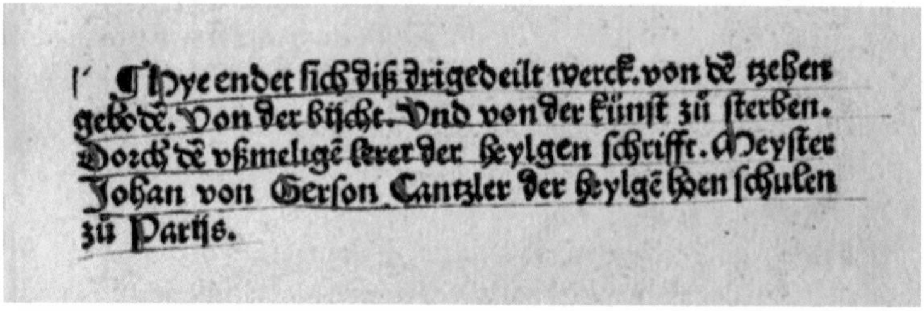

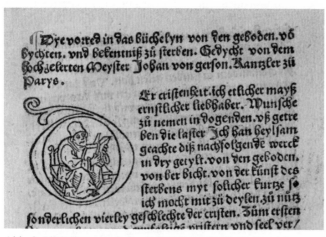

Abb. 7: ULB Darmstadt, Inc II 575 [http://tudigit.ulb.tu-darmstadt.de/show/inc-ii-575/0057], 29r (Ausschnitt).

Während an den einzelnen Abschnitten des Drucks lediglich Platz für den Eintrag von Initialen durch einen Rubrikator gelassen wurde, ist das Werk zu Beginn mit minimalem Schmuck insofern versehen, als Knoblochtzer eine schlichte Holzschnittinitiale eindrucken ließ, die er auch im berühmten *Totentanz* (s. u. Kap. 6) verwendete. Ein Teil dieser Initialen war von Johann Zainer in Ulm übernommen worden.[32] Das Motiv war hier sicher passend erschienen, weil es die gelehrte Abkunft des Autors unterstreicht:

Dye vorred in das büchelyn von den geboden. vō
bychten. vnd bekentniß zů sterben. Gedycht von dem
hochgelerten Meyster Johan von gerson. Kantzler zů
Parys.
Er cristenheit. ich etlicher mayß
ernstlicher liebhaber. Wunsche
zů nemen in dogenden. vß getre
ben die laster Ich han heylsam
geachte diß nachfolgendẽ werck
in dry geteylt. von den geboden.
von der bicht. von der kůnst des
sterbens myt solicher kurtze so
ich mocht mit zů deylen. zů nütz
sonderlichen vierley geschlechte der cristen. Zům ersten

Abb. 8: ULB Darmstadt, Inc II 575 [http://tudigit.ulb.tu-darmstadt.de/show/inc-ii-575/0003], 2r (Ausschnitt).

[31] ULRICH BUBENHEIMER: *Biel, Gabriel*, in: ²*VL* 1 (1978), Sp. 853–858.

[32] Zur Übernahme des Typenmaterials aus Ulm vgl. GELDNER: *Inkunabeldrucker* (1968), S. 267 und AMELUNG: *FDSW*, S. 20 und 66.

2 Theologische Werke aus dem Umfeld der Universität

Knoblochtzers Druckwerke mit theologischer Thematik haben oft enger oder weiter mit Heidelberg verbundene Personen zu Autoren: Gabriel Biel (vgl. das zuletzt genannte Werk von J. Gerson) etwa oder Johannes de Lambsheim (s. u. in diesem Kapitel und Kap. 8). Einige von ihnen sind zugleich dem Umfeld des Heidelberger Humanismus zuzurechnen (Rudolf Agricola, Jodocus Gallus, s. Kap. 5) oder/und stehen dem Umfeld der Franziskaner nahe (vgl. Kap. 1). Wie schon gesagt: Die Abgrenzung zwischen den einzelnen Themen-/Interessenblöcken ist nicht sicher zu treffen, sie behält immer einen Anstrich von Künstlichkeit der Rückschau aus der Distanz von über 500 Jahren.

[Gw M51056: *Vocabularius Ex quo*]: Der lateinisch-deutsche *Vocabularius Ex quo* erschien in unzähligen Ausgaben innerhalb des deutschen Sprachraums (vgl. Liste im *Gw*). Er diente „als praktisches Hilfsmittel zum Verständnis der Bibel und [...] anderer lat. Texte" und „richtet sich an Benutzer mit elementaren Lateinkenntnissen (*pauperes scolares*)".[33] Von der Heidelberger Ausgabe, „um 1485", die somit zu den ersten an seinem neuen Wirkungsort entstandenen Inkunabeln Knoblochtzers zählt, ist leider kein Exemplar erhalten, man wird sie sich aber hinsichtlich des Umfangs (150 Bll.) und der Ausstattung ähnlich wie Knoblochtzers Straßburger Edition (Gw M51119, „nicht nach 1482", neben weiteren 14 Druckausgaben in Straßburg) vorstellen dürfen. Dort ist vom ganzen Alphabet nur das *A* durch eine 17 Zeilen hohe, die Fußwaschungsszene darstellende Initiale hervorgehoben. Für Querverbindung zum klösterlichen Kontext, der freilich schon in Straßburg bestanden haben müsste, spricht, dass der Apostel, der sich von Jesus die Füße waschen lässt (Petrus?), mit Mönchstonsur dargestellt ist:[34]

---

[33] KLAUS GRUBMÜLLER: *Vocabularius Ex quo*, in: *²VL* 10 (1999), Sp. 469–473, hier 470.

[34] Denselben Holzschnitt (ohne Beschriftung des Spruchbandes) verwendete Knoblochtzer für die Ausgabe der lat. Predigtsammlung *Sermones dominicales super epistolas S. Pauli* (*Pars hiemalis*) von Thomas Ebendorfer, Straßburg 1478, Bl. 15r.

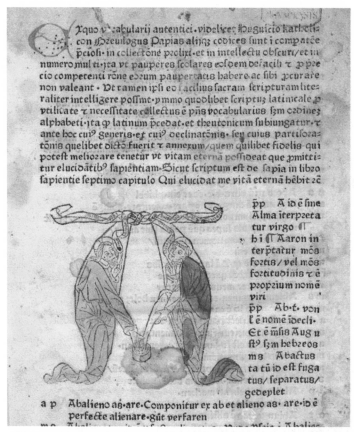

Abb. 9: BSB München, 2 Inc. s. a. 1229 [Ink V-311] [http://daten.digitale-sammlungen.de/bsb00032646/image_4], 2^r (*aij*^{r}, Ausschnitt).[35]

Der Eintrag zu *Abalieno* zeigt exemplarisch die Struktur der einzelnen Artikel mit Nachweis der Flexionsformen, Skizze der Komposition, lateinischer Definition und deutscher Übersetzung, hier *gût verfaren*, was nhd. so viel wie „Besitz entfremden" oder „rauben" bedeutet.

Vom Titel her legt der ebenfalls nach dem Incipit benannte *Vocabularius Curia palatium* [Gw M51289] einen ähnlichen Gebrauchszusammenhang nahe wie der *Vocabularius Ex quo*, doch muss man sich den Einsatz dieses Werkleins weit eher im Kontext Schule (s. Kap. 3) als in gelehrtem theologischem Betrieb vorstellen.

In der ersten Hälfte der 90er Jahre finden sich zwei Werke, die sich mit der Ausübung und Wirkung der heiligen Messe beschäftigen:

---

[35] Bei dieser und allen im Folgenden aus dem Bestand der Bsʙ München verwendeten Abbildungen findet die CC-Lizenz CC BY-NC-SA 4.0 (https://creativecommons.org/licenses/by-nc-sa/4.0/deed.de) Anwendung. Etwaige Änderungen bzw. Bearbeitungen des verwendeten Materials sind im Folgenden jeweils vermerkt.

[Gw M10884: Jacobus de Jüterbog: *De valore et utilitate missarum pro defunctis*.[36] Johannis de Mechlinia: *Determinatio utrum perfecta Dei opera possint impediri daemonis malitia*] datiert aus dem Jahr 1493:

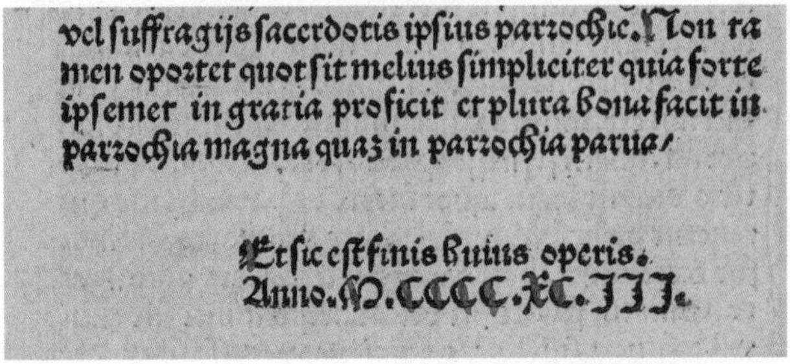
vel suffragijs sacerdotis ipsius parrochie. Non ta
men oportet quot sit melius simpliciter quia forte
ipsemet in gratia proficit et plura bona facit in
parrochia magna quaz in parrochia parua.

Et sic est finis huius operis.
Anno. M.CCCC.XC.III.

Abb. 10: ULB Darmstadt, Inc. II 596 [http://tudigit.ulb.tu-darmstadt.de/show/inc-ii-596/0028], 14^{v} (*Ciij*^{v}, Ausschnitt).

Das Inhaltsverzeichnis auf der Versoseite des Titelblatts im Darmstädter Exemplar gibt Auskunft über den Inhalt des ersten enthaltenen Textes, eines *Opusculum* des Jacobus von Paradies (der auch noch mit vielen anderen Beinamen versehen erscheint) von 14 Bll.: Fragen über die Wirksamkeit von Messen, je nachdem von wem, in welcher Zahl und welcher Weise diese für Verstorbene abgehalten werden:

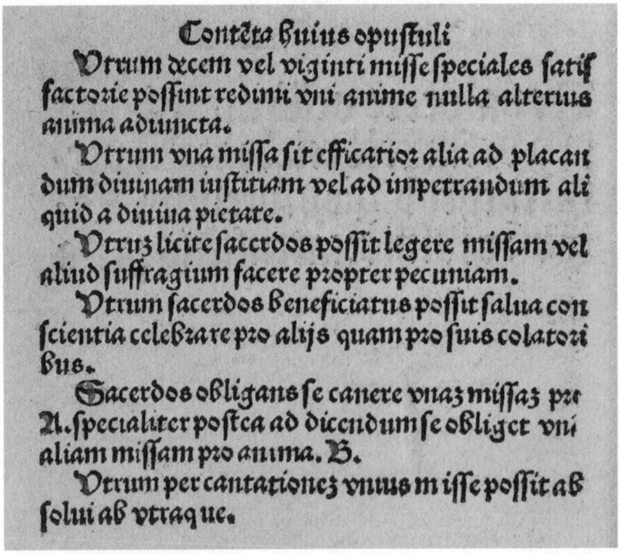
Contenta huius opusculi
Vtrum decem vel viginti misse speciales satis
factorie possint redimi vni anime nulla alterius
anima adiuncta.
Vtrum vna missa sit efficatior alia ad placan
dum diuinam iustitiam vel ad impetrandum ali
quid a diuina pietate.
Vtruz licite sacerdos possit legere missam vel
aliud suffragium facere propter pecuniam.
Vtrum sacerdos beneficiatus possit salua con
scientia celebrare pro alijs quam pro suis colatori
bus.
Sacerdos obligans se canere vnaz missaz pro
A. specialiter postea ad dicendum se obliget vni
aliam missam pro anima. B.
Vtrum per cantationez vnius misse possit ab
solui ab vtraque.

Abb. 11: ULB Darmstadt Inc. II 596 [http://tudigit.ulb.tu-darmstadt.de/show/inc-ii-596/0002], 1^{v} (*Aj*^{v}, Ausschnitt).

36 Die Wirkungsstätten des Autors (1381–1465), sind v. a. Krakau und Erfurt (Kartause), vgl. Dieter Mertens: *Jakob von Paradies*, in: ^{2}*VL* 4 (1983), Sp. 478–487, zum hier genannten Werk Sp. 483.

Innerhalb dieses Werkes verwendet Knoblochtzer zur Aufwertung des sonst unscheinbaren Faszikels fünf Initialen aus verschiedenen Serien, die nicht extra für diesen Text angefertigt worden waren, und die teilweise wieder aus Johann Zainers Ulmer Werkstatt übernommen worden waren (s. o. zu Gersons *Opus tripartitum deutsch*), z. B. das *Q* im Stil der Initialen des Totentanzes von 1488/89 (vgl. Kap. 6), das für das hiesige Kleinformat im Grunde zu ausladend ist:[37]

Ueritur primo an ille la
ijcus sapienter et ordina
te desideraverit et pecierit
Secundo an isti fratres
recte sibi negaverint Ha/
buerint etiaz idez fratres
consuetudinem qz plures
persone missas redimerũt
oẽs in unum numerũ as/
sociandi et pecunias mul
tas recipiendi. verbi gratia hodie post prandium
venit quidam petens triginta missas pro anima
patris sui iam defuncti Exhinc post horam venit
secundus petens totidem pro aĩe sue uxoris Item

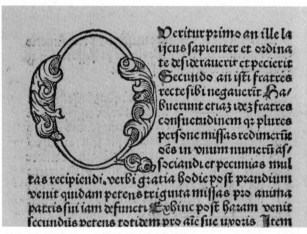

Abb. 12: ULB Darmstadt, Inc. II 596 [http://tudigit.ulb.tu-darmstadt.de/show/inc-ii-596/0004], 2v (*Aij*v, Ausschnitt)

Auf Bl. 19r: findet sich abschließend der Nachweis, dass der Text des ‚Anhangs', einer *determinatio* (‚Abgrenzung') des *johannes de mechilinia* ursprünglich einem Vortrag in der Artistenfakultät der Universität Köln zugrunde gelegen hatte:

tur ut sic nullũ bonũ ẽ irremuneratũ sic nullũ ma
lũ maneatur impunitũ. A quo nos puniceis malo
preservet deus ut cum electis semper feliciter gau
deamus.
Explicit determinacio Eximij et desertissi/
mi doctoris sacre theologie Magistri joha
nis de mechilinia habita in universitate co/
loniẽn. in scolis artistarum in quotlibet

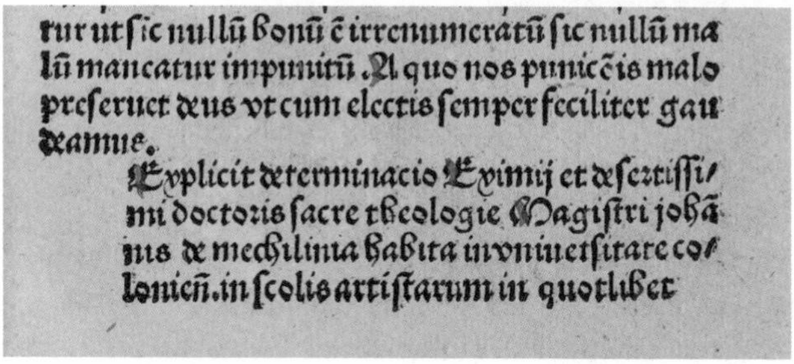

Abb. 13: ULB Darmstadt, Inc. II 596 [http://tudigit.ulb.tu-darmstadt.de/show/inc-ii-596/0037], 19r (Ausschnitt).

Ein Exemplar des Werkes besitzt die UB Heidelberg (Schlechter/Ries 1006).

[37] Zur Übernahme des Typenmaterials aus Ulm vgl. Fußnote 32, hier *Q* im von Amelung: *Fdsw*, S. 66, so genannten ‚Rokoko-Alphabet'.

[Gw M14225: Johannes de Lambsheim: *Speculum officii missae expositorium*]: Eine zweijährige zeitliche Lücke ergibt sich zum hier noch zu nennenden Werk („29. VI. 1495") von 30 Bll. des Johannes de Lambsheim, eines „regulierte[n] Augustinerchorherr[n] in Kirschgarten bei Worms", der evtl. mit einem *Johannes Ronp de Lamszhem* in der Heidelberger Matrikel zu identifizieren ist.[38] Es handelt sich um das *Speculum officii missae expositorium*, das „eine vorwiegend allegorische Auslegung der Messe" sowie eine *mystica expositio* enthalte.[39] Es ist mit einer präzisen Datierung mittels der Regierungszeit von Kaiser Maximilian, Pfalzgraf Philipp und dem Wormser Bischof Johannes (= Johann II. von Dalberg) im Kolophon versehen, und die tragende Rolle des ,umsichtigen und ehrenwerten Heidelberger Druckers Heinrich Knoblo[ch]tzer' für die Erstellung des Textes explizit hervorgehoben:

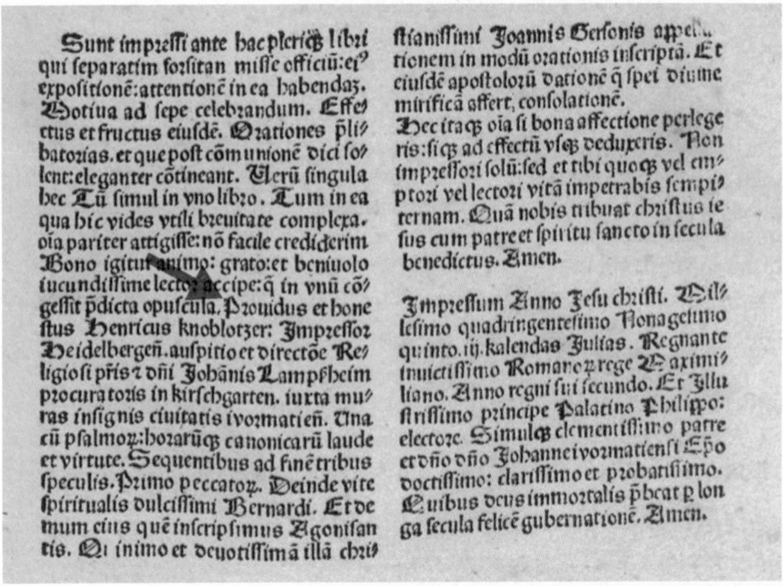
Sunt impressi ante hac plerique libri qui separatim forsitan misse officiũ: eius expositionē: attentionē in ea habendã. Motiua ad sepe celebrandum. Effectus et fructus eiusdē. Orationes plibatorias. et que post cōmunionē dici solent: eleganter cōtineant. Verũ singula hec Tũ simul in vno libro. Tum in ea qua hic vides vtili breuitate complexa. oĩa pariter attigisse: nō facile crediderim. Bono igitur animo: grato: et beniuolo iucundissime lector accipe: q̃ in vnũ cōgessit p̃dicta opuscula. Prouidus et honestus Henricus knoblotzer: Impressor Heidelbergeñ. auspitio et directōe Religiosi p̃ris et dñi Johãnis Lampsheim procuratoris in kirschgarten. iuxta muras insignis ciuitatis wormatieñ. Una cũ psalmorũ: horarũque canonicarũ laude et virtute. Sequentibus ad finē tribus speculis. Primo peccatorũ. Deinde vite spiritualis dulcissimi Bernardi. Et demum eius quē inscripsimus Agonisantis. Oi inimo et deuotissimã illã christianissimi Joannis Gersonis appellationem in modũ orationis inscriptã. Et eiusdē apostolorũ orationē q̃ spei diuine mirificã affert consolationē.
Hec itaque oĩa si bona affectione perlegeris: sique ad effectũ vsque deduxeris. Non impressori solũ: sed et tibi quoque vel emptori vel lectori vitã impetrabis sempiternam. Quã nobis tribuat christus iesus cum patre et spiritu sancto in secula benedictus. Amen.

Impressum Anno Jesu christi. Millesimo quadringentesimo Nonagesimo quinto. iij. kalendas Julias. Regnante inuictissimo Romanorum rege Maximiliano. Anno regni sui secundo. Et Illustrissimo principe Palatino Philippo: electore. Simulque clementissimo patre et dño dño Johanne wormatiensi Ep̃o doctissimo: clarissimo et probatissimo. Quibus deus immortalis p̃beat p longa secula felicē gubernationē. Amen.

Abb. 14: ULB Bonn, Inc 1017 [https://digitale-sammlungen.ulb.uni-bonn.de/content/pageview/1562812], 30r (Ausschnitt, Hervorhebung durch Hinzufügen eines blauen Pfeils, C. R.).

Die starke Berücksichtigung von Texten des hl. Bonaventura lässt auch Brückenschlag zu Kap. 1 denkbar erscheinen. Für dieses Werk des Johannes von Lambsheim ist Knoblochtzers Druck die einzige Ausgabe innerhalb der Inkunabelzeit, es ist in 65 Exemplaren an öffentlichen Einrichtungen erhalten. Der Theologe hatte es sich auch zur Aufgabe gemacht, die Marienverehrung zu propagieren, was ebenfalls Niederschlag in einem Heidelberger Druckwerk fand (vgl. Kap. 8: Gw M14221, Johannes de Lambsheim: *Libri tres perutiles de confraternitatibus rosarii et psalterii B. Mariae virginis*).

[38] Auf Lebensdaten legt sich F. J. Worstbrock: *Johannes von Lambsheim*, in: ²*VL* 4 (1983), Sp. 663–668 nicht fest, zuletzt bezeugt sei er 1495.

[39] Ebd. Sp. 665.

3 Schule und Grundstudium der Artistenfakultät

Neben einigen Titeln, die im 1. Kapitel (Theologische Werke aus dem Umfeld des Franziskanerklosters) zu besprechen waren, und anderen, die dann im 5. Kapitel (Humanismus) zu nennen sind, gibt es hier zunächst eine größere Gruppe von Drucken, die wieder der ‚Drucker-des-Lindelbach'-Sektion zuzuordnen sind:

Wenn auch nicht alle Ausgaben zu datieren sind, so scheinen doch die Editionen von Werken des Johannes de Garlandia (um 1195–um 1272),[40] eines Klassikers des Grammatikunterrichts, am Beginn von Knoblochtzers Heidelberger Zeit zu stehen. Es war mit diesem Autor in der Universitätsstadt wohl sicherer Absatz zu erwarten, obwohl er Humanisten wie Erasmus von Rotterdam, Jakob Wimpfeling u. a. als veraltet galt.[41] Aber kombiniert mit den Kommentaren des Niederländischen Fraterherrn Johannes Synthen (Deventer, Ende 15. Jh.), mit denen die Ausgaben in Heidelberg ausgestattet wurden, und von dem die (nieder)deutschen Einsprengsel herrühren (s. u. Abb. 15), schien der alte Schulbuchklassiker doch noch brauchbar zu sein.[42] Das Ringen um eine Neuformierung des akademischen Unterrichts zwischen Scholastik und Humanismus, das sich auch in den hier vorzustellenden Druckwerken niederschlägt, beschreibt anschaulich GERHARD RITTER im 3. Abschnitt des 3. Buches seiner Geschichte der Heidelberger Universität im Mittelalter: „Zwischen alter und neuer Zeit. Verdämmern der scholastischen Bildungsideale".[43]

[GW M13909: JOHANNES DE GARLANDIA: *Verba deponentialia* (DdL)]: Das Werk, das sich mit dieser lateinischen Klasse von Verben beschäftigt, die in passivischer Form auftretend doch aktivische Bedeutung aufweisen, umfasst 24 Bll., ist nur vage „um 1486/87" datierbar. Deutsche Einsprengsel erleichtern den Gebrauch des Werks zur Unterrichtung von Publikum mit nicht sehr fortgeschrittenen Lateinkenntnissen. Von den fünf erhaltenen Exemplaren steht das der UB Frankfurt als Digitalisat zur Verfügung, es ist sorgfältig rubriziert, zeigt aber keine Gebrauchsspuren:

---

[40] Vgl. F. J. WORSTBROCK: *Johannes de Garlandia*, in: ²VL 4 [1983], Sp. 612–623.
[41] Ebd. Sp. 615.
[42] Vgl. F. J. WORSTBROCK: *Synthen, Johannes*, in: ²VL 9 (1995), Sp. 559–561.
[43] GERHARD RITTER: *Die Heidelberger Universität im Mittelalter (1386–1508). Ein Stück deutscher Geschichte*, Heidelberg, 1936, ND ebd. 1986, S. 411–491.

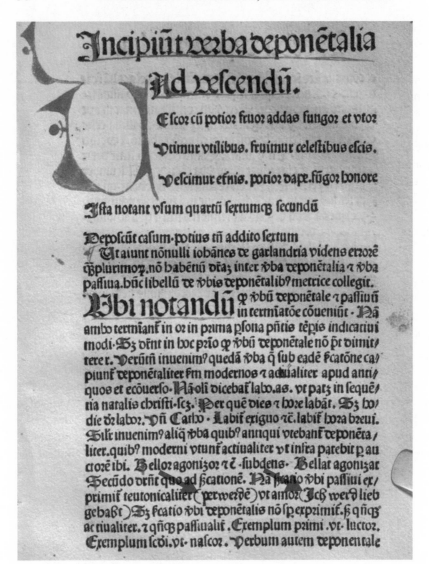

Abb. 15: UB Frankfurt, Ms. Leonh. 14, Nr. 3 [http://sammlungen.ub.uni-frankfurt.de/msma/content/pageview/5105156], 2ʳ (Ausschnitt, Hervorhebung durch Hinzufügen blauer Pfeile, C. R.).

Ein weiteres Werk des Johannes de Garlandia, *Composita verborum*, ebenfalls mit dem Kommentar des Johannes Synthen versehen, ist in *Gw* mit gleich drei Nummern von Heidelberger Inkunabeldrucken verzeichnet, die alle ursprünglich dem ‚Drucker des Lindelbach' zugeordnet worden waren:

[Gw M13692: JOHANNES DE GARLANDIA: *Composita verborum*, (DdL)] „um 1485/86": Das Münchner Exemplar steht als Digitalisat zur Verfügung (von insgesamt vier erhaltenen), der Textbeginn (*aijʳ*) lässt den Schulgebrauch von Merksprüchen und Erklärungen mit eingestreuter deutscher Übersetzung erahnen:

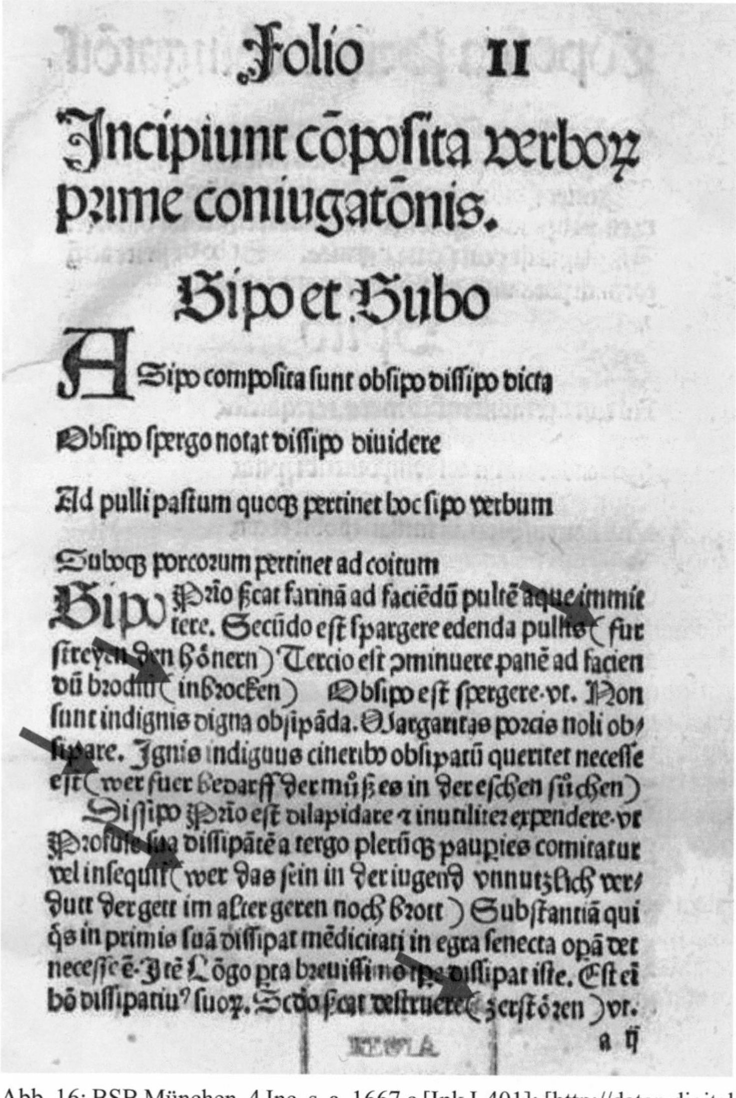

Folio II

Incipiunt cõposita verboꝝ p̄me coniugatõnis.

Sipo et Subo

A Sipo composita sunt obsipo dissipo dicta
Obsipo spergo notat dissipo diuidere
Ad pulli pastum quoq₃ pertinet hoc sipo verbum
Suboq₃ porcorum pertinet ad coitum

Sipo p̄mo ſcat farinã ad faciẽdũ pultẽ aque immittere. Secũdo est spargere edenda pullis (fur streyen den hönern) Tercio est ꝯminuere panẽ ad faciendũ brodiũ (inbrocken) Obsipo est spergere. vt. Non sunt indignis digna obsipãda. Margaritas porcis noli obsipare. Ignis indiguus cineribꝰ obsipatũ queritet necesse est (wer fuer bedarff der muß es in der eschen süchen) Dissipo p̄mo est dilapidare ⁊ inutiliter expendere. vt Prosusã dissipãtẽ a tergo plerũq₃ pauperies comitatur vel insequitur (wer das sein in der iugend vnnutzlich verdutt der gett im alter geren noch brott) Substantiã qui ꝗs in primis suã dissipat mẽdicitati in egra senecta opã det necesse ẽ. Itẽ Lõgo pra breuissimo tpe dissipat iste. Est ei hõ dissipatiu⁹ suoꝝ. Scdo ſcat destruere (zerstören) vt.

a ii

Abb. 16: BSB München, 4 Inc. s. a. 1667 c [Ink I-401]; [http://daten.digitale-sammlungen.de/bsb00039571/image_7], 2r (Ausschnitt, Hervorhebung durch Hinzufügen blauer Pfeile, C. R.).

Auf Bl. *XXI* weist das Werk (in Übereinstimmung mit den folgenden Inkunabelausgaben, aber nicht textgleich) den Eintrag *censeo* auf, hat aber keine Schlussschrift und dürfte, da bei Gw 13696 noch 50 Bll. folgen, im Münchner Exemplar defekt sein.

[GW M13694 und M13696: JOHANNES DE GARLANDIA: *Composita verborum* (DdL)] „nach 6.VII.1486“: Im aufwendig zweifarbig rubrizierten Exemplar[44] der ULB Darmstadt ist der Abschiedsgruß an den *ingeniosissime adolescens* (den ‚überaus begabten Jüngling‘) aus der ‚Stadt der nicht nur blühenden sondern auch auf das angenehmste zu vollziehenden Studien‘ zu lesen: *Vale ex Heydelbergensi non minus florido quam amenissimo studio Pridie nonas Julias Anno ab incarnatione dominicale Mcccc.lxxxvj*

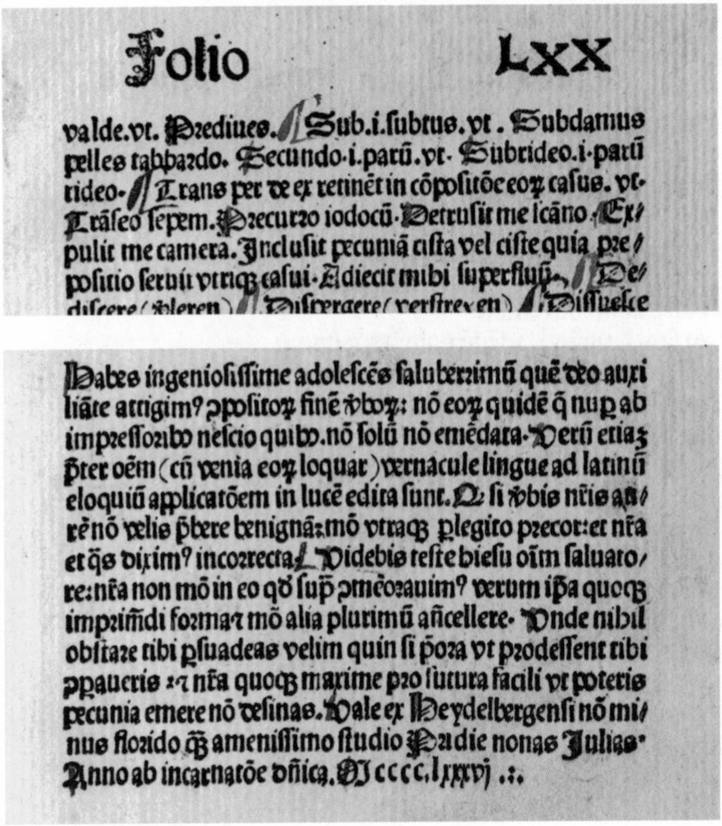
Folio LXX
valde.vt. Prediues. Sub.i.subtus.vt. Subdamus
pelles tabbardo. Secundo.i.parū.vt. Subrideo.i.parū
rideo. Trans per de ex retinēt in cōpositōe eoꝝ casus. vt.
Trāseo sepem. Precurro iodocū. Detrusit me lcāno. Ex-
pulit me camera. Inclusit pecuniā cista vel ciste quia pre-
positio serui vtriq₃ casui. Adiecit mihi superfluū. De-

Habes ingeniosissime adolescēs saluberrimū quē deo auxi-
liāte attigim⁹ ꝯpositoꝝ finē vboꝝ: nō eoꝝ quidē q̄ nuper ab
impressoribꝰ nescio quibꝰ. nō solū nō emēdata. Verū etiā
pter oēm (cū venia eoꝝ loquar) vernacule lingue ad latinū
eloquiū applicatōem in lucē edita sunt. Q: si vbis nřis as-
sēnō velis pbere benignā: mō vtraq₃ plegito precor: et nřa
et q̄s dixim⁹ incorrecta. Videbis teste iesu oīm saluato-
re: nřa non mō in eo qđ sup̄ ꝯmēorauim⁹ verum ipa quoq₃
imprimēdi formā mō alia plurimū āncellere. Unde nihil
obstare tibi psuadeas velim quin si pora vt prodessent tibi
ꝑpaucris ... nřa quoq₃ maxime pro futura facili vt poteris
pecunia emere nō desinas. Vale ex Heydelbergensi nō minus florido q̄₃ amenissimo studio Pridie nonas Julias.
Anno ab incarnatōe dnīca. Mcccc.lxxxvj .:.

Abb. 17: ULB Darmstadt, Inc II 47 [http://tudigit.ulb.tu-darmstadt.de/show/inc-ii-47/0139], 70r (Ausschnitt mit Auslassung).

Auch zur Schulliteratur zu zählen ist das Werk selbst, nach dem diese Typengruppe benannt ist:

[44] Ein von neun erhaltenen Exemplaren von M13696 in der UB Heidelberg: SCHLECHTER/RIES 1071.

[Gw M18384: LINDELBACH, MICHAEL: *Praecepta latinitatis* (DdL)] „15. XII. 1486“: *Precepta latinitatis, ex diuersis orator[um] atq[ue] poetarum codicibus tracta* lautet der vollständige Titel des 72 Bll. umfassenden Werks des Michael Lindelbach, der in den 80er Jahren des 15. Jahrhunderts in Tübingen lehrte.

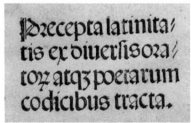

Abb. 18: BSB München, 4 Inc. c. a. 466 da [Ink L-179]; [http://daten.digitale-sammlungen.de/bsb00039893/image_5]; 1ʳ (Ausschnitt).

Es bezieht sich in der Ordnung des Materials zwar ausdrücklich auf die alte Grammatik des Donat (*secundum ordinem donati*, Prolog, 2ᵛ), zeigt in seiner Anlage mit den zahlreichen Belegstellen aus lateinischen Klassikern aber humanistische Ambitionen.[45] Am Schluss verabschiedet sich derjenige, der den Druck des Werkes in Heidelberg verwirklicht hat (*heydelberge Impressimus*) mit einer ausführlichen, motivierenden Schlussrede vom Leser, dem *studiosissime lector*:

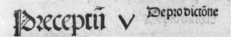

Abb. 19: BSB München, 4 Inc. c. a. 466 da [Ink L-179]; [http://daten.digitale-sammlungen.de/bsb00039893/image_145], 71ʳ (Ausschnitt, Hervorhebung durch Hinzufügen eines blauen Pfeils, C.R.).

In 18 Exemplaren ist der Druck aus Heidelberg überliefert, eine weitere Inkunabelausgabe erschien im selben Jahr in Reutlingen, einige Jahre später dann noch einmal bei Konrad Hist in Speyer (Gw M18386).

---

[45] Vgl. F.J. WORSTBROCK: *Lindelbach, Michael*, in: ²*VL* 5 (1985), Sp. 839 f.

Auch noch zur ‚Drucker-des-Lindelbach'-Gruppe zu zählen ist [Gw 8126: Datus, Augustinus: *Elegantiolae* (DdL)] „nach 21.VIII.1486" von 38 Bll.: Zum wiederum zeitgenössischen Autor dieser Stilkunde *De varijs loquendi regulis siue poetarum praeceptis tractatulus* (2ʳ) hat der *Gw* die Daten zusammengetragen, dass er 1420 in Siena geboren, später ein Richteramt in Massa begleitet habe und 1478 gestorben sei. Das Werk verabschiedet sich in der Schlussschrift, ähnlich wie bei den *Composita verborum* des Johannes de Garlandia (s. o. M13696), wiederum mit einem *Vale ex heydelberga*, diesmal von einem *studiosissimus adolescens* (einem „überaus eifrigen Jüngling"):

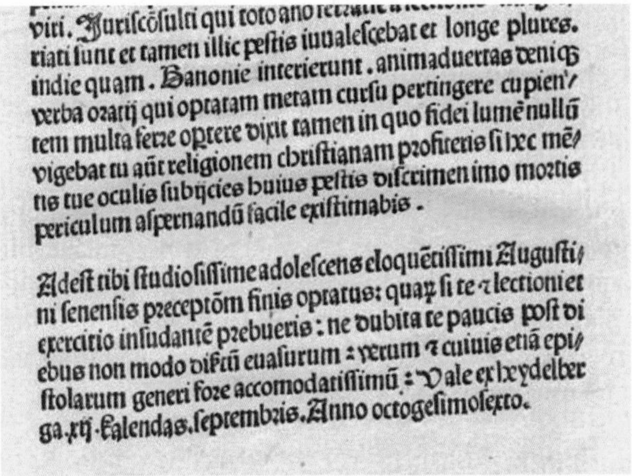

Abb. 20: BSB München, 4 Inc. c. a. 451 m [Ink D-23]; [http://daten.digitale-sammlungen.de/bsb00041786/image_77], 37ʳ (Ausschnitt).

Auch hier gibt es eine gewisse humanistisch orientierte Aufbereitung des Werkes: Der Datus-Text, der auf Blatt 28ᵛ nach der Thematisierung von Anreden und Verabschiedungen sowie der Datierung von Texten in einer *Conclusio opusculi* endet, wird in einem Anhang ab Bl. 29ʳ (*e iij*) mit einigen *Regule* für *orationes* (darunter auch Trostschreiben) *pro maiori autem exercitatione* vertieft. Diesen Abschnitt weist die Beschreibung der Inkunabel in der Bsb München dem zeitweise in Heidelberg, noch unter Kurfürst Friedrich I. (†1476) tätigen Peter Luder zu (1456–1460).[46] Luder hatte sich die Verbreitung der in Italien kennengelernten *Studia humanitatis* auf die Fahnen geschrieben.[47] Es wird sich um Teile der im ²VL-Artikel gelisteten (Sp. 957), stets anonym überlieferten *Ars oratoria* oder den *Modus epistolandi* handeln. Der etwas lokalpatriotisch anmutende *Vale-ex-heydelberga*-Gruß dieser Werkgruppe

---

[46] Lehrer des Matthias von Kemnat (†1472?), der seinerseits später pfälzischer Hofkaplan war und sich für Lorscher Klassikerhandschriften interessierte, vgl. Birgit Studt und F. J. Worstbrock: *Matthias von Kemnat*, in: ²VL 6 (1987), Sp. 194.

[47] Zu Luder s. Artikel von Frank Baron in: ²VL 5 (1985), Sp. 954–959.

würde sich auch gut in die Tradition des Städtelobs von Peter Luder fügen.[48] In der UB Heidelberg ist eines von 13 erhaltenen Exemplaren dieses Werkes vorhanden (SCHLECHTER/RIES 148).

Noch ein Werk aus der ‚Drucker-des-Lindelbach'-Gruppe liegt vor mit [GW M51289: *Vocabularius de partibus indeclinabilibus* (DdL)], mit 12 Ausgaben im *GW* gelistet (Schwerpunkt bei Hist in Speyer). Das Werk von 69 bedruckten Bll., das in alphabetischer Reihenfolge unflektierbare lateinische Lexeme auflistet, kurz erklärt und bisweilen mit Beispielen ihren richtigen Gebrauch veranschaulicht, richtet sich diesmal nicht an *adulescentes* (‚Jünglinge'), sondern an ‚Schulkinder' (*filioli* und *pueri*), versäumt – wie so oft in diesem Zusammenhang – nicht die Mahnung, neben Lerneifer auch eine fromme Haltung an den Tag zu legen: *et memoriter ceteris commenda te ad dei laudem diueque virginis gloriam et honorem Amen.*

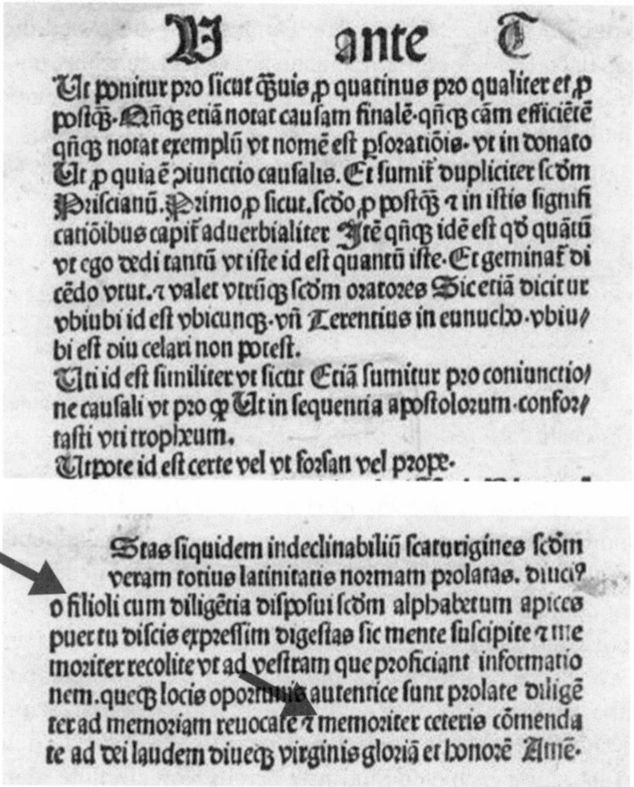
B ante T
Ut ponitur pro sicut q̄uis ꝑ quatinus pro qualiter et ꝑ
postq̄. Quandoq̄ etiā notat causam finalē. quandoq̄ cām efficiētē
quandoq̄ notat exemplū vt nomē est pſoratiōis. vt in donato
Ut ꝑ quia ē ꝯiunctio causalis. Et sumit dupliciter scd̄m
Priscianū. Primo ꝑ sicut. scd̄o ꝑ postq̄ ⁊ in istis signifi
catiōibus capit aduerbialiter Item quandoq̄ idē est qd̄ quātū
vt ego dedi tantū vt iste id est quantū iste. Et geminat di
cēdo vtut. ⁊ valet vtrūq̄ scd̄m oratores Sic etiā dicitur
vbiubi id est vbicunq̄. vn̄ Terentius in eunucho. vbiu
bi est diu celari non potest.
Uti id est similiter vt sicut Etiā sumitur pro coniunctio
ne causali vt pro q̄ Ut in sequentia apostolorum. confor
tasti vti trophæum.
Utpote id est certe vel vt forsan vel prope.

Stas siquidem indeclinabiliū scaturigines scd̄m
veram totius latinitatis normam prolatas. diuci?
o filioli cum diligētia disposui scd̄m alphabetum apices
pueri tu discis expressim digestas sic mente suscipite ⁊ me
moriter recolite vt ad vestram que proficiant informatio
nem. queq̄ locis oportunis autentice sunt prolate diligē
ter ad memoriam reuocare ⁊ memoriter ceteris cōmenda
te ad dei laudem diueq̄ virginis gloriā et honorē Amē.

Abb. 21: BSB München, 4 Inc. s. a. 1985 [Ink V-300 mit Datierungsvorschlag „ca. 1485/89"]; [http://daten.digitale-sammlungen.de/bsb00040470/image_141], 69r (Ausschnitt mit Auslassung, Hervorhebung durch Hinzufügen blauer Pfeile, C. R.).

[48] Vgl. RUDOLF KETTEMANN: *Ein Loblied auf Heidelberg. Peter Luders Enkomion aus dem 15. Jahrhundert* (mit Textabdruck und Übersetzung) in: MITTLER: *Heidelberg* (1996), S. 321–324.

[Gw M15394: Ps.-Isocrates: *Praecepta ad Demonicum*. Übers. Rudolphus Agricola]: Auch dieses Werk schlägt eine Brücke zwischen dem 1. und dem 5. Kapitel unserer Aufstellung. Der Übersetzter Rudolf Agricola (eigentlich Huysmann, *1444 bei Groningen) ist einerseits durch die Schule der Fraterherren gegangen und andererseits ist er, allerdings eine Generation später als Peter Luder, durch Studienjahre in Italien stark vom Humanismus inspiriert worden.[49] Und auch sein Weg führte ihn, in diesem Fall über die Freundschaft mit dem kurpfälzischen Kanzler und Bischof von Worms, Johann von Dalberg, 1484 nach Heidelberg, wo seit 1476 Philipp der Aufrichtige regierte. Sehr bezeichnend ist auch, dass er nach seinem plötzlichen Tod auf der Rückreise von Rom in einer Franziskanerkutte am hiesigen Kloster (mit Marienpatrozinium, vgl. Kap. 8) unterhalb des Schlosses bestattet wurde.[50]

Man darf annehmen, dass sein Einfluss auf den Studienbetrieb und vielleicht auch auf das Druckprogramm in Heidelberg noch erheblich größer gewesen wäre, wenn er nicht schon im Oktober 1485 gestorben wäre. Da genau in diese Zeit die Übersiedlung Knoblochtzers nach Heidelberg fällt, erscheint es nicht ganz unwahrscheinlich, dass Agricola einen wesentlichen Katalysator für die Etablierung einer Druckoffizin hier vor Ort darstellte.

Abb. 22: BSB München, 4 Inc. s. a. 1115 [Ink I-648]; [http://daten.digitale-sammlungen.de/bsb00039687/image_5], 1ʳ (Ausschnitt).

Die Übersetzung der *Precepta* des griechischen Rhetors Isocrates (436–338) in Form eines Briefes an Demonicos ins Lateinische, die schon aus Agricolas italienischer Zeit stammte (1478), wurde innerhalb der Inkunabelzeit nur vier Mal gedruckt, in Siena (o. J.), in Nürnberg „um 1497" (*Gw*), in Deventer „nicht vor 30.III.1498" (*Gw*) und eben in Heidelberg von Heinrich Knoblochtzer „um 1495" (*Gw*) in einer 4°-Ausgabe von 12 Bll., (wobei die Zuschreibung an ihn in der Literatur teils bezweifelt wird). Die Ausgabe ist jedenfalls sehr ambitioniert: Im Gegensatz zum Nürnberger Druck, wo ein Durchschuss mit Leerzeilen einem Bearbeiter lediglich Platz für handschriftliche Eintragungen bietet, sind hier bereits vorgefertigte, den Kerntext erläuternde Interlinearglossen in kleinerer Type eindruckt:

---

[49] F. J. Worstbrock: *Agricola, Rudolf*, in: ²VL 1 (1978), Sp. 84–93.
[50] R. Stupperich: *Agricola, Rudolf*, in: *Lexikon des Mittelalters*, Band 1, Lachen 1999, Sp. 220.

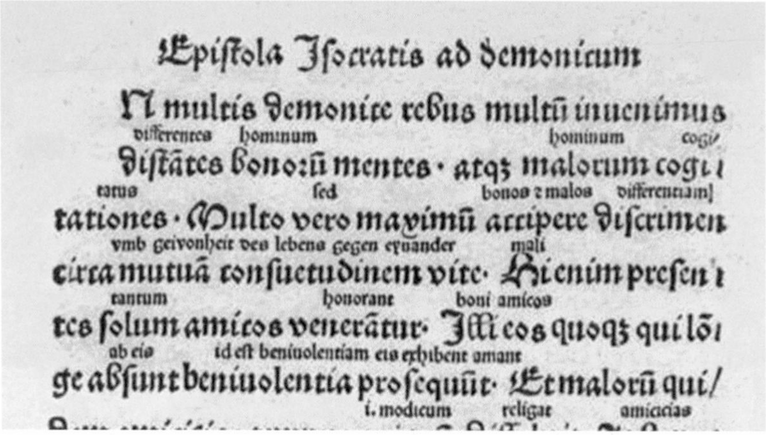
Epistola Isocratis ad demonicum
In multis demonice rebus multū inuenimus
differentes hominum hominum cogi/
distātes bonorū mentes · atq; malorum cogi i
tatus sed bonos & malos differentiam]
tationes · Multo vero maximū accipere discrimen
vmb gewonheit des lebens gegen eynander mali
circa mutuā consuetudinem vite · Hi enim presen t
tantum honorant boni amicos
tes solum amicos venerātur · Isti eos quoq; qui lōi
ab eis id est beniuolentiam eis exhibent amant
ge absunt beniuolentia prosequūt · Et malorū qui/
i. modicum reliquat amicicias

Abb. 23: BSB München, 4 Inc.s.a. 1115 [Ink I-648]; [http://daten.digitale-sammlungen.de/bsb00039687/image_7], 2r (Ausschnitt).

An einer Stelle scheint der Setzer von diesem aufwendigen Verfahren aber überfordert gewesen zu sein: Auf Bl. 3r bleibt am Seitenende mitten im Satz (ohne Textverlust zur Fortsetzung auf Bl. 3v) ein Leerraum von eineinhalb Zeilen (gegenüber den sonst meist 18 Zeilen einer Seite):

[…] *Hoc quoque cognitu perfacile est, quae gloria certaminum herculis, operumque a theseo gestorum prestantia, tantum laudis insigne operibus adiecit, vt omnis temporum* ………………………………………………………………………

……………………………………………………………………………………

<3v>

posteritas, rebus quas gesserunt effundere nequiuerit obliuionem.

[Gw M50208: Versor, Johannes: *Super Donatum*] „nicht nach 1491". Johannes Versor (OP, † nach 1482),[51] von dem auch Kommentare zur Logik des Petrus Hispanus und zu Werken des Aristoteles als Inkunabeln erschienen,[52] ist hier mit einem grammatischen Werk *Super Donatum* vertreten. Das im Digitalisat aus München gezeigte Exemplar aus Knoblochtzers Offizin[53] stammt aus der Benediktinerabtei in Tegernsee:

[51] *Wikipedia*-Artikel [https://de.wikipedia.org/wiki/Johannes_Versor], 15.9.20, mit Verweis auf Artikel von Max Heinze in *Allgemeine Deutsche Biographie* (*ADB*) 39 (1895).

[52] Ein Verzeichnis der Digitalisate findet man in der *Digitalen Bibliothek des Münchner Digitalisierungszentrums*: https://www.digitale-sammlungen.de/index.html?c=autoren_index&l=de&ab=Johannes+%26lt%3BVersor%26gt%3B

[53] Nach Angabe der Bsb München in Straßburg lokalisiert.

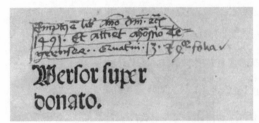

Abb. 24: BSB München, 4 Inc. s. a. 1917 [Ink V-150]; [http://daten.digitale-sammlungen.de/bsb00072884/image_5], 1ʳ (Ausschnitt).

Weitere 15 Exemplare haben sich bis heute in öffentlichen Einrichtungen erhalten. Das Werk wurde innerhalb der Inkunabelzeit auch je zweimal in Köln und Leipzig sowie einmal in Straßburg (bei Johann Prüss) gedruckt. Und kurz vor Knoblochtzers Druck erschien eine Ausgabe in Heidelberg bei einem Drucker Friedrich Misch (Gw M50207). Von ihm sind nur acht Inkunabeln nachweisbar.[54] Wie Knoblochtzer hatte er sich in der Universität in Heidelberg eingeschrieben (schon 1483), doch vergingen bei ihm ganze fünf Jahre bis zu seinem ersten Druck.[55] GELDNER hält es für möglich, dass Misch schon 1490 gestorben ist, so dass Knoblochtzer mit seiner Edition möglicherweise ein Desiderat des universitären Heidelberger Marktes nach einem Nachdruck erfüllte, doch müsste er auch auf überregionalen Absatz gezielt haben. Einen direkten Nachdruck von Mischs Ausgabe kann Knoblochtzers Druck nicht darstellen, denn während jener 69 Bll. in 2° benötigte, sind es bei Knoblochtzer 81 Bll. in 4°. Die Kolophone zeigen aber doch auch wieder eine gewisse Verwandtschaft:

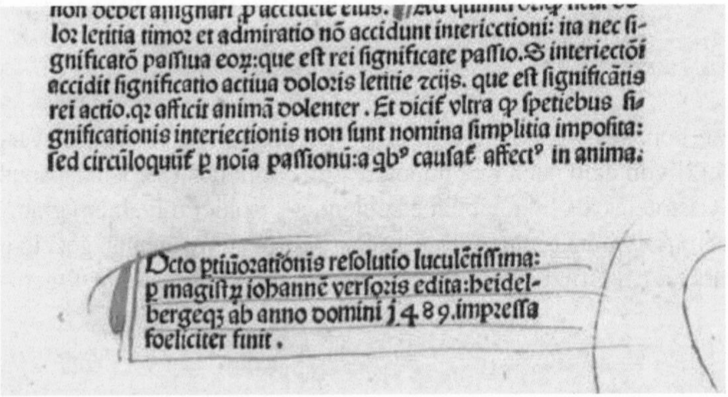

Abb. 25: Misch: BSB München, 4 Inc. c. a. 702 [Ink V-148]; [http://daten.digitale-sammlungen. de/bsb00040463/image_141], 69ʳ (Ausschnitt).

---

[54] Überwiegend zum Trivium: Neben Johannes Versor: *Super Donatum* (Grammatik) zwei Werke zur Logik eines Johannes de Magistris (ob der nicht Johannes Versor gleichzusetzen ist?), zwei Briefformel-Bücher (also Rhetorik), zwei Almanache auf das Jahr 1489 (ein lateinischer, ein deutscher) und ein Titel Medizinisches, was bei Knoblochtzer gar nicht in Erscheinung tritt.
[55] Vgl. FERDINAND GELDNER: *Inkunabeldrucker*, S. 268.

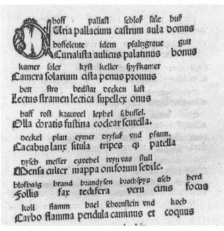

> Ad quintū ōr.ꝙ ſicut ooloz leticia... ...
> nō accidunt interiectionia ita nec ſignificacio paſſiua eoꝛ
> ꝗ eſt rei ſignificate paſſio. Sz interiectioni accidit ſignifi
> cacio actiua dolozia leticie ꝛ ſic ꝺe aliis,ꝗ eſt ſignificantia
> rei actio,qꝛ afficit animā ꝺolenter. Et ōꝛ vltra ꝗ ſpecie/
> bus ſignificationis interiectionis nō ſunt nomina ſimpli
> cia impoſita,ſed circumloquunꝫ per nomina paſſionum,
> a quibus cauſatur affect⁹ in anima.

> Octo ꝑtiumozationis reſolutio luculentiſſima:
> ꝑ mgͥm iobannez verſozis edita. feliciter ſinit,

Abb. 26: Knoblochtzer: BSB München, 4 Inc.s.a. 1917 [Ink V-150]; [http://daten.digitale-sammlungen.de/bsb00072884/image_166], 81ᵛ (Ausschnitt).

Außer Auszeichnungstype und Freiraum für je eine Initiale bei den Kapitelincipits[56] *(P)artes orationes quot sunt ...* (3ᵛ), *(N)omen quid est pars oracionis ...* (5ᵛ), *(M)agister nomen appellativum ...* (21ʳ), *(P)ronomen quid est pars oracionis ...* (23ᵛ) *(V)erbum quid est pars oracionis ...* (37ᵛ), usw.[57] sieht der Knoblochtzer-Druck keinen weiteren Schmuck vor. Der Druck einer Donat-basierten Grammatik würde sich auch mit dem Interesse der Kurfürsten an dieser Grammatik treffen, die in der mit kurpfälzischen Wappen versehenen prächtigen Handschrift Cpl 1811 ihren Niederschlag fand.[58]

[Gw M51243: *Vocabularius Curia palatium*, lat.-dt.]: Der *Vocabularius Curia palatium* (vgl. das Incipit) kommt in seiner Heidelberger, nicht datierbaren Ausgabe (wohl nicht aus Knoblochtzers Anfangsjahren, nicht in der Type des DdL) von nur 8 Bll. ziemlich unscheinbar daher:

Abb. 27: BSB München, 4 Inc. c. a. 1466 b [http://daten.digitale-sammlungen.de/bsb00008346/image_3], 2ʳ (Ausschnitt).

---

[56] Im vorliegenden Exemplar vom Rubrikator rot ausgeführt.

[57] Einzig im Kapitel über die Adverbien finden sich im vorliegenden Exemplar handschriftliche Anmerkungen.

[58] Beschreibung und Abb. In *Bibliotheca Palatina* (1986), S. 192 f. (Textband), S. 141 (Bildband).

Neben dem Münchner Exemplar, das in einem größeren Sammelcodex eingebunden ist, sind acht weitere in öffentlichen Bibliotheken erhalten. Der Text war in der Inkunabelzeit weit verbreitet (19 Einträge in *Gw* allein der lat.-deutschen Fassungen, ohne die lat.-niederländischen), der Kölner Druck „um 1501" (Gw M51252) zeigt besonders deutlich den Gebrauchskontext des Schulunterrichts (im Gegensatz zum theologisch zentrierten *Vocabularius Ex quo*, s. Kap. 2), indem sowohl vor Beginn wie auch nach Ende des Textes Holzschnitte eingestellt sind, die das Umfeld Schule zum Gebrauch nahelegen (*Vocabularius pro Juuenibus* bzw. *Vocabula Puerorum*):

Abb. 28a (links) und 28b (rechts): BSB München, 4 Inc. s. a. 1989 w [Ink V-297] [http://daten. digitale-sammlungen.de/bsb00005223/image_5 und …/image_16], 1ʳ (28a) und 6ᵛ (28b) (jeweils Ausschnitt).

In eben dieser Ausgabe erleichtern am Rand ausgestellte Themenblöcke, die die Heidelberger Ausgabe nicht aufweist, den Gebrauch der Vokabelsammlung erheblich: *Nomina habitaculorum* (‚Bezeichnungen von Wohnstätten')/ *Nomina habitatorum* (‚Bezeichnungen der Bewohner')/ […] *Utensilia domus* (‚Utensilien im Haus')/ […] *Membra totius hominis* (‚Alle Körperteile des Menschen') usw. Es handelt sich also um eine Art lat.-dt. Grundwortschatz für den Schulunterricht des Triviums (Fächerkanon des ‚Dreiwegs': Grammatik, Rhetorik, Logik). Die Endreimbindung des lateinischen Grundtextes diente wohl der besseren Memorierbarkeit.

[Gw 09401: *Es tu scholaris?*]: Ähnlich gelagert wie der *Vocabularius Curia palatium* ist der Gebrauchszusammenhang eines ebenfalls massenhaft gedruckten Werkes, des *Es tu scholaris*. Hier werden im ersten Teil (ähnlich wie im *Cato* [s. u. Gw 06323 und 06324] grammatische und moralische Fragen miteinander verknüpft und im zweiten Teil deutsch-lateinische Redensarten zusammengestellt (vgl. die Beschreibung in *Gw*). Das Heidelberger Exemplar „um 1494/95" von 16 Bll. Umfang ist nur einmal erhalten, und zwar in Innsbruck, ein Digitalisat steht hier noch nicht zur Verfügung. Eine gute Vorstellung vermittelt der vermutlich ähnlich aufgemachte Wiegendruck von Schäffler, den der Ulmer Drucker als ‚Gastspiel' in Freising herausbrachte.[59] Am Ende des Werkes, das ähnlich wie die Kölner Ausgabe des *Vocabularius Curia palatium* von zwei Holzschnitten mit Schulszenen eingerahmt ist, werden ohne Angabe eines Datums Druckort und Drucker genannt: *Impreſſum Heidelberge per Heinricum knobloczer.*

[Gw 11144: *Grammatica. Regula Dominus quae pars*] „um 1486/90", 16 Bll. Für deutlich jüngeres Publikum als die oben gezeigten „großen" Grammatiken, die ihre Leserschaft mit *adolescens* ansprechen, ist das massenhaft gedruckte, in zahlreichen namhaften Inkunabelstädten erschienene Werklein gedacht, das seine Leserschaft mit *puer* anspricht, in einem lateinischen Spruch, der ungefähr dem deutschen ‚Was Hänschen nicht lernt, lernt Hans nimmermehr' entspricht:

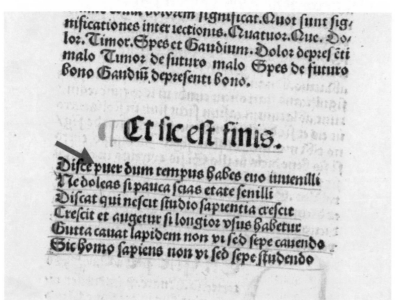

Abb. 29: WLB Stuttgart Inc.qt.13819b [http://digital.wlb-stuttgart.de/purl/bsz347866654], 14ᵛ (Ausschnitt, Hervorhebung durch Hinzufügen eines blauen Pfeils, C. R.).

Die Attraktivität des Schulbuchs, das im vorliegenden Exemplar der W\textsc{lb} Stuttgart sorgfältig rubriziert ist, aber keine Gebrauchsspuren aufweist, ist durch eine Holzschnittinitiale mit Jahreszeitenmotiv ‚Bauer mit Harke' (=Juni-/Brachmonat-Bild in Kalendern?) ein wenig gesteigert[60]:

---

[59] A\textsc{melung}: *Fdsw*, Nr. 169, S. 386 f. mit Abb. 274 auf S. 378.
[60] Nicht verzeichnet bei S\textsc{chramm}: *Bilderschmuck 19*, auch nicht in Knoblochtzers Initialenrepertoire aus Straßburg, ebd., Tafel 18.

De nomine.

Ominus que pars. Nomen. Quare. quia ſignificat ſußſtāciam cum qualitate propria vel cōmu ni. Quid eſt nomē Eſt pars oracionis que vnicuiq; ſuß iectorum corporum ſeu rerum proprium vel cō/ munem diſtrißuit qualitatem. Quare dicis cor/ porum. propter res groſſas que videri et palpa/ ri poſſunt. vt ßomo lapis lignum. Quare dicis rerum. propter res inuiſißiles que nec videri nec palpari poſſunt. vt anima āgelus. Unde dicitur

Abb. 30: WLB Stuttgart Inc.qt.13819b [http://digital.wlb-stuttgart.de/purl/bsz347866654], 1ʳ (*aj*, Ausschnitt).

[Gw 11219: *Grammatica Regulae congruitatum, constructiones et regimina. Constructionarius*] „um 1490" ist mit seinen 12 Bll. Umfang der vorherigen Nummer vergleichbar. Zwar im *Gw* als Auftragsarbeit von Knoblochtzers Offizin „für Jakob Köbel" bezeichnet, aber doch eine „Massenware", die in der vorliegenden Fassung im *Gw* mit 23 Einträgen aus unterschiedlichen Druckorten (v. a. Basel, Straßburg, Speyer, Nürnberg, Leipzig) verzeichnet ist. Eine Ausgabe von Hist in Speyer „ca. 1495" dürfte ein direkter Nachdruck der Heidelberger Ausgabe sein, denn hier wie dort schließt der Text mit dem Verdecknamen *Subocai Lebök* (= Jacobus Köbel, vgl. *Tischzucht* in Kap. 5). Der Heidelberger Druck ist zweifach, der Speyrer (Gw 1121910N) nur einmal in öffentlichen Bibliotheken nachzuweisen, Digitalisate von diesen Inkunabeln stehen leider nicht zur Verfügung.

[Gw 06323 und 06324: *Cato* (vulgo *Disticha Catonis*) deutsch]: Selbstverständlich hatte Knoblochtzer auch den überall massenhaft gedruckten Hybrid von sprachlicher und moralischer Belehrung, den *Cato* im Programm. Er umfasste in seinen beiden Ausgaben „um 1490" 18 Bll., und war in einer Variante [Gw 06324] mit einem Holzschnitt, wahrscheinlich der auch in diesem Werk weit verbreiteten Schulszene (vgl. oben zum *Vocabularius Curia palatium*) versehen. Zwei bzw. drei Exemplare haben sich laut Angaben des *Gw* erhalten, ein Digitalisat (BSB München) steht nur zur ersten Fassung (ohne Holzschnitt), zur Verfügung. Die deutschen Interpretamente lateinischer Vokabeln, die ein Schüler auf dem Titelblatt eingetragen hat, verraten durch ausgebliebene Monophthongierung (*sichtůch*) und Diphthongierung (*huß* für ‚Haus' und *fig* für ‚Feige') seine alemannische Herkunft:

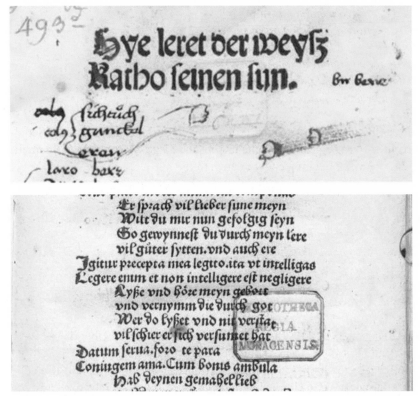

Abb. 31a (oben) und 31b (unten): BSB München, 4 Inc. s. a. 493 d [Ink D-199] [http://daten. digitale-sammlungen.de/bsb00034338/image_5 und …/image_7], 1ʳ (31a) und 2ʳ (31b) (jeweils Ausschnitt).

[Gw M37407: *Regimen scholarium*, lat. und deutsch]: Auch dieses Werk gehört zum Themenblock Schule, ist ganz nah verwandt zum *Cato*, ist, wie dieser auch, auf grammatisch-moralischer Ebene angesiedelt. Gut ein halbes Dutzend Ausgaben weist der *Gw* für diesen Titel nach, der teils auch unter der Bezeichnung *Statuta vel praecepta scolarium* läuft. Die Ausgabe aus Augsburg [Gw M37405, Digitalisat München, zit.], entstanden etwa sieben Jahre nach dem Heidelberger Druck „um 1490", und ist wiederum mit einem Holzschnitt der weit verbreiteten Schulszene versehen, wie sie sich auch am Ende des Kölner Exemplars des *Vocabularius Curia palatium* findet (s. o.). Die Belehrungen im Wechsel von lateinischen paarigen Langzeilen und je vier deutschen Vierhebern konzentrieren sich im Gegensatz zum *Cato* hier ganz auf das Thema Schule (1ʳ)[61]:

---

[61] „geistlich und moralisch ausgerichtete[] Didaxe", vgl. N. HENKEL: *Scolaris*, in: ²VL 8 (1992), Sp. 954 f.; vier Handschriften nachgewiesen im *Handschriftencensus*: http://www. handschriftencensus.de/werke/3920 (25. 3. 2021).

SCholaris qui uis prouehi culmen et honoris
Preceptum meum tibi sit gratum omnibus horis
  Wiltu schůler von lere
  Erkriegen gůtt vnnd ere
  So volge disem bůchlein nach
  Nach seiner lere sei dir gach

Mit Hilfe dieses Textes sollte die Motivation zum Schulbesuch befördert, die Schulordnung vermittelt und zugleich einfache lateinische Sätze erlernt werden. In ähnlichem Ton, wie das Werk beginnt, endet es auch (8[r]):

Hic libellus explicit cuius serues leges
Quas si tu seruaueris te honore reges
  Hie hat dis bůchlein ein ende
  zů der lere dich fleissigklich wende
  Behalt des bůchleins lere wol
  So wirstu gůtes und ere vol
    Deo gracias.

[Gw 11597: Guarinus, Baptista: *De ordine docendi ac studendi*]: Über dieses Werk des Guarino Battista (1434–1513, Sohn des bekannten Humanisten Guarino da Verona, †1460)[62] schreibt der *Wikipedia*-Eintrag (eingesehen am 15.4.2020) „Seine[!] 1459 abgeschlossenes Werk *De ordine docendi et studendi* (‚Über die Ordnung des Lehrens und Lernens‘) gehört zu den richtungsweisenden pädagogischen und bildungstheoretischen Schriften des Renaissancehumanismus." Insofern könnte es für Heidelberg im Druckjahr „1489" die Bedeutung gehabt haben, die Bestrebungen des 1485 in Heidelberg verstorbenen Rudolf Agricola fortzusetzen, der seinerseits an einer Reform der universitären Ausbildung interessiert war, was sich bei ihm z. B. explizit in einem Brief *De reformando studio* niedergeschlagen hat.[63] Somit haben wir auch hier wieder ein Werk, das zugleich im 5. Kapitel hätte verzeichnet werden können.

Die kleine Programmschrift umfasst nur 11 Bll., 49 Exemplare sind in öffentlichen Bibliotheken erhalten, zwei davon in der Ub Heidelberg.[64] Am Anfang ist der Wiegendruck mit drei Initialen geschmückt, deren erste (*B*) Albert Schramm für Knoblochtzer in Straßburg verzeichnet.[65]

---

[62] Zu diesem Guarino da Verona siehe den Eintrag in *Tusculum Lexikon griechischer und lateinischer Autoren des Altertums und des Mittelalters*, München/Zürich ³1982, S. 309 f.

[63] F. J. Worstbrock: *Agricola, Rudolf*, in: ²Vl 1 (1978) Sp. 84–93, hier Sp. 92.

[64] Schlechter/Ries 829 und 830.

[65] Schramm: *Bilderschmuck 19*, Tafel 18, Bild 116.

Abb. 32: BSB München, 4 Inc. s. a. 521 m [Ink G-425]; [http://daten.digitale-sammlungen.de/
bsb00006899/image_1], 1ʳ (Ausschnitt).

Die beiden anderen ähneln sehr denjenigen Holzschnittinitialen, die sich ursprünglich einmal im Besitz von Zainer in Ulm befanden und bei Knoblochtzer teils auch
im *Totentanz* (s. u. Kap. 6) Verwendung fanden.

Eine ursprünglich wohl als *M* gemeinte Ziermajuskel aus dem von AMELUNG
so genannten „Rokoko-Alphabet" wird hier in einem bei Knoblochtzer öfter zu be-
obachtenden, ökonomisch geschickten Manöver durch eine 90°-Drehung zu einem
E umfunktioniert[66]:

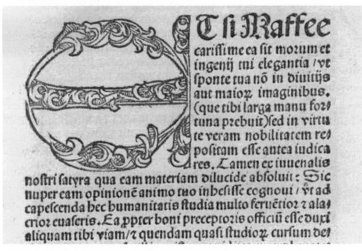

Abb. 33: BSB München, 4 Inc. s.a . 521 m [Ink G-425]; [http://daten.digitale-sammlungen.de/
bsb00006899/image_3], 2ʳ (Ausschnitt).

Druckgeschichtlich gesehen ist aber der Kolophon am Ende das interessanteste
Faktum an diesem Wiegendruck: Knoblochtzer weist sich darin erstmals in seiner
Heidelberger Zeit als Drucker namentlich aus, zudem in einer sehr selbstbewussten,
einmalig nur hier in Erscheinung tretenden Form, als ‚Meister der Druckkunst'

---

[66] Vgl. AMELUNG: *FDSW*, Abb. 34, S. 67 und Text S. 66.

(*impressorie artis magister*). Dazu kommt noch der Umstand, dass es m. W. das einzige Werk Knoblochtzers ist, das über die Jahreszahl hinaus eine direkte genaue Datumsangabe macht: *xv. kal. Januarias* (= 18. Dezember).[67]

Abb. 34: BSB München, 4 Inc. s. a. 521 m [Ink G-425]; [http://daten.digitale-sammlungen. de/bsb00006899/image_22], 11ᵛ (Ausschnitt, Hervorhebung durch Hinzufügen eines blauen Pfeils, C. R.).

[Gw M20717: *Manuale scholarium*] „um 1490": *Manuale* (‚Handbuch') ist ein weit verbreiteter Titel, er tritt u. a. in den Varianten *Manuale divinum* und *Manuale parochialium sacerdotum* innerhalb des Inkunabeldrucks in Erscheinung. Beim *Manuale scholarium*, das auch in Deventer (3), Köln (4), Speyer (Konrad Hist) und Straßburg (Martin Flach) gedruckt wurde, muss es sich also im Gegensatz zum vorherigen Titel, der sich programmatisch mit universitärer Ausbildung befasste, hier um ein praktisches Handbuch für die Studierenden selbst handeln. Das Werk endet im Heidelberger Druck auf Bl. 26ʳ, nach einem Katalog der Anreden durch die Studenten an die *Magistri* der Universität, um diese zum Essen einzuladen, in einem (gelehrten Anstrich vermittelnden) griechischen *TELOS* (‚Schluss')[68] und einer Drucker(?)-Marke,[69] die an Herrscher- oder Marienmonogramme erinnert, aber schwerlich mit Knoblochtzers Namen zu tun hat, viel eher mit *Litterae* (‚Gelehrsamkeit, Studien, Wissenschaft') assoziiert werden könnte:

---

[67] Einige wenige weitere Inkunabeln gibt es, aus denen man aus der Nennung der einschlägigen Namenstage o. ä. auf das Datum schließen kann, vgl. z. B. Johannes von Tepl: *Der Ackermann von Böhmen* (Kap. 6).

[68] Im Kölner Druck von ca. 1493: *Et sic est finis deo laus et gloria trinis*. Ohne Marke.

[69] Als Druckerzeichen verzeichnet bei ERNST WEIL: *Die deutschen Druckerzeichen des XV. Jahrhunderts*, München 1924, S. 68. „Die Verlegermarke […] aus dem *Manuale scholarium* […] ist noch nicht gedeutet." So GELDNER: *Inkunabeldrucker* (1968), S. 267.

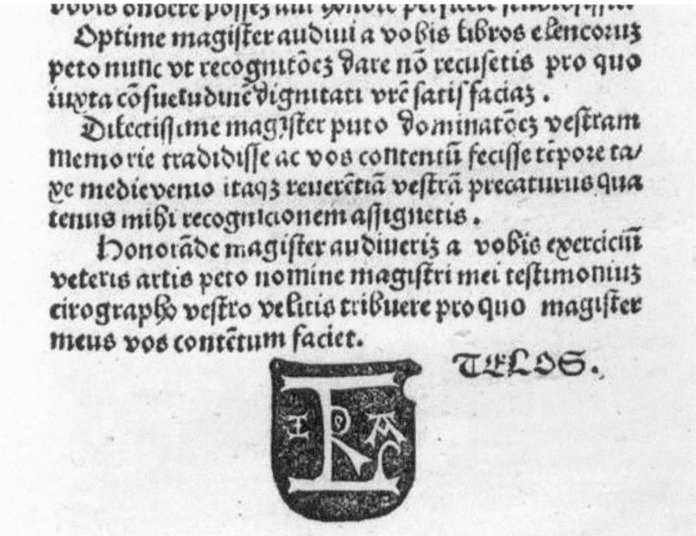

[Fraktur/blackletter text reproduced as best reading:]

vvvis onotte pollej um ynwvit perpieee ieivivi qiiw

Optime magifter audiui a voßis libros elencorum
peto nunc vt recognitoez dare nö recufetis pro quo
iuxta cöfuetudine dignitati vre fatiffaciaz .

Dilectiffime magifter puto dominatöez veftram
memorie tradidiffe ac vos contentü feciffe tepore ta/
ve medievento itaqz reuerencia veftra precaturus qua
tenus mißi recognicionem affignetis .

Honorade magifter audineriz a voßis exercicü
veteris artis peto nomine magiftri mei teftimoniuz
cirograpß veftro velitis tribuere pro quo magifter
meus vos contentum faciet.

TELOS.

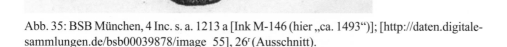

Abb. 35: BSB München, 4 Inc. s. a. 1213 a [Ink M-146 (hier „ca. 1493")]; [http://daten.digitale-sammlungen.de/bsb00039878/image_55], 26ʳ (Ausschnitt).

Das Handbuch soll einem Studienanfänger den Eintritt ins Studium (*universitates aggredi*) erleichtern und das Fortkommen befördern (*ac postea in eis proficere*), indem es Musterdialoge zwischen Studierenden (*Bartoldus* und *Camillus*) notiert, oder – so der Beginn des Werkes – das Aufnahmegesuch des Studenten beim Magister vorentwirft. Soweit konkreter Ortsbezug hergestellt wird, ist Ulm als Herkunftsort des Studierwilligen (s. Abb. 37) und Heidelberg als sein Zielort eingesetzt.

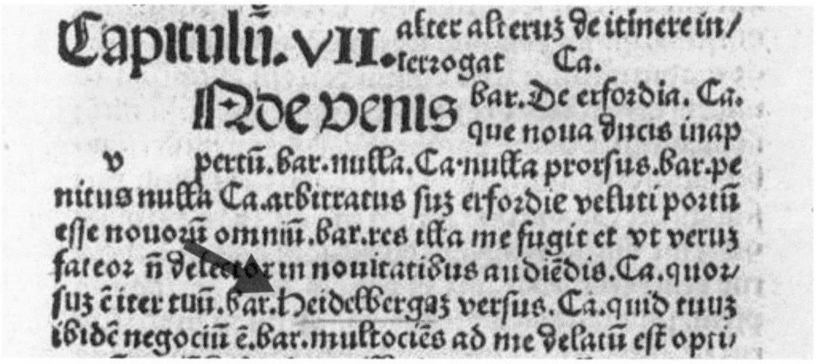

[Fraktur/blackletter text reproduced as best reading:]

Capitulü. VII. after alterus de itinere in/
terrogat Ca.

De venis Bar. De erfordia. Ca.
que noua dicis inap
v pertü. Bar. nulla. Ca. nulla prorfus. Bar. pe
nitus nulla Ca. arbitratus fuz erfordie veluti portü
effe nouorü omniü. Bar. res ifta me fugit et vt veruz
fateor ñ delector in nouitatibus audiedis. Ca. quor/
fuz e iter tuü. Bar. Heidelbergaz verfus. Ca. quid tuuz
ibide negociü e. Bar. multocies ad me delatü eft optiv

Abb. 36: BSB München, 4 Inc. s. a. 1213 a [Ink M-146 (hier „ca. 1493")]; [http://daten.digitale-sammlungen.de/bsb00039878/image_27], 12ʳ (Ausschnitt, Hervorhebung durch Hinzufügen eines blauen Pfeils, C. R.).[70]

[70] Und nochmals 12ᵛ, jeweils mit Unterstreichungen eines lokalhistorisch interessierten Lesers, der auch den Namen eines genannten Professors (*Conradus Schuitzer*, 9ᵛ; auch andere Namen werden genannt) sowie die Angabe der Heilig-Geist-Kirche (*ecclesie sancti spiritus* 7ᵛ) mit Bleistift markiert hat.

Diese Angaben übernehmen auch die Drucke, die bei Heinrich Quentell in Köln hergestellt wurden, obwohl sie früher als der Heidelberger Druck datiert sind, so dass
man annehmen muss, dass eine frühere, heute nicht mehr erhaltene Auflage eines
Knoblochtzer-Drucks die Vorlage für die Kölner Wiegendrucke gebildet haben
müsste.[71]

Knoblochtzer hat das Handbuch mit einer wohl aus Johannes Zainers Fundus
stammenden (nicht aber im *Totentanz* verwendeten) *R*-Initiale aufgewertet. Sie und
die Titelzeile erscheinen im Münchener, nicht rubrizierten Exemplar in Rot, im Zü-
richer, von einem Rubrikator überarbeiteten Exemplar in Schwarz:

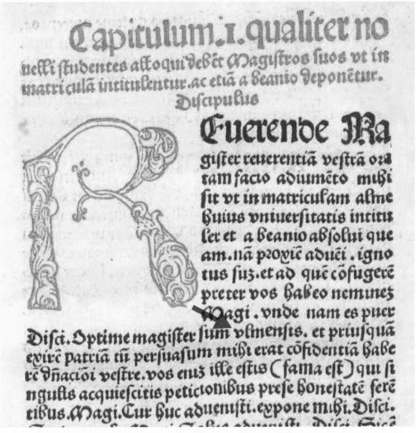

Abb. 37: BSB München, 4 Inc. s. a. 1213 a [Ink M-146 (hier dat. „ca. 1493")]; [http://daten.
digitale-sammlungen.de/bsb00039878/image_7], 2ʳ (Ausschnitt, Hervorhebung durch Hinzufügen eines blauen Pfeils, C. R.).

---

[71] Für die Deventer-Drucke konnte dies mangels Digitalisat nicht überprüft werden.

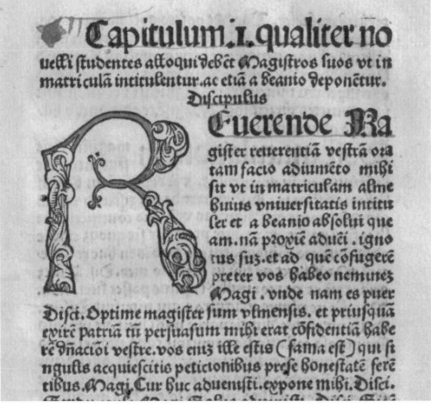

Abb. 38: Zentralbibliothek Zürich, Raa 53,4 [https://doi.org/10.3931/e-rara-45041], 2ʳ (Ausschnitt).

Exkurs: Amtlich, gesellschaftlicher Funktion der Universität, aber nicht sicher Knoblochtzer zuzuordnen ist:

[Gw M42895: SPANGEL, PALLAS: *Oratio ad universitatem Heidelbergensem*. Mit Beig. von LEONARDUS PELICANUS und JOHANNES VOLMANNIUS]

Dem aktuellen Eintrag im *Gw*, der undatiert bleibt, ist der Inhalt der Rede nicht zu entnehmen, aber der alte handschriftliche Eintrag im *Gw*-Register, der dankenswerterweise mitdokumentiert wird, spricht dafür, dass es sich um diesen Druck handelt:

Abb. 39: [https://commons.wikimedia.org/wiki/File:Pallas_Spangel_verbessert.jpg]

Die Rede hielt also der 1460 in Heidelberg immatrikulierte, seit 1477 mehrfach zum Rektor der Heidelberger Universität bestellte, aus Neustadt an der Weinstraße stammende Pallas Spangel (†1512, Schüler Wimpfelings, Lehrer Melanchthons), anlässlich des Todes von Margarethe von Bayern-Landshut (1456–1501), Gemahlin von Kurfürst Philipp d. Aufrichtigen (1448–1508). Der Druck wurde wohl in Heidelberg (evtl. mit Typenmaterial von Knoblochtzer, aber nicht mehr von ihm selbst) erstellt.[72]

---

[72] Vgl. die entsprechenden Stellen nach Registereintrag in GERHARD RITTER: *Die Heidelberger Universität im Mittelalter (1386–1508). Ein Stück deutscher Geschichte*, Heidelberg 1936, ND 1986, S. 531. und. HARTFELDER, KARL: *Spangel, Pallas*, in: *Allgemeine Deutsche Biographie (ADB)* 35 (1893), S. 32–33 [Online-Version: https://archive.org/details/allgemeine deutsc35lili/page/32/mode/2up?q=Spangel]. Vgl. auch die Ausführungen zum *Nosce te ipsum* (Gw M13471) im 5. Kapitel.

4   Juridica

[Gw 1708, 1709 und 1721: ANDREAE, JOHANNES: *Super arboribus consanguinitatis et affinitatis et cognationis spiritualis [...] cum exemplis*]: Wie im Schulsektor Johannes de Garlandia, so ist hier der italienische Kirchenrechtler Johannes Andreae (†1348) mit seinem Standardwerk *Super arboribus consanguinitatis* mehrfach vertreten: Drei Auflagen druckte Knoblochtzer in den beiden Jahren „um 1494" (Gw 1708 und 1721) sowie „um 1495" (Gw 1709). Dasselbe Werk hatte der Drucker auch in den letzten Straßburger Jahren (1483) herausgebracht (Gw 1707). Die Wiederaufnahme des Titels in Heidelberg dürfte ihm den Start an neuer Wirkungsstätte erheblich erleichtert, wenn nicht überhaupt erst ermöglicht haben. Von Gw 1708 zu Gw 1709 behält der Drucker die zehn Holzschnitte, bekannte Baumgraphiken und andere z. T. im Querformat gedruckte Schemata bei,[73]

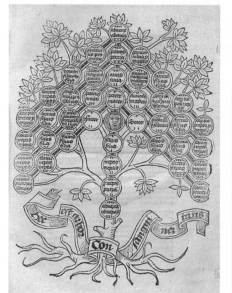
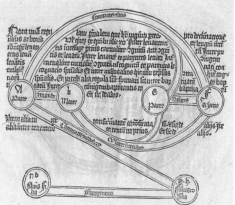

Abb. 40a (links) und 40b (rechts): Gw 1708: BSB München, 2 Inc. s. a. 59 a [Ink I-303]; [http://daten.digitale-sammlungen.de/bsb00017900/image_7] 2ʳ (40a) und [http://daten. digitale-sammlungen.de/bsb00017900/image_23] 10ʳ (40b) (jeweils stark verkleinert).

erhöht aber von der einen zur anderen Auflage die Zeilenzahl von 42 (einspaltig) auf 64 (zweispaltig), so dass er den Papieraufwand (und damit Kosten) von 14 auf 10 Bll. reduzieren kann. Von Gw 1708 befinden sich zwei, von Gw 1709 ein Exemplar in der UB (SCHLECHTER/RIES 1049–1051).

---

[73] Alle leicht in fast voller Größe einsehbar als Digitalisat der UB Heidelberg bei SCHRAMM: *Bilderschmuck 19*, Tafel 22–25.

Abb. 41: Gw 1708 „um 1494": BSB München, 2 Inc. s. a. 59 a [Ink I-303]; [http://daten.digitale-sammlungen.de/bsb00017900/image_8], 2ᵛ (Ausschnitt).

Abb. 42: Gw 1709 „um 1495": BSB München, 2 Inc. s. a. 351 [Ink I-304]; [http://daten.digitale-sammlungen.de/0002/bsb00029207/image_5], 2ᵛ (Ausschnitt).

Ökonomisches Handeln kann man schon in den beiden Ausgaben von „um 1494"
beobachten, wo der Drucker die *D*-Initiale von *Des ersten* […] der deutschen Ausgabe (Gw 1721) in der lateinischen Ausgabe einfach umdreht und dem Leser abver-
langt, diese nun als *C* von *Circa* zu lesen.[74]

Abb. 43a (links) und 43b (rechts): Gw 1721: BSB München, 2 Inc. s. a. 61 [Ink I-315]; [http://
daten.digitale-sammlungen.de/bsb00032023/image_7] (43a) und Gw 1708: BSB München,
2 Inc. s. a. 59 a, [http://daten.digitale-sammlungen.de/bsb00017900/image_8], 2ᵛ (43b) (jeweils
Ausschnitt).

Die Baumdiagramme hingegen mussten für die sprachverschiedenen Ausgaben in
Blockbuchmanier (Zeichnung und Beschriftung in Holz geschnitten) je separat angefertigt werden, das zeigen auch die unterschiedlichen Gesichter im Zentrum:

Abb. 44a (links) und 44b (rechts): Gw 1721: BSB München, 2 Inc. s. a. 61 [Ink I-315];
[http://daten.digitale-sammlungen.de/bsb00032023/image_6], 1ᵛ (44a) und Gw 1708: BSB
München, 2 Inc. s. a. 59 a [Ink I-303]; [http://daten.digitale-sammlungen.de/bsb00017900/
image_7], 2ʳ (44b) (jeweils Ausschnitt).

---

[74] Als *D* abgebildet in SCHRAMM: *Bilderschmuck 19*, Abb. 116, Tafel 18.

Von der lateinischen Fassung des Werks sind über 30 Inkunabelausgaben nach-gewiesen, Friedrich Creussner in Nürnberg ist dabei über zehn Mal vertreten. An Druckorten werden weiterhin Köln, Mainz, Memmingen, Wien, mehrfach Leipzig aber auch Paris, Perugia und Löwen genannt. Knoblochtzers zahlreiche Straßburger Editionen in lateinscher und deutscher Fassung waren, z. T. sparsamer illustriert, mit einem Gesamtumfang von nur 8 Bll. erschienen. Die Diagramme konnte er in Hei-delberg wiederverwenden. Das Werk, das sich mit den kirchen- und zivilrechtlichen Implikationen von Verwandtschaftsgraden (*zûgehörde*) befasst, die man von Geburt her ‚erbt‘ (*consanguinitas*) oder durch geschlechtlichen Umgang ‚erwirbt‘ (*affinitas* = dt. *mogschaft*) oder durch Patenschaften ‚gewinnt‘ (*cognatio spiritualis* = dt. *gevatter-schafft*), war offensichtlich sowohl bei lateinkundigen Lesern wie auch bei Laien immer wieder ein gefragter rechtlicher Leitfaden.[75]

[Gw 10187: *Formulare und deutsch Rhetorica*], ein Werk von 90 Bll., seinem Titel nach stilistisches Handbuch, seinem Gebrauch nach eher Formel- und Muster-sammlung für Urkunden und Amtsbriefe. Der *Gw* kennt eine niederdeutsche Fas-sung aus Rostock (Gw 10177), sechs Drucke einer Augsburg-/Ulmer Tradition (Gw 10178–10183 sowie 9 Sp. 34a), und eine Fassung, die man als ‚Rheinische Fassung‘ bezeichnen könnte, mit Drucken aus Straßburg (Gw 10184–10186 von Johann Prüss 1483, Heinrich Knoblochtzer 1483 und Johann Grüninger 1486), Heidelberg (Gw 10187 von Knoblochtzer 1488), Speyer (Gw 10188 von Konrad Hist 1492) und Köln (Gw 10189 von Johann Koelhoff d. J. „nicht vor 11. VIII. 1492"), wobei die letzt-genannte Inkunabel wiederum eine kürzende, ins Niederdeutsche umgesetzte Bear-beitung von 144 Bll. darstellt, die zugleich die einzige in 4° gegenüber den anderen 2°-Ausgaben ist. Die Rheinischen Fassungen zeigen ihre Verwandtschaft schon durch den Nachschnitt (oder Wiederverwendung?) des Titelholzschnitts, wobei Knoblochtzer in seiner Heidelberger Fassung (nicht aber schon im Straßburger Druck) wiederum, wie so oft, eine Initiale aus dem Typenfundus verwendet, der dem Stil nach dem von J. Zainer in Ulm ererbten Repertoire angehört[76]:

---

[75] „Darstellung der Grade der Blutsverwandtschaft [...] die für das kirchliche Eherecht wich-tig sind und auch im Erbrecht Beachtung erlangten", so HELKO EIS: *Andreae, Johannes*, in: *²VL* 1 (1978), Sp. 336 f.

[76] AMELUNG: *FDSW*: Abb. 34, S. 67 und Text S. 66: ‚Rokoko-Alphabet‘.

Abb. 45: Prüss, Straßburg 1483: SBB Berlin PK, Ink. 365/7a [https://digital.staatsbibliothek-berlin.de/werkansicht?PPN=PPN881354120&PHYSID=PHYS_0003&DMDID=], 1ʳ (Ausschnitt).

Abb. 46: Knoblochtzer, Straßburg 1483: UB Heidelberg, G 225 A qt. INC: [1]; [https://digi.ub.uni-heidelberg.de/diglit/if00245000/0005], 1ʳ (Ausschnitt).

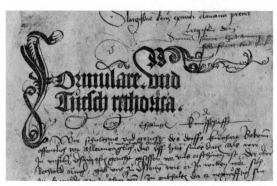

Abb. 47: Grüninger, Straßburg 1486, ULB Darmstadt, Inc. IV-19 [http://tudigit.ulb.tu-darmstadt.de/show/inc-iv-19/0001], 1ʳ (Ausschnitt).

Abb. 48: Knoblochtzer, Heidelberg 1488: ULB Darmstadt Inc IV-169 [http://tudigit.ulb.tu-darmstadt.de/show/inc-iv-169/0177], 1ʳ (Ausschnitt).

Abb. 49: Hist, Speyer 1492: BSB München, 2 Inc. c. a. 2711 [Ink F-200]; [http://daten.digitale-sammlungen.de/bsb00082272/image_5], 1ʳ (Ausschnitt).

Im Text folgt Knoblochtzers Heidelberger Druck von 1488 bemerkenswerterweise nicht seiner Straßburger Fassung, sondern fast zeilengetreu dem Vorläufer von Grüninger 1486 (hier im Vergleich die letzte Seite, Bl. 85 der gezählten Blätter ohne Titelblatt und vorgeschaltetem Register):

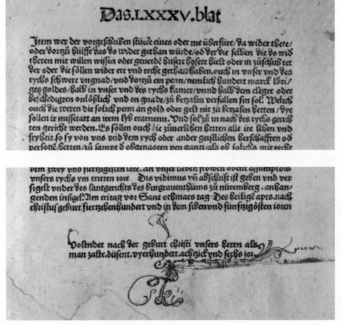

Abb. 50: Grüninger, Straßburg 1486: ULB Darmstadt, Inc. IV-19 [http://tudigit.ulb.tu-darm stadt.de/show/inc-iv-19/0177], 85ʳ (Ausschnitt mit Auslassung).

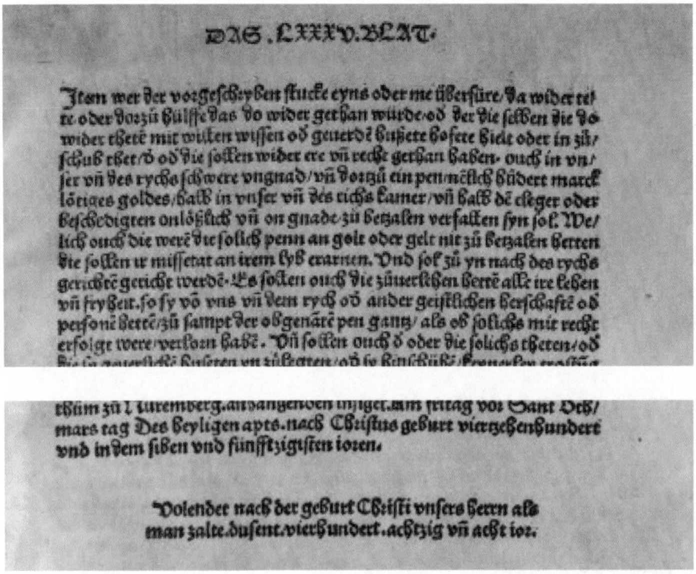
DAS.LXXXV.BLAT.

Item wer der vorgeschryben stucke eyns oder me übersüre/da wider tet/te oder dorzů hülffe das do wider gethan würde/od der die selben die do wider thetē mit wiken wissen od geuerdē husete hofete hielt oder in zů/schub thet/ō od die sollen wider ere vñ rechte gethan haben. ouch in vn/ser vñ des rychs schwere vngnad/vñ dorzů ein pen/nēlich hūdert marck lötiges goldes/halb in vnser vñ des richs kamer/vñ halb dē cleger oder beschedigten onlößlich vñ on gnade zů betzalen verfallen syn sol. We/lich ouch die werē die solich penn an golt oder gelt nit zů betzalen hetten die sollen ir missetat an irem lyb erarnen. Vnd sol zů yn nach des rychs gerichtē gerichte werdē. Es sollen ouch die zůuerlihen herrē alle ire lehen vñ fryheit. so sy vō vns vñ dem rych od ander geistlichen herschaftē od personē hettē/zů sampt der obgenātē pen gantz/ als ob soliche mit rechte erfolgt were/verlorn habē. Vñ sollen ouch ō oder die solichs theten/od

thūm zů Luremberg.anhangenden insigel.am fritag vor Sant Oth/mars tag Des heyligen apts.nach Christus geburt viertzehenhundert vnd in dem siben vnd fünfftzigisten ioren.

Volendet nach der geburt Christi vnsers herrn als man zalte.dusent.vierhundert.achtzig vñ acht ior.

Abb. 51: Knoblochtzer, Heidelberg 1488: ULB Darmstadt, Inc IV-169 [http://tudigit.ulb.tu-darmstadt.de/show/inc-iv-169/0353], 85r (Ausschnitt mit Auslassung).

Die Ub in Heidelberg weist sowohl ein Exemplar des Straßburger wie auch des Heidelberger Knoblochtzer-Druckes auf (Schlechter/Ries 669 und 670, s. o. Abb. 46). Die Rheinischen Fassungen zeigen verschiedene sprachgeographische Einflüsse, indem sie nur sporadisch Diphthongierung der mhd. Langvokale aufweisen. Die Einleitung zum Werk enthält einerseits eine Ankündigung auf die besprochenen rhetorischen Mittel und die gebotenen Briefmuster (*koufbrief, lehenbrief* …), andererseits wird ausdrücklich vor der unreflektierten Übernahme der Muster gewarnt und zu einer gewissenhaften Anpassung auf den je aktuellen Einsatz aufgefordert, eine Art Warnung vor unkontrolliertem Copy-and-Paste-Verfahren: *Ob ouch die nachgesetzten brief gantz yn glycher form alwegen nit dienende sind/ sol der leser syn vernunfft vfthůn vnd dy artickel vnd puncten (nitt on groß müg*[77] *vnd arbeit*[78]*) zůsamensůchen/ vnd sy mit flyß setzen. Wann*[79] *von künfftigen handeln vnd sachen mag nit eygenlich vnd gewißliche als von vergangen dingen (die hier ynn exempla sind) geschriben werden.*

In demjenigen der 16 erhaltenen Textzeugen des Heidelberger Drucks, der digitalisiert zur Verfügung steht (Ulb Darmstadt, s. o. Abb. 48) ist der Text des deutschen *Formulare* aus unerfindlichen Gründen mit einem lateinischen Druck der *Historia Trojana* nach Guido de Columnis (Husner, Straßburg 1483, von ähnlichem Umfang wie das *Formulare*) zusammengebunden!

[77] Nhd. ‚Können‘.
[78] Nhd. ‚Mühe‘.
[79] Nhd. ‚Denn‘.

[Gw M16365 und Gw M16367: *Ordo iudiciarius*, deutsch]: Während Knoblochtzer vom *Arbor consanguinitatis* (s. o.) sowohl lateinische wie auch deutsche Ausgaben herausbrachte, ist für den *Ordo iudiciarius* aus Heidelberg allein eine deutsche Inkunabel erhalten.[80] Diese volkssprachige Variante war eigentlich eine Domäne der Augsburger Offizinen, aus denen nicht weniger als elf Inkunabelausgaben dieses Titels hervorgingen. Sie waren oft, wie auch ein Teil von Knoblochtzers beiden Ausgaben von 1490 mit dem Zusatz *Wie man Höfe, Zehnte und Mühlen verleihen soll* ergänzt. Innerhalb dieser Ausgabe gibt es verschiedene Varianten: Die beiden Digitalisate aus München [Gw M16365] und Berlin [Gw M16367] enthalten beide diesen Zusatz, umfassen jeweils 14 Bll., weisen das gleiche Titelblatt auf:

Ein oꝛdnung vnnd vn
derweiſunge. Wie ſich
ein ieglicher halten ſoll
voꝛ dem rechten.

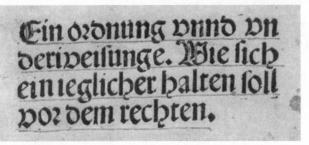

Abb. 52: BSB München, 4 Inc. c. a. 772 a [Ink O-76]; [http://daten.digitale-sammlungen.de/bsb00034564/image_5], 1^r (Ausschnitt).

Ein oꝛdnũg vnnd vn
derweiſunge Wie ſich
ein ieglicher halten ſoll
voꝛ dem rechten.

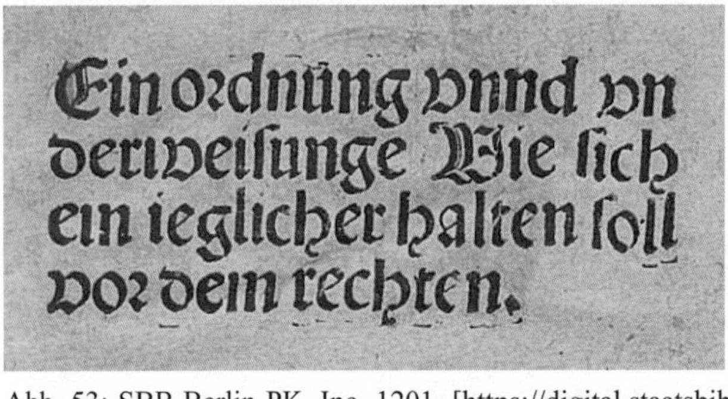

Abb. 53: SBB Berlin PK, Inc. 1201, [https://digital.staatsbibliothek-berlin.de/werkansicht?PPN=PPN894047345&PHYSID=PHYS_0005&DMDID=], 1^r (Ausschnitt).

Im Detail zeigen sie dann aber geringfügige Satzunterschiede, die Knoblochtzers Versuch dokumentieren, zu einem orthographisch, satztechnisch oder/und ästhetisch optimalen Ergebnis zu gelangen. Die *I*-Initiale aus dem von AMELUNG so genannten ‚Rokoko-Alphabet‘, das von Zainer in Ulm übernommen wurde,[81] nutzt er für beide Lösungen:

[80] Für dessen lateinische Variante verzeichnet *Gw* elf Ausgaben aus der Inkunabelzeit (mehrfach Köln und Paris, je einmal Poitiers und Reutlingen).

[81] AMELUNG: *FDSW*: Abb. 34, S. 67 und Text S. 66.

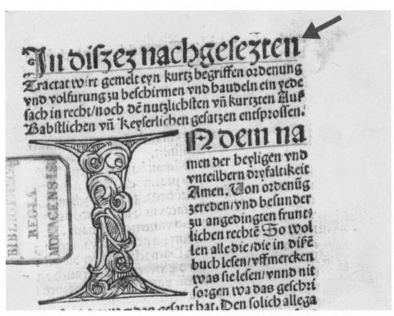

Abb. 54: BSB München, 4 Inc. c. a. 772 a [Ink O-76]; [http://daten.digitale-sammlungen.de/bsb00034564/image_7], 2ʳ (Ausschnitt, Hervorhebung durch Hinzufügen eines blauen Pfeils, C.R.).

Abb. 55: SBB Berlin PK, Inc. 1201, [https://digital.staatsbibliothek-berlin.de/werkansicht?PPN=PPN894047345&PHYSID=PHYS_0007&DMDID=], 2ʳ (Ausschnitt, Hervorhebung durch Hinzufügen eines blauen Pfeils, C.R.).

Sogar die Kolophone der beiden Varianten unterscheiden sich geringfügig, immerhin in
der Namensform des Druckers, wobei man die zweite wohl für die korrigierte halten darf:

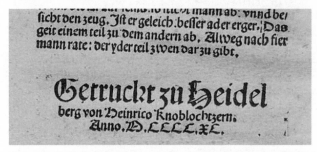

Abb. 56: BSB München, 4 Inc. c. a. 772 a [Ink O-76]; [http://daten.digitale-sammlungen.de/
bsb00034564/image_30], 13ᵛ (Ausschnitt).

Abb. 57: SBB Berlin PK, Inc. 1201, [https://digital.staatsbibliothek-berlin.de/werkansicht?PPN
=PPN894047345&PHYSID=PHYS_0030&DMDID=], 13ᵛ (Ausschnitt).

Für die Vermutung, dass Jakob Köbel, von dem später noch öfter die Rede sein wird
(dezidiert in Kap. 5 *Tischzucht*, Kap. 8 *Fußpfad zur Seligkeit* und 9.A *Sybillen Weisa-
gung*), auch der Autor dieses *Ordo* ist (so die Darstellung im *Gw*), gibt das Kolophon
keine Bestätigung. Ganz unwahrscheinlich scheint die Vermutung andererseits nicht,
da Köbel später, nachdem er sich in Oppenheim niedergelassen hatte, wo er auch als
Stadtschreiber fungierte, eine *Gerichtsordnung* verfasst haben soll.[82] Inhalt des Heidelberger *Ordo iudicarius* von nur 10 Bll. Umfang sind die Anleitung zur Abfassung
einer Gerichtsrede, eine Auflistung der Anredeformeln für Personen von verschiede-
nem Stand (insofern eine Art Kurzfassung des *Formulare und deutsch Rhetorica*,
Gw 10187), die Regeln der Zeugenladung und -vernehmung, die Dokumentation des
Verfahrens usw. Der Anhang von 3 Bll. *Wie man Höfe, Zehnte und Mühlen verleihen
soll* wird wiederum mit einer Initiale *Z* aus dem schon genannten, Ulmer Typenrepertoire eröffnet.[83]

---

[82] GRIMM, HEINRICH: *Köbel, Jakob*, in: *Neue Deutsche Biographie* 12 (1979), S. 289–290,
   Online-Version: [https://www.deutsche-biographie.de/pnd118724142.html#ndbcontent]
[83] Dieses *Z* selbst ist in Abb. 34 des Zainerschen ‚Rokoko-Alphabets‘ nicht vertreten, vgl.
   AMELUNG: *FDSW* S.66–68, mit Abb. 34.

Abb. 58: BSB München, 4 Inc.c.a. 772 a [Ink O-76]; [http://daten.digitale-sammlungen.de/bsb00034564/image_25], 11ʳ (Ausschnitt).

Von der ersten der beiden 1490 gedruckten Ausgaben des Werkes liegt ein Exemplar im Heidelberger Stadtarchiv (SCHLECHTER/RIES 1370).

[Gw M25075: *Modus vacandi beneficiorum. Modus acceptandi*]: Die Werke mit dem Titel *Modus* könnte man als ‚Ratgeber' bezeichnen: *Modus disponendi se ad mortem* (‚Ratgeber zur Vorbereitung auf den Tod'), *Modus epistolandi* (‚Ratgeber, Briefe zu schreiben'), *Modus perveniendi ad summam sapientiam* (‚Ratgeber, zu höchster Weisheit zu gelangen'), *Modus praedicandi* (‚Ratgeber, eine Predigt zu halten'), *Modus redimendi animas in purgatorio existentes* (‚Ratgeber, wie man den Seelen im Fegefeuer helfend beistehen könnte'), *Modus studendi* (‚Ratgeber für ein erfolgreiches Studium') usw. sind gängige Titel in der Inkunabelzeit (s. *Gw*-Liste unter *Modus*).

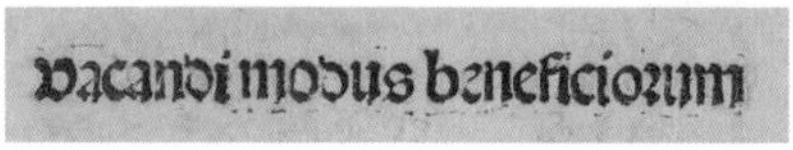

vacandi modus beneficiorum

Abb. 59: HAB Wolfenbüttel, A: 202.32 Quod. (17) [http://diglib.hab.de/inkunabeln/202-32-quod-17/start.htm?image=00001], 1ʳ (Ausschnitt).

Der hier vorliegende, schmale Ratgeber von 4 Bll.[84] handelt davon, wie man sich von Pfründ-/ und Lehenspflichten befreien oder befreit werden könnte. Die einzelnen Abschnitte beginnen mit einer *Si quis possidet/habuerit/habet*-Formel und zählen dann die Bedingungen für die Befreiung auf. Am Ende befindet sich bei den meisten Ausgaben (wie auch hier) ein kurzer Abschnitt *Modus acceptandi*, der die notariellen

---

[84] Die Abb. stammt aus der Herzog August Bibliothek Wolfenbüttel, dort wird die Inkunabel, abweichend von Angaben im *Gw*, Hist in Speyer 1497 zugeordnet. Bei dieser und allen im Folgenden aus dem Bestand der HAB Wolfenbüttel verwendeten Abbildungen findet die CC-Lizenz CC BY-SA 3.0 (https://creativecommons.org/licenses/by-sa/3.0/de/) Anwendung. Etwaige Änderungen bzw. Bearbeitungen des verwendeten Materials sind im Folgenden jeweils vermerkt.

Usancen und Notwendigkeiten beim Erwerb eines Beneficiums beschreibt. Das kleine Werk wurde außer in Heidelberg auch in Basel, Mainz, Passau, Toulouse, Venedig je einmal und in Rom allein 24 mal während der Inkunabelzeit gedruckt, was die kirchenrechtliche Relevanz deutlich unterstreicht. Der Knoblochtzer-Druck („um 1490") ist, für ein so schmales Bändchen ungewöhnlich, in 15 Exemplaren erhalten, wohl auch deshalb, weil es, wie in Wolfenbüttel, mit anderen Juridica zusammengebunden war. Deutlich wird auch, dass Knoblochtzer für diesen Text keinen zusätzlichen Kaufanreiz bieten musste, hier lässt er nämlich jedes Schmuckelement wie Initialen und dergleichen weg, und die Versoseite des Titelblattes bleibt ganz großzügig unbedruckt (Im Gegensatz etwa zum *Pfaffen von Kalenberg*, s. d. Kap. 10).

[Gw M45623: *Termini causarum et Festa in Romana Curia servari soliti in causa beneficiali*. Daran: *Festa palacii Apostolici*]: Bei diesem Werk ist die Zentrierung im Kirchenrecht noch deutlicher: Außer der Ausgabe aus Heidelberg „nicht nach 14. IV.1491", von der 20 Exemplare erhalten sind, verzeichnet *Gw* weitere 13 Drucke, die allesamt (ohne kalendarischen Zusatz) seit 1470 in Rom angefertigt wurden. Die in der Römischen Kurie üblicherweise eingehaltenen (*in Romana curia servari soliti*) *Termini causarum* werden nicht nur für die *causa beneficiali* sondern auch für *causae prophanae*, *super grauamine*, […] *super excommunicatione* usw. in je verschiedenen *instantiae* aufgelistet. Abschließend folgt noch der *stilus es modus observandi et practicandi terminorum predictorum* und (nur in der Heidelberger Ausgabe!) ein kalendarischer Zusatz, der auf 10ʳ (von insgesamt 11 Bll.) beginnt, Orientierung innerhalb der Terminierung schafft und so dem Rezipienten den Gebrauch des Kerntextes erleichtert.

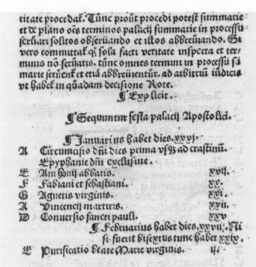

Abb. 60: BSB München, 4 Inc. s. a. 1751 [Ink T-117] [http://daten.digitale-sammlungen.de/bsb00040290/image_23], 10ʳ (Ausschnitt).

(Einzelne kürzere Juridica, Urkunden und Amtssachen werden unten, in Kap. 9.B noch besprochen.)

5   Humanismus

Gewissermaßen handelt es sich hier nicht nur der Anordnung nach, sondern auch inhaltlich um ein zentrales, aber auch oszillierendes Kapitel mit Verflechtung zu vielen anderen Themenbereichen. Denn vielfach finden sich in den sonstigen Abschnitten, wie schon unter den Schulbüchern zu beobachten, humanistisch inspirierte Titel oder doch solche, die notdürftig aus der alten Zeit in die neue Ära hinein adaptiert worden waren (vgl. Kap. 3, Anfang). Andererseits lässt sich an dieser Stelle aber auch unterstreichen, was MARTINA BACKES in ihrer Studie *Das literarische Leben am kurpfälzischen Hof zu Heidelberg im 15. Jahrhundert* zu diesem Thema bemerkt: „Das Etikett ‚humanistisch' erweist sich vielfach durchaus als problematisch, vor allem, wenn man den Lesern […] literarische Interessen und Erwartungshaltungen unterschiebt, die sich aus den Konnotationen des Begriffs für heutige Ohren ergeben."[85]

[Gw M4978110: VERGILIUS MARO, PUBLIUS: *Opera*]: Die Vergil-Ausgabe von 1495 scheint auf den ersten Blick nur zufällig in Heidelberg entstanden zu sein und nicht als Zeugnis verstärkten Interesses des humanistischen Kreises an antiker Literatur in der Universitätsstadt ins Felde geführt werden zu können, da es sich um den belegbaren Fall einer Auftragsarbeit einer anderen Druckerei, der Offizin Peter Drachs d. M. (†1504) in Speyer, handelt.[86] Dann zeigt sich aber bei genauerem Hinsehen, dass Knoblochtzers Druckausgabe dermaßen viele Detailübereinstimmungen hat mit der berühmten Vergil-Handschrift Vat. Pal. lat. 1632,[87] dass man nicht von einem Zufall ausgehen kann: Im Gegensatz zu den meisten Vergil-Ausgaben ist in dieser Handschrift und in Knoblochtzers Inkunabeldruck der Kerntext nicht vom Servius-Kommentar gerahmt. Besagte Handschrift und der Heidelberger Druck bieten gleichermaßen zur *Georgica* (Inkunabel ab 26^r) und zur *Aeneis* (ab 90^r) den Ps.-Ovid-Kommentar, beide weisen als *Argumentum in libros Eineidum* die *Anthologia latina* 634 auf.[88] Um sich die Übereinstimmung vor Augen zu führen, betrachte man das

---

[85] BACKES (1992), S. 171.

[86] Kurz erwähnt bei GELDNER: *Inkunabeldrucker* (1968), S. 192. Näheres bei: MÄKELER, HENDRIK: *Das Rechnungsbuch des Speyerer Druckherrn Peter Drach d. M. (um 1415–1504)*, [*Sachüberlieferung und Geschichte 38*], Sankt Katharinen 2005, v.a. S. 54. und P.W. SCHWEITZER-MARTIN in seiner Heidelberger Zulassungsarbeit von 2017: *Das Druckprogramm der Speyerer Werkstatt ‚Peter Drach' (1475–1504)*, die ich dankenswerterweise einsehen durfte. Auch der vielfach mit Knoblochtzer in unterschiedlicher Weise zusammenarbeitende Jakob Köbel findet in diesem genannten Rechnungsbuch Erwähnung, hier als ‚Buchführer', vgl. GRIMM, HEINRICH: *Köbel, Jakob*, in: *Neue Deutsche Biographie* 12 (1979), S. 289–290, Online-Version: [https://www.deutsche-biographie.de/pnd118724142.html#ndb content]. Und CHRISTOPH RESKE: *Die Buchdrucker des 16. Und 17. Jahrhunderts im deutschen Sprachgebiet. Auf der Grundlage des gleichnamigen Werkes von Josef Benzing*, Wiesbaden 2007, S. 761.

[87] Auftragsarbeit für den Pfalzgrafen Philipp den Aufrichtigen zu dessen Hochzeit mit Margarete von Bayern-Landshut 1474.

[88] Das ist zwar nicht ganz singulär, stellt aber insgesamt doch die Ausnahme dar.

Digitalisat von Bl. 63ʳ des Codex Pal. Lat. 1632 aus der Bibliotheca Vaticana Rom [https://doi.org/10.11588/diglit.9861#0133], aus dem leider keine Kopien gezogen werden dürfen,[89] und vergleiche die Übereinstimmungen im Text mit der entsprechenden Stelle in der Heidelberger Inkunabel:

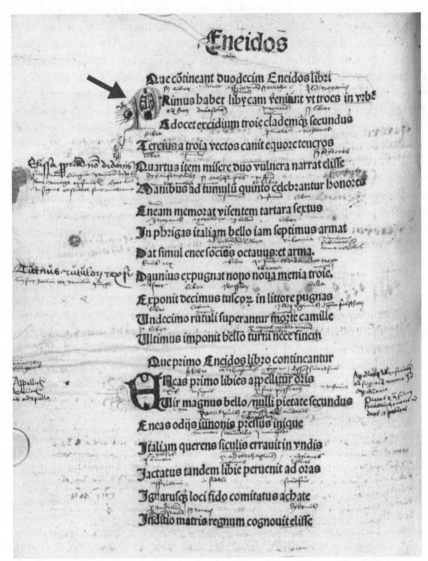

Abb. 61: BSB München, 4 Inc. c. a. 1253 m [Ink V-132]; [http://daten.digitale-sammlungen.de/bsb00044396/image_182], 89ᵛ (Ausschnitt, Hervorhebung durch Hinzufügen eines blauen Pfeils, C. R.).

---

[89] Näheres zu diesem Codex vgl. WALTER BERSCHIN: *Die Palatina in der Vaticana. Eine deutsche Bibliothek in Rom*, Stuttgart/Zürich 1992, S. 126–128.

So erscheint es wahrscheinlich, dass Knoblochtzer in Heidelberg den von Peter Drach initiierten und finanzierten Druck nicht (oder jedenfalls nicht nur) aus wirtschaftlich-technischen Gründen (etwa wegen mangelnder Kapazität der Speyrer Offizin) übernahm. Vielleicht liegt der Grund eher darin, dass in Heidelberg der Druck in der Nähe der prominenten Vorlage aus der Palatina erstellt werden konnte, die das Fürstenhaus nicht einmal vorübergehend nach Speyer verleihen wollte. Eine Kooperation zwischen den beiden Offizinen lässt sich aber auch bei einem Inkunabeldruck von Johannes Virdungs *Practica* beobachten (vgl. unten Kapitel 9.A). Im Kolophon stellt sich die Inkunabel ganz als Werk des Heidelberger Druckers dar:

Abb. 62: BSB München, 4 Inc. c. a. 1253 m [Ink V-132]; [http://daten.digitale-sammlungen.de/bsb00044396/image_742], 369ᵛ (Ausschnitt).

Von Umfang (369 Bll.), Inhalt und Anspruch sowohl an den Produzenten wie den Rezipienten haben wir hier ein Werk von ganz anderem Kaliber vor uns als die Texte aus der *Cato*-Gruppe (vgl. Kap. 3), dieses Opus magnum ist viel eher mit den großen franziskanisch motivierten Kompendien zu vergleichen, die im 1. Kapitel beschrieben wurden. Die Heidelberger Vergil-Ausgabe von 1495 ist in 6 Exemplaren überliefert, das Münchner Exemplar ist voll von handschriftlichen Anmerkungen eines Lesers (*Magister Georgius Sch*....[?]), der diesen Klassiker der lateinischen Literatur offensichtlich (laut handschriftlicher Anmerkung 1504) nicht nur eifrig gelesen, sondern durchgearbeitet und diese Arbeit am Tag der Auffindung des heiligen Kreuzes (*in die inventionis sancte crucis*) beendet hat.

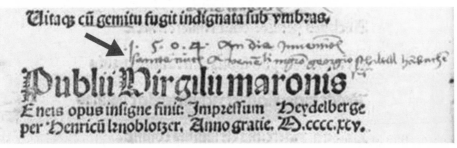

Abb. 63: BSB München, 4 Inc. c. a. 1253 m [Ink V-132]; [http://daten.digitale-sammlungen.de/bsb00044396/image_742], 369ᵛ (erweiterter Ausschnitt der vorherigen Abb., Hervorhebung durch Hinzufügen eines blauen Pfeils, C. R.).

Für solch einen Leser, der in einigen handschriftlichen Nachträgen zu Beginn des Codex, in denen er auch sporadisch ungelenke griechische Schrift benutzt,

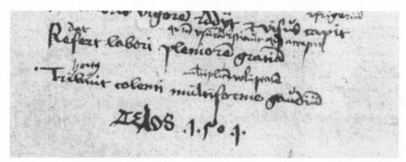

Abb. 64: BSB München, 4 Inc.c.a. 1253 m [Ink V-132]; [http://daten.digitale-sammlungen.de/bsb00044396/image_6], 1ᵛ (Ausschnitt).

um damit vermutlich seine humanistische Bildung unter Beweis zu stellen, ist diese Ausgabe gedacht gewesen, denn der Text ist durchwegs mit Leerzeilen durchschossen, die Platz für Interlinearglossen boten.

Abb. 65: BSB München, 4 Inc. c. a. 1253 m [Ink V-132]; [http://daten.digitale-sammlungen.de/bsb00044396/image_7], 2ʳ (Ausschnitt).

[Gw M13471: JOHANNES DE DEO CARTUSIANUS: *Nosce te ipsum*. Mit Beig. von JODOCUS GALLUS und GABRIEL BRUNUS (DdL)]: In diesem und dem folgend genannten Werk haben wir die jüngsten, dem ‚Drucker des Lindelbach‘ zugeordneten Inkunabeln vor uns (hier „6.VII.1489", knapp 100 Bll.). Das *Nosce te ipsum* des nicht näher zu identifizierenden Autors Johannes[90] passt auch inhaltlich zu den in Kapitel 1 besprochenen monastisch zentrierten Werken, hier wohl in der Tradition der *Collationes patrum* des Johannes Cassianus (4. Jh.), die im Rahmen der Devotio moderna ins Niederländische übersetzt wurden[91] und zudem dem Dominikaner Johannes Nider (ca. 1380–1438) zur Grundlage für sein in der Klosterreform des 15. Jh. s wichtiges Werk *Die 24 goldenen Harfen* diente. Stichwörter sind entsprechend die *diuini amoris scintilla* (‚Das Fünklein göttlicher Liebe' 3ʳ), die *reformatio in fide et sensatione* (‚Erneuerung von Glaube und Geist' 5ᵛ); *vita activa* und *contemplativa* werden in einem allegorischen Verfahren den Fischen beim neutestamentlichen Wunder der Fischvermehrung zur Speisung der Viertausend (Mt 15, 32 ff.) verglichen usw. Wenn das Publikum vom Autor apostrophiert wird, ist von *dilectissimi fratres* die Rede (6ᵛ), der Titel *Nosce te ipsum* wird mit der Absicht begründet, die Entscheidung über die Wahl des Standes *cuiuscumque mentis* (6ᵛ, kontemplativ oder aktiv) überaus klar darstellen zu wollen. Noch näher an Cassians *Collationes* (s. o.) rückt die Textzusammenstellung mit der Anfügung eines *Liber qui intitulatur Corona senum* (‚Versammlung der Alten' 54ᵛ). Der Ausgabe ist sowohl in der Editio princeps aus Venedig 1480 wie auch in der Heidelberger Inkunabel ein Bündel von Inprimatur-Urteilen von namhaften Theologen vorgeschaltet (ab 2ʳ), dessen letztes wiederum von einem Minoriten, Gabriel Brunus, stammt.[92] Dieses Werk, das im Kern also rein monastisch geprägt ist, wird nun in der Ausgabe von Knoblochtzer äußerlich humanistisch überformt, indem er eine Art Motto in Form eines nicht eben genialen Vierzeilers (*Tetrastichon iodoci galli rubiacensis*) in antikischem Versmaß dem eigentlichen Text (werbewirksam?) voranstellt:[93]

---

[90] Das Lexikon des Mittelalters kennt einen Johannes de Deo, 13. Jh., doch ist dieser Kanonist und kommt als Autor für das *Nosce te* nicht in Frage (N. Höhl: *Johannes de Deo*, in: *Lexikon des Mittelalters* 5 [1999], Sp. 569). Besser passt das Werk in das Spektrum von Jacobus Carthusiensis/Jakob von Paradies (1381–1465), vgl. den entsprechenden Artikel von D. Mertens in ²*VL* 4 (1983), Sp. 478–487, v. a. Sp. 482.

[91] Vgl. Klaus Klein: *Johannes Cassianus*, in ²*VL* 4 (1983), Sp. 567–570. Nähe zur Devotio moderna war ja auch in dem Werkrepertoire des 1. Kapitels zu beobachten.

[92] Diesem Beispiel früher ‚Zensur' verdankt der Titel einen ausführlichen Eintrag mit Abdruck zahlreicher Passagen bereits in: J. N. Weislinger: *Armamentarium catholicum perantiquae, rarissimae ac pretiosissimae bibliothecae, quae asservatur Argentorati* […], Straßburg 1749, S. 505–508.

[93] Nicht vorhanden in der einzigen weiteren Inkunabel, die der *Gw* verzeichnet, der editio princeps aus Venedig 1480.

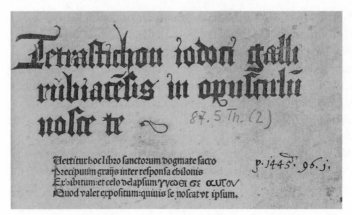

Abb. 66: HAB Wolfenbüttel, Ink. 87.5. theol. (2) [http://diglib.hab.de/inkunabeln/87-5-theol-2/start.htm?image=00001], 1ʳ (Ausschnitt).

Sein Autor ist Jodocus Gallus, seinerseits Franziskaner (vgl. Kap. 1), stammend aus Ruffach im Elsaß 1459, gestorben zu Speyer 1517. Er wird zusammen mit dem oben schon erwähnten Pallas Spangel (Ende 3. Kapitel) von GERHARD RITTER zum „Geschlecht jüngerer ‚scholastischer Humanisten' […], die ihre Kenntnis altrömischer Literatur […] an der Universität selber empfangen haben," gezählt.[94] Es scheint hierbei aber das ‚Nosce te ipsum' nur ein Reizwort gewesen zu sein, das die Möglichkeit bot, das ganze Werk mit einem von Knoblochtzer wohl extra in ungelenken griechischen Lettern zu schnitzenden γνωθι σε αυτον in Motto (s. o.) und Kolophon einzuspannen:

Abb. 67: HAB Wolfenbüttel, Ink. 87.5. theol. (2) [http://diglib.hab.de/inkunabeln/87-5-theol-2/start.htm?image=00198], 99ᵛ (Ausschnitt, Hervorhebung durch Hinzufügen eines blauen Pfeils, C. R.).

---

[94] GERHARD RITTER: *Die Heidelberger Universität im Mittelalter (1386–1508). Ein Stück deutscher Geschichte*, Heidelberg 1936/ND ebd. 1986, S. 463. Näheres dazu auch im Artikel von BIUNDO, GEORG, in: *Neue Deutsche Biographie* 6 (1964), S. 55, Online-Version: [https://www.deutsche-biographie.de/pnd102501726.html#ndbcontent]

Das nimmt unmissverständlich auf den bekannten Spruch des Orakels von Delphi Bezug, erweitert den Adressatenkreis (im Werk selbst war ja von *dilectissimi fratres* die Rede) unversehens über die Ordensschranken zum *studiosissime lector* im Allgemeinen.[95] Allerdings muss dieser Leser doch einer den *contemptus mundi* stützenden theologisch-mystischen Betrachtung (*maxime deuotionis vtilitatisque opusculum*, vgl. Abb. 67, Z. 1/2) zugänglich sein. Es entbehrt nicht ganz einer gewissen Ironie, dass dieses Werk, während es mit griechischen Buchstaben antikisiert wird, bei seinem Transfer aus Venedig an den Neckar zugleich aus der lateinischen Antiqua in die deutsche gotische Schrift umgesetzt wird. Aus dem Lokalkolorit wird kein Hehl gemacht, indem dem Leser ein *Optime vale Ex Heidelberga* (Z. 12) geradezu zugerufen wird. In diesem Kontext wird er (auch wieder nach Art der Grammatiken aus der DdL-Gruppe), noch zum häufigen Gebrauch (*cottidiana lectio*) ermahnt, denn der Kauf allein nütze nur dem Drucker: *Fac igitur, persuade tibi non modo vt eum emas, quod impressori pergratum est, sed et tibi velut enchiridion* [wörtl. ‚das zur Hand Seiende‘] *et cottidiana lectione frequentandum vsurpes.*

Das Heidelberger Netzwerk dieser Tage um Kurfürst Philipp (1448–1508), seinen Kanzler und Bischof von Worms, Johannes von Dalberg (1455–1503), seinen Hofastrologen, Mathematiker und Mediziner Johannes Virdung (1463– um 1538, s. u. Kap. 9.A), den Theologen, Juristen und Prinzenerzieher Adam Wernher von Themar (1462–1537), Jodocus Gallus (1459–1517) und Jakob Köbel (um 1462–1533)[96] zur produktivsten Zeit der Knoblochtzerschen Drucktätigkeit in Heidelberg,[97] gewinnt an Kontur durch den Umstand, dass das einzige deutsche Werk des Jodocus Gallus, sein *Ewangelisch Abc* eben jener Jakob Köbel später in seiner eigenen Druckerei in Oppenheim 1517 herausgegeben hat,[98] der zuvor als Verleger und Autor einige Drucke in Knoblochtzers Offizin initiiert hatte (s. u. in diesem Kapitel u. ö.).[99] Über Adam Wernher von Themar, von dem bekannt ist, dass er viele Mariengedichte verfasst hat,[100] und diesen Jodocus Gallus ergibt sich nun wiederum eine Verbindung zur

---

[95] Vgl. die Anrede an den *ingeniosissime adolescens, studiosissime adolescens* u. ä. in einigen DdL-Inkunabeln in Kap. 3, Gw M13696: Johannes de Garlandia, Gw 8126: Augustinus Datus u. ö.

[96] Bis auf Virdung alle Mitglieder der *Sodalitas litteraria Rhenana*, ebenso wie Gallus' Lehrer Wimpfeling und auch Trithemius, Reuchlin, Peutinger u. a. m., vgl. auch oben zum Vergil-Druck.

[97] Und auch etwas später. ‚Produktivste‘ Zeit 1489/90, hinsichtlich der Zahl der Werke, nicht hinsichtlich der gesetzten Blätter, s. Abschnitt B: ‚Statistik‘.

[98] Vgl. ERICH KLEINSCHMIDT: *Gallus, Jodocus*, in: *VL Deutscher Humanismus 1480–1520*, Bd. 1 (2006), Sp. 862–870.

[99] „Bei […] zahlreichen […] Drucken bedarf die Frage nach der Verfasserschaft Köbels noch der Absicherung", so G. KEIL im ²VL-Artikel, Band 4 (1983): *Köbel, Jakob*, Sp. 1276–1278, hier 1277.

[100] HARTFELDER, KARL: *Werner von Themar, Adam*, in: *Allgemeine Deutsche Biographie (ADB)* 42 (1897), S. 39–41, Online-Version: [https://www.deutsche-biographie.de/pnd122162358.html#adbcontent]

Marienfrömmigkeit (s. u. Kap. 8), da auch Letzterer als Verfasser eines lateinischen Traktat-Dialogs zwischen Teufel und Maria in Erscheinung tritt.[101] So ist seine Vita (wie auch die des Rudolf Agricola, s. u.) ein Zeugnis für die Tatsache, dass sich humanistischer Impetus und tiefe Frömmigkeit innig miteinander verbinden konnten.[102] Ein Exemplar des Werkes findet sich in der UB (SCHLECHTER/RIES 1042).

[Gw M22814: *Mensa philosophica* (DdL)]: Eine weitere, hier unterdrückte Angabe des *Gw*: „Hrsg. Jakob Köbel und Johannes Wacker" gibt die Sachlage wohl nicht zutreffend wieder und wurde in den bibliographischen Angaben zum Münchner Exemplar schon korrigiert. An den ‚ihm engstens verbundenen Heidelberger Bruder und Freund' (*coniunctissimo sibi fratri et amico*, s. Abb. 69) Jakob Köbel ist vielmehr das vorangestellte Anschreiben des Jodocus Gallus in der Heidelberger, 50 Bll. umfassenden Ausgabe dieser „Stoff- und Exempla-Sammlung, die […] über Inhalt und Art von Tischgesprächen belehren will", gerichtet.[103]

Abb. 68: BSB München, 4 Inc. c. a. 667 [Ink M-330]; [http://daten.digitale-sammlungen.de/bsb00039888/image_5], 1ʳ (Ausschnitt, Hervorhebung durch Hinzufügen eines blauen Pfeils, C. R.).

---

[101] ERICH KLEINSCHMIDT: *Gallus, Jodocus*, in: *VL Deutscher Humanismus 1480–1520*, Bd. 1 (2006), Sp. 867.

[102] Ähnliches ist zu beobachten bei Sigsimund Gossembrot (1417–1493), der, Humanist und Bürgermeister in Augsburg, sich im Alter in ein wiederum von der ‚Devotio moderna' inspiriertes geistliches Stift nach Straßburg zurückzog.

[103] W. J. WORSTBROCK: *Mensa philosophica*, in: ²*VL* 6 (1987), Sp. 395–398; man beachte auch die interessante Wirkungsgeschichte u. a. auf den *Ulenspiegel* und auf Fischart (Sp. 397).

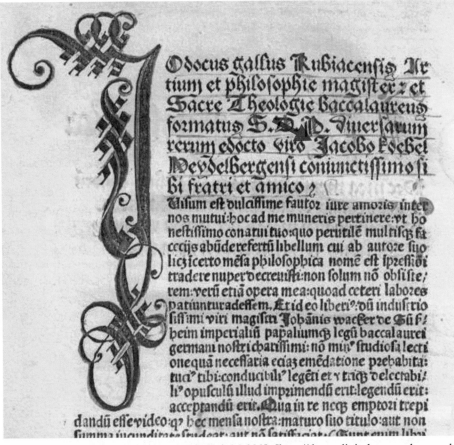

Abb. 69: BSB München, 4 Inc. c. a. 667 [Ink M-330]; [http://daten.digitale-sammlungen.de/bsb00039888/image_6], 1ᵛ (Ausschnitt, Hervorhebung durch Hinzufügen eines blauen Pfeils, C. R.).

Der Absender der ‚Grußadresse‘ ist derselbe Jodocus Gallus, der 1489 bei dem zuletzt genannten Titel, dem *Nosce te ipsum* [Gw M13471], mitgewirkt hatte und für die *Mensa philosophica* bisweilen als Herausgeber genannt wird. Es dürfte sich also wiederum nicht um ein ‚Gewächs‘ des Heidelberger Humanistenkreises handeln, sondern dort nur auf sehr wohlwollenden Zuspruch gestoßen sein. *Gw* datiert das Werk „1489" (vgl. auch Abb. 71 Kolophon), im Münchner Exemplar ist nach dem Explicit des Werkes, das um Nachsicht mit evtl. gemachten Fehlern oder ungebührlichen Scherzen bittet (*Parcite queso mihi ...*), handschriftlich vom Rubrikator das Jahr *1491* (als Nachweis der Beendigung seiner Arbeit?) eingetragen:

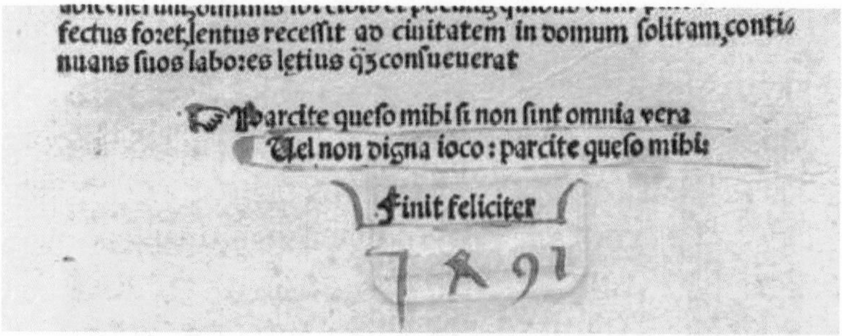
fectus foret, lentus recessit ad ciuitatem in domum solitam, conti-
nuans suos labores letius q̄ʒ consueuerat

Parcite queso mihi si non sint omnia vera
Vel non digna ioco: parcite queso mihi

Finit feliciter

Abb. 70: BSB München, 4 Inc. c. a. 667 [Ink M-330]; [http://daten.digitale-sammlungen.de/bsb00039888/image_103], 50r (Ausschnitt).

Während sich das erste Buch mit den Speisen selbst, das zweite mit dem ,Wesen und den Sitten derer, die sich mit uns am Tisch versammeln' (*de natura et moribus eorum cum quibus in mensa sumus*, 2v Register), das dritte mit den ,Tischgesprächen' (*de quaestionibus mensalibus*, ebd.) beschäftigt, sammelt das umfangreichste vierte Buch ehrbare Scherzreden und tröstende Unterhaltungen (Schwänke und Faszetien), mit denen ,wir uns das Mahl angenehm gestalten können' (*de honestis iocis et solacijs quibus in mensa iocundamur*, 4r Register und der Kolophon, 48v):

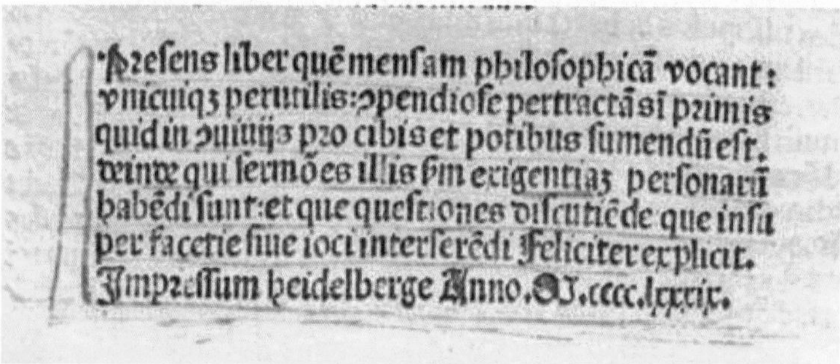
Presens liber quē mensam philosophicā vocant:
vnicuiqʒ perutilis: compendiose pertractās si primis
quid in conuiuijs pro cibis et potibus sumendū est.
deinde qui sermōes illis s̄m exigentiaʒ personarū
habēdi sunt: et que questiones discutiēde que insu
per facetie siue ioci interserēdi Feliciter explicit.
Impressum heidelberge Anno. M.cccc.lxxxix.

Abb. 71: BSB München, 4 Inc. c. a. 667 [Ink M-330]; [http://daten.digitale-sammlungen.de/bsb00039888/image_100], 48v (Ausschnitt).

Von den drei längeren Schwänken, die Gallus beigegeben habe,[104] und die oft Anstoß erregt haben und in einigen Exemplaren deshalb entfernt worden sind, wird der letzte wohl zur Steigerung der Komik (*apta ioco* „Scherzen zugetan", vgl. Titelblock, Abb. 68) dem deutsch benannten „langnasigen Pedell" zugeschrieben:[105]

[104] W. J. Worstbrock: *Mensa philosophica*, in: ^{2}*VL* 6 (1987), Sp. 395–398, Sp. 397.

[105] Zur Rolle des Pedells bei Drucken, die in der Universität hergestellt werden, vgl. Konrad Haebler: *Schriftguss und Schrifthandel* 1924, zitiert bei Wolfgang Schmitz: *Grundriss der Inkunabelkunde. Das gedruckte Buch im Zeitalter des Medienwechsels*, Stuttgart 2018, S. 12 mit Anm. 47.

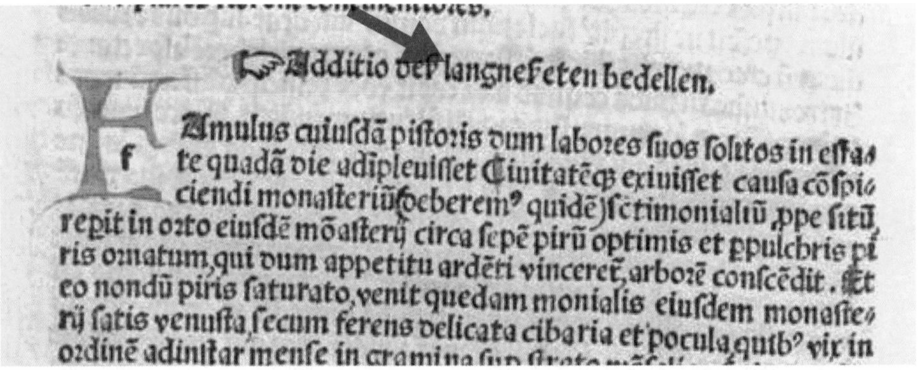
Additio der langnefeten bedellen.
Famulus cuiusdā pistoris dum labores suos solitos in estate quadā die adipleuisset Ciuitatēq; exiuisset causa cōspiciendi monasteriū (d)eberem' quidē sctimonialiū ppe situ repit in orto eiusdē mōasterij circa sepē pirū optimis et pulchris piris ornatum, qui dum appetitu ardēti vinceret, arborē conscēdit. Et eo nondū piris saturato, venit quedam monialis eiusdem monasterij satis venusta, secum ferens delicata cibaria et pocula quib' vir in ordinē adinitar mense in gramina

Abb. 72: BSB München, 4 Inc.c.a. 667 [Ink M-330]; [http://daten.digitale-sammlungen.de/bsb00039888/image_102], 49v (Ausschnitt, Hervorhebung durch Hinzufügen eines blauen Pfeils, C. R.).

Der drittletzte Schwank wird als Beigabe des Korrekturlesers (*Additio correctoris* 49r), der vorletzte gar als Zutat des Druckers (*Additio impressoris*, 49v) deklariert. Der Text, von dem knapp zehn Inkunabelausgaben publiziert wurden (die meisten davon, so auch die Erstausgabe, in Köln, sonst auch Löwen und 1512 dann Paris), dürfte einen nicht unerheblichen Teil seiner Wirkung daraus beziehen, dass er in seiner Diktion nebenher sowohl die klösterliche Tischlesung als auch die gelehrte universitäre Quästion (*quaestiones* werden die Abschnitte häufig ausdrücklich genannt) parodiert. Zu einem Text im Spannungsfeld zwischen Universität, humanistisch ambitioniertem Kurfürsten und Kloster passt zuletzt auch der Umstand, dass für die Entstehungsgeschichte der Minorit Johannes von Düren ins Spiel gebracht wird (*²VL* 6, Sp. 395) und eine der Kölner Ausgaben *Apud praedicatores* erschien [vgl. *Gw* zu M22813]. Vom Heidelberger Druck sind 40 Exemplare an öffentlichen Einrichtungen erhalten, drei allein auch in Heidelberg selbst, zwei in der UB, eines im Stadtarchiv (SCHLECHTER/RIES 1266–1268).

[GW M16371 KÖBEL, JAKOB: *Tischzucht*]: Während Jakob Köbel als *diversarum rerum edoctus vir* (‚in verschiedenen Künsten hochgelehrter Mann' vgl. den Widmungsbrief der *Mensa philosophica*) Adressat der in lateinischer Prosa abgefassten, von humanistischem Interesse an antiken Textsammlungen eingefärbten Tischlehre war, tritt er *XCij* (also [14]92) nun selbst als Autor und Herausgeber (er selbst nennt sich *diß buchs ein angeber*, s. u. Abb. 75) auf. Es handelt sich um eine volkssprachige *Tischzucht*, eine Art *Mensa philosophica* für Laien zur Unterrichtung ihrer Kinder. Das in Reimpaaren abgefasste Buch stellt sich dem Leser/Hörer selbst vor:

TIschtzucht/ also bin ich genant
In allen landen wol erkant.
Wer mich mit zůchten üben thůt
Der wirt vor schanden wol behůt.

Abb. 73: BSB München, 4 Inc. c. a. 914 m [Ink K-38]; [http://daten.digitale-sammlungen.de/
bsb00029631/image_4], 1ʳ (Ausschnitt).

Ob wohl mit dem direkt angesprochenen Adressaten der Prosa-Vorrede (der Autor
habe sich entschlossen, *zůsammen zereymen dir diß buchlein*, 1ᵛ) Pfalzgraf Philipp
d. A. selbst gemeint ist, der in der Schlussrede indirekt angesprochen ist (s. u. Abb. 75)?
Immerhin ist nach dieser Vorrede ein nicht weiter ausgestaltetes ritterliches Wappen
eingedruckt[106]:

---

[106] SCHRAMM: *Bilderschmuck 19*, Tafel 80, Abb. 575.

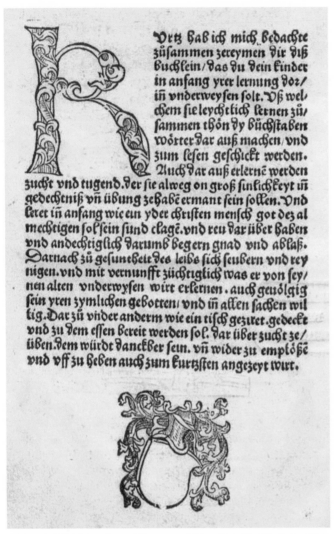

Abb. 74: BSB München, 4 Inc. c. a. 914 m [Ink K-38]; [http://daten.digitale-sammlungen.de/bsb00029631/image_5], 1ᵛ (Ausschnitt).

Aus demselben, schon öfter angesprochenen Typenrepertoire wie hier das *K*, erscheinen auf Bl. 2ʳ und 2ᵛ noch die Initialen *G* und *I*.[107] Die Unterweisung in den richtigen Tischmanieren sind eher nur Vorwand, *seine kinder mit grossem ernst vnd fleyß zucht vnd tugend zu leren* (2ʳ). Nebenbei könnten die Zöglinge (*zucht/* ,Erziehung' gehört zu den häufigsten Lexemen des Textes) noch *leychtlich lernen zůsammen thôn dy bůchstaben, wôrter dar auß machen vnd zum lesen geschickt werden*. Diese

---

[107] Das *K* passt vom Typus her zu dem Zainerschen Alphabet, ist aber in AMELUNG: *FDSW*, S. 67 nicht nachgewiesen.

Mischung von Erstlese-/Erstschreibunterricht mit ethischer Unterweisung erinnert auch wieder an den *Cato*-Werkkomplex (s. o. Kap. 3). Der Text ist von A. SCHIROKAUER und TH. P. THORNTON 1957 dankenswerterweise ediert worden,[108] die Einreihung unter „Grobianische Tischzuchten", die die Materie persiflieren oder zumindest ironisch brechen, dürfte allerdings, wie man schon gesehen hat, nicht zutreffen. Immer wieder wird innerhalb des Textes neben Benimmregeln, die an der Oberfläche wirken, auch eine tiefergehende Moral vermittelt (hier V. 163–166):

Fleuch böß geselschafft, ere die weisen,
Gib almusen, wiltu mit eren greisen („würdig alt werden').
Du solt alczeit frům leut eren,
Als dich die meister leren.

Der Heidelberger Jakob Köbel (1462–1533), der solange er noch in seiner Heimatstadt wirkte, wo sein Haus „Sammelpunkt der Heidelberger, Wormser und Speyrer Humanistenkreise" war,[109] nimmt intensiv die Dienste von Knoblochtzers Druckwerkstatt in Anspruch, bevor er später, ab 1499 in Oppenheim eine eigene Offizin betreibt. 1494 wird sogar in einem Knoblochtzer-Druck schon die Druckermarke verwendet, die Köbel später in Oppenheim gebrauchte (s. u. Kap. 8: *Fußpfad zur ewigen Seligkeit*). Bei seiner *Tischzucht* tut er alles dafür, dass das Büchlein nicht moralinsauer daherkommt. Diesen ,augenzwinkernden' Vortrag der Belehrung unterstreicht der Kolophon durch das schon bekannte Versteckspiel mit dem Namen des Autors incl. Lösungsanweisung[110] wie auch das (wohl fingierte) Datum der Ausgabe zu diesem ,närrischen' Termin (*Vff aller mann fastnacht volendet gering/ Morgens vor fantasei, ee man butzen ging*).[111]

Die mittels der Datierung *In zeiten, als Philps regirt, der tugenthaft*[112] hergestellte Nähe zum Fürstenhaus will wohl die Affinität des Autors zum Heidelberger Humanistenzirkel, zu dem sich auch Philipp der Aufrichtige zugehörig fühlte, unterstreichen.[113]

---

[108] A. SCHIROKAUER/TH. P. THORNTON: *Grobianische Tischzuchten (Texte des späten Mittelalters 5)*, Berlin 1957, Köbels *Tischzucht* darin S. 24–32. Manche der Texte seien „zumindest grobianisch angehaucht" relativiert THORNTON in der Einleitung, S. 7. Überblick über die Gattung gibt DIETER HARMENING: *Tischzuchten*, in: ²VL 9 (1995), Sp. 941–947, zu Köbels Bearbeitung Sp. 945.

[109] GRIMM, HEINRICH: *Köbel, Jakob*, in: *Neue Deutsche Biographie* 12 (1979), S. 289–290, Online-Version: [https://www.deutsche-biographie.de/pnd118724142.html#ndbcontent].

[110] Vgl. oben Kap. 3. [Gw 11219: *Grammatica. Regulae congruitatum*].

[111] Daraus hat man den 3. Februar 1492 errechnet.

[112] Vgl. den Kolophon zu Johannes de Lambsheim: *Speculum officii missae expositorium*, Kapitel 2.

[113] Vgl. dazu M. FOLKERTS/G. KEIL: *Köbel, Jakob* in: ²VL 4 (1983), Sp. 1276–1278, hier v. a. 1276 und (auch zum Oppenheimer humanistischen Netzwerk um Köbel): GRIMM, HEIN-

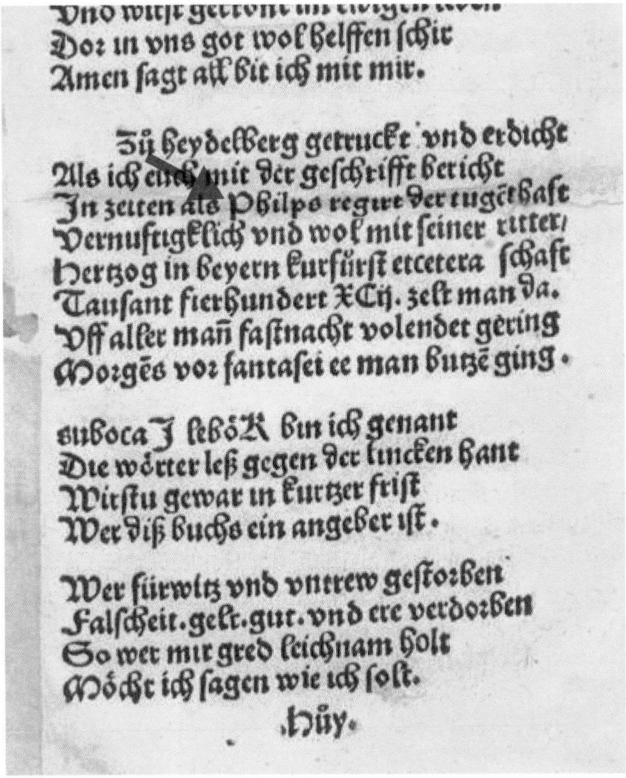

Vnd wirst gecrönt mit ewigem leben
Dor in vns got wol helffen schir
Amen sagt all bit ich mit mir.

Zü heydelberg getruckt vnd erdicht
Als ich euch mit der geschrifft bericht
In zeiten als Philps regirt der tugethaft
Vernufticklich vnd wol mit seiner ritter/
hertzog in beyern kurfürst etcetera schaft
Tausant fierhundert XCij. zelt man da.
Off aller man fastnacht volendet gering
Morges vor fantasei ee man buße ging.

suboca J lebök bin ich genant
Die wörter leß gegen der lincken hant
Wirstu gewar in kurtzer frist
Wer diß buchs ein angeber ist.

Wer fürwitz vnd vntrew gestorben
Falscheit.gelt.gut.vnd ere verdorben
So wer mir gred leichnam holt
Möcht ich sagen wie ich solt.
.hüy.

Abb. 75: BSB München, 4 Inc. c. a. 914 m [Ink K-38]; [http://daten.digitale-sammlungen.de/bsb00029631/image_14], 6ʳ (Ausschnitt, Hervorhebung durch Hinzufügen eines blauen Pfeils, C. R.).

Denkbar erscheint auch, dass diese Inkunabel mit der Rolle des (im Bezug auf Köbel) etwa gleichaltrigen Adam Wernher von Themar als Prinzenerzieher der Söhne Philipps des Aufrichtigen, vor allem des späteren Ludwig V. (geb. 1478), zu tun hat. Der Druck der *Tischzucht* und die damit anvisierte weitere Verbreitung mag genau den Punkt markieren, als Hofkunst in „bürgerlich-städtische Rezeption" gerät.[114] Nur drei Exemplare dieser schmalen Inkunabel von 6 Bll. sind in öffentlichen Bibliotheken erhalten.

Ganz anders verhält es sich beim folgenden Werk, [Gw M31621 PETRARCA, FRANCESCO: *De remediis utriusque fortunae*], von dem mindestens 71 Exemplare nachweisbar sind.

RICH: *Köbel, Jakob*, in: Neue Deutsche Biographie 12 (1979), S. 289–290, Online-Version: [https://www.deutsche-biographie.de/pnd118724142.html#ndbcontent].

[114] PETER ASSION: Siebentes Kapitel. Fachliteratur, in: INGEBORG GLIER: *Die deutsche Literatur im späten Mittelalter. 1250–1370, Zweiter Teil: Reimpaargedichte, Drama, Prosa* (Gesch. d. dt. Lit. von den Anfängen bis zur Gegenwart III/2), S. 371–395, hier S. 381.

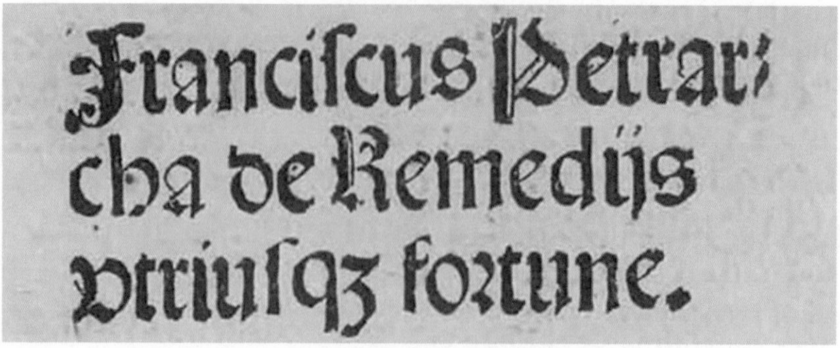
Franciscus Petrar-
cha de Remedijs
vtriusq; fortune.

Abb. 76: HAB Wolfenbüttel, 82. 19. quodl. 1 [http://diglib.hab.de/inkunabeln/82-19-quod-1/start.htm?image=00001], 1^{r} (Aussschnitt).

Es kommt wiederum nicht ausschließlich humanistischem Interesse entgegen. Da schon eine klösterliche, explizit franziskanische Rezeption gerade dieses Werkes festzustellen ist,[115] ergibt sich auch hier eine Affinität zu den Texten des 1. Kapitels. Für die Platzierung im Humanismus-Abschnitt innerhalb der Heidelberger Geistesgeschichte spricht aber der Umstand, dass Petrarca „auf niemanden […] eine ähnliche Anziehung ausgeübt haben [dürfte] wie auf Rudolf Agricola".[116] Eine weitere Heidelberger Tradition ergibt sich für dieses Werk aus dem Umstand, dass „Adam Werner (von Themar) [1462–1537], Erzieher der Söhne Pfalzgraf Philipps […]", der „zum Übersetzerkreis des Heidelberger Humanismus" zu zählen ist, Teile daraus übersetzt hat.[117] Diese wurden aber nicht schon von Knoblochtzer in Heidelberg, sondern erst von Jakob Köbel in Oppenheim 1516 zum Druck gebracht. Knoblochtzers *Remedia*-Druck wird von *Gw* „nicht nach 1490" datiert und umfasst 130 Bll. Das Werk wurde vor 1500 nicht allzu oft gedruckt (lokalisierte Ausgaben nur aus Cremona und Straßburg), ist aber später durch die äußerst kunstvollen Illustrationen des ‚Petrarca-Meisters' zu einiger Berühmtheit gelangt.[118] In der Heidelberger Ausgabe erscheint es noch erstaunlich schmucklos:

[115] F. J. Worstbrock: *Petrarca, Francesco*, in: ^{2}*VL* 7 (1989), Sp. 471–490, hier 480 f.

[116] Ebd. Sp. 482. Vgl. auch Agricolas Übersetzung von Ps.-Isocrates: *Praecepta ad Demonicum*, die auch bei Knoblochtzer herauskam, s. o. Kapitel 3.

[117] F. J. Worstbrock: *Petrarca, Francesco*, in: ^{2}*VL* 7 (1989), Sp. 471–490, hier Sp. 484 f.

[118] Faksimiles der Holzschnitte bietet Walther Scheidig: *Die Holzschnitte des Petrarca-Meisters. Zu Petrarcas Werk ‚Von der Artzney bayder Glück des guten und widerwärtigen' (Augsburg 1532)*, Berlin 1955.

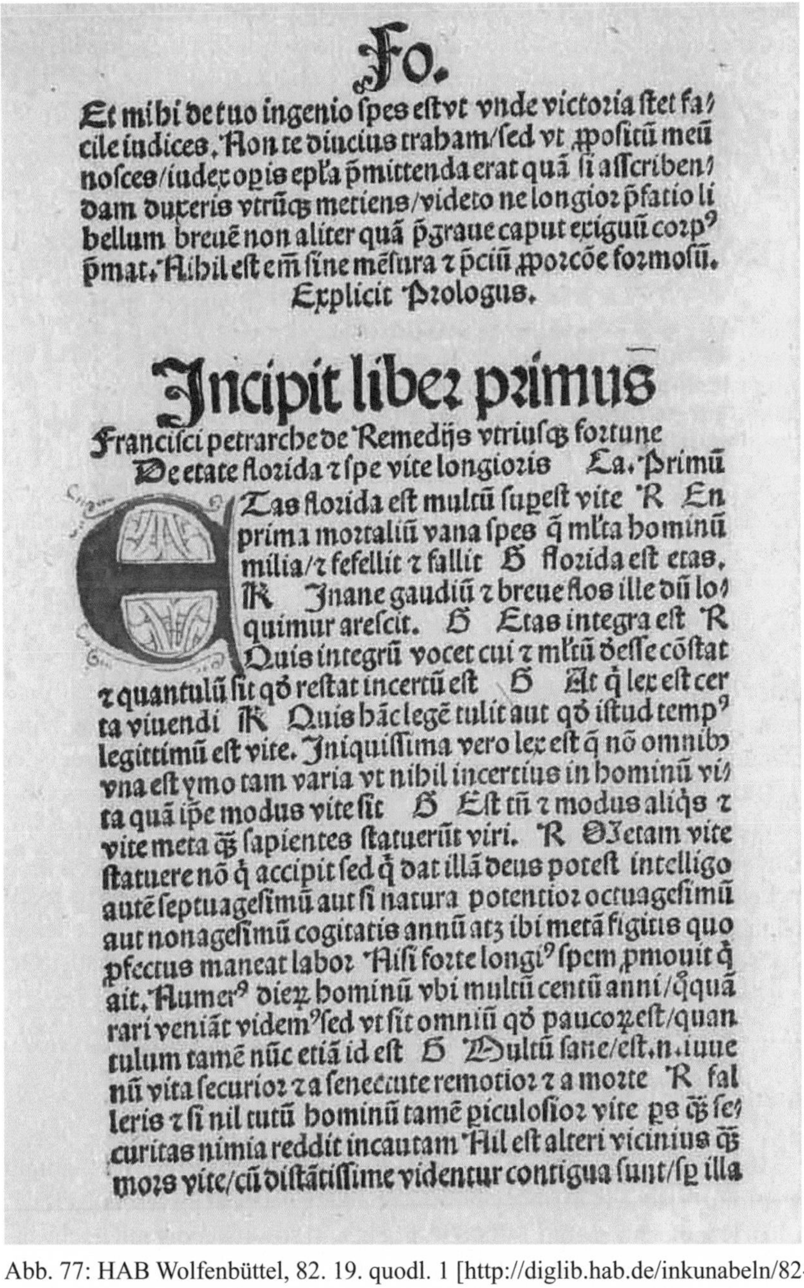

Fo.

Et mihi de tuo ingenio spes est vt vnde victoria stet facile iudices. Non te diucius traham/sed vt ꝓpositū meū
noscas/iudex opis ep̄la p̄mittenda erat quā si asscriben-
dam duxeris vtrūq; metiens/video ne longior p̄fatio li
bellum breuē non aliter quā p̄graue caput exiguū corp⁹
p̄mat. Nihil est enim sine mēsura ⁊ p̄ciū ꝓporcōe formosū.
Explicit Prologus.

Incipit liber primus
Francisci petrarche de Remedijs vtriusq; fortune
De etate florida ⁊ spe vite longioris Ca. Primū

Etas florida est multū super est vite R En
prima mortaliū vana spes q̄ mlta hominū
milia/⁊ fefellit ⁊ fallit G florida est etas.
R Inane gaudiū ⁊ breue flos ille dū lo-
quimur arescit. G Etas integra est R
Quis integrū vocet cui ⁊ mltū deesse cōstat
⁊ quantulū sit qđ restat incertū est G At q̄ lex est cer
ta viuendi R Quis hāc legē tulit aut qđ istud temp⁹
legittimū est vite. Iniquissima vero lex est q̄ nō omnib⁹
vna est ymo tam varia vt nihil incertius in hominū vita quā ipe modus vite sit G Est tñ ⁊ modus aliq̄s ⁊
vite meta q̄s sapientes statuerūt viri. R Metam vite
statuere nō q̄ accipit sed q̄ dat illā deus potest intelligo
autē septuagesimū aut si natura potentior octuagesimū
aut nonagesimū cogitatis annū atq; ibi metā figitis quo
ꝑfectus maneat labor Nisi forte longi⁹ spem ꝓmouit q̄
ait. Numer⁹ dier hominū vbi multū centū anni/q̄qua
rari veniāt videm⁹ sed vt sit omniū qđ paucorū est/quan
tulum tamē nūc etiā id est G Multū sane/est.n.iuue
nū vita securior ⁊ a senectute remotior ⁊ a morte R fal
leris ⁊ si nil tutū hominū tamē piculosior vite ps q̄s se-
curitas nimia reddit incautam Nil est alteri vicinius q̄s
mors vite/cū distātissime videntur contigua sunt/sp illa

Abb. 77: HAB Wolfenbüttel, 82. 19. quodl. 1 [http://diglib.hab.de/inkunabeln/82-19-quod-1/start.htm?image=00018], 8ᵛ (4ᵛ der nummerierten Blätter, Ausschnitt).

Und auf Bl. 130ʳ endet es in einem schlichten *Laus deo* (‚Gott sei Dank‘), ein Kolophon fehlt. Eines der zahlreich in öffentlichen Bibliotheken erhaltenen Textzeugen besitzt die UB in Heidelberg (SCHLECHTER/RIES 1439).

Die Frage nach dem Umgang mit Glück und Unglück, die hier mit Berücksichtigung aller nur erdenklichen Lebensumstände (körperlich, geistig, seelisch, materiell, moralisch) nach Art einer Enzyklopädie philosophisch betrachtet wird, ist unter eher lebenspraktischen Aspekten auch Thema der Prognostiken, wie der des Johannes Lichtenberger (s. u. Kapitel 9.A; Gw M18242):

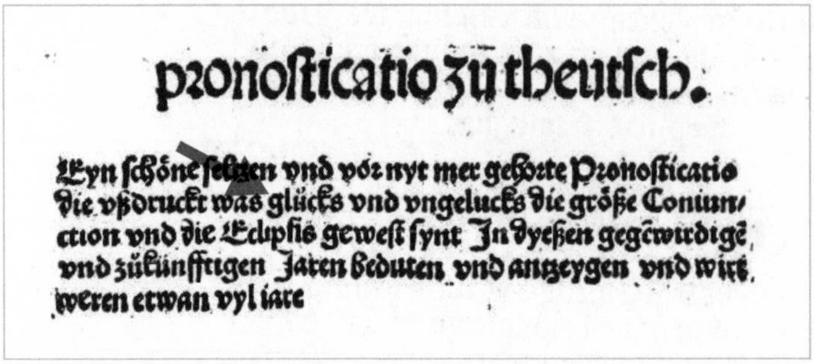
pronosticatio zu theutsch.

Eyn schöne seltzen vnd vor nyt mer gehörte Pronosticatio
die vßdruckt was glücks vnd vngelucks die grösse Coniun-
ction vnd die Eclipsis gewest synt In dyesen gegenwirdigē
vnd zukünfftigen Jaren beduten vnd anzeygen vnd wirt
weren etwan vyl iare

Abb. 78: BSB, München, 2 Inc. s. a. 790 [Ink L-168]; [http://daten.digitale-sammlungen.de/bsb00008265/image_5], 1r (Ausschnitt, Hervorhebung durch Hinzufügen eines blauen Pfeils, C. R.).

[Gw M31605: Petrarca, Francesco: *Psalmi poenitentiales*] wird im *Gw* als Druck Knoblochtzers noch evtl. in Betracht gezogen (mit Fragezeichen versehen), der *Incunabula Short Title Catalogue* (*ISTC*) ordnet den Wiegendruck aber „Paris: Pierre Poulhac, about 1500" zu. Thematisch würde das Werk in Knoblochtzers Programm nicht nur unter dem Aspekt der humanistisch inspirierten Schriften, sondern auch der Beichtlehren (Kap. 7) passen, aber das Erscheinungsjahr macht Knoblochtzers Offizin als Entstehungsort unwahrscheinlich, bestenfalls wurde um diese Zeit noch mit seinem Typenmaterial in Heidelberg gedruckt.

Den Druck von Petrarcas *Epistola de Historia Griseldis* in der Übersetzung von Heinrich Steinhöwel, ansonsten eines der am häufigsten gedruckten Inkunabeltexte, den auch Knoblochtzer reich illustriert in Straßburg 1478 herausgebracht hatte (Gw M31581), wiederholt er in Heidelberg nicht.

6 Memento-mori-Thematik

[Gw M4725510 und M47257 *Totentanz*]: Ein *Totentanz*, (wir kennen die Gattung bereits in einer französischen Fassung von der Abbildung der Druckwerkstatt aus der Einleitung), den Knoblochtzer „um 1488/89" druckte, ist so aufwendig mit hochwertigen Illustrationen, dazu noch mit aus Ulm stammenden Zierinitialen geschmückt,[119] dass er zu den berühmtesten Inkunabeln des Druckers gezählt wird und als eine Fassung des *Mittelrheinischen Totentanzes* Eingang in die Literaturgeschichte fand.[120]

[119] Geldner: *Inkunabeldrucker* (1968), S. 266 f.

[120] Hellmut Rosenfeld: *Mittelrheinischer Totentanz*, in: ²*Vl* 6 (1987), Sp. 625–628.

Um die ‚Tanzsituation' erkennbar zu halten, seien hier mehrere kleine Abbildungen zusammengestellt:

Abb. 79a–f: BSB München, Im. mort. 1 [Ink T-398]; [http://daten.digitale-sammlungen.de/bsb 00001856/image_9, …/image_13, …/image_32, …/image_34, …/image_43 und …/image_44], Eröffnung: Totentanz mit Flöten und Posaunen (79a); Der Bischof (79b); Das junge Kind (79c); Der Spieler (79d); Der Schreiber (79e); Die Nonne (79f).

Den Genuss der artifiziellen Holzschnitte in voller Größe ermöglicht der Blick auf die leicht erreichbaren Heidelberger und Münchener Digitalisate dieses außerordentlich berühmten Artefakts, von dem MANFRED LEMMER 1991 im Inselverlag (*Insel-Bücherei 1092*) unter dem Titel *Der Heidelberger Totentanz von 1485*, in sehr kleinem Format auch schon eine wohlfeile moderne Druckausgabe besorgt hat. Zu sehen ist, dass keine Berufsgruppe ausgespart bleibt, kein Geschlecht, keine Altersgruppe, dass sich der Tod nicht um Moral oder Unmoral kümmert, und – dass dieser Totentanz vor dem Druckzeitalter entstanden sein muss, da ein Schreiber, nicht wie in der

Danse macabre aus Lyon ein Drucker, vom Tod geholt wird (Abb. 79e). Die Holzschnitte übernahm später offensichtlich Jacob Meydenbach in Mainz, denn dort
wurde das Werk um 1492 mit identischem Bildmaterial, allerdings in neuem Satz
und ohne die entsprechenden Initialen nochmals aufgelegt [Gw M47259].[121] Seltsam
ist, dass gerade diese überaus aufwendigen, ästhetisch anspruchsvollen Ausgaben in
Heidelberg und auch in Mainz ohne Kolophon geblieben sind. Wenn man „die Holzschnitte des *Totentanzes* […] dem gleichen Holzschneider zuschreiben [kann] wie
die des von Peter Drach gedruckten *Spiegels menschlicher Behaltnis*",[122] dann er-
gäbe sich (nach der Vergil-Ausgabe oben) ein weiterer Beleg für die Zusammenarbeit der Heidelberger und der Speyrer Offizinen.

[Gw 202: *Ackermann von Böhmen*]: Ebenfalls der Memento-mori-Thematik ist
der ursprünglich schon um 1400 entstandene *Ackermann von Böhmen* des Saazer
Juristen Johannes von Tepl zuzuordnen. Dieses Streitgespräch zwischen einem ver-
witweten Amtsschreiber und dem Tod, der vom Kläger wegen des Verlustes seiner
geliebten Ehefrau Margarete angeklagt wird, hatte Knoblochtzer schon 1477 in
Straßburg einmal auf 32 Bll. gedruckt (Gw 198, Abb. 80b). Dabei stand er, das zeigt
ein Vergleich der Titelholzschnitte, eindeutig unter dem Einfluss des Basler Drucks
von Flach 1474 (Gw 196, Abb. 80a).

Abb. 80a (links) und 80b (rechts): ThULB Jena, Bibliotheca Electoralis [Konvolut: Sign. 4
Jur. XXV,1] [https://collections.thulb.uni-jena.de/rsc/viewer/HisBest_derivate_00004671/BE_
1414_0159.tif], 1ʳ (80a) und GNM Nürnberg, Inc. 8° 90508 a [http://dlib.gnm.de/item/
4Inc90508a/9], 1ʳ (80b) (jeweils Ausschnitt).[123]

---

[121] So auch Lichtenbergers *Prognosticatio* (s. u. Kap. 9.A); GELDNER: *Inkunabeldrucker*
      (1968), S. 42.
[122] So W. L. SCHREIBER 1910, zit. bei GELDNER: *Inkunabeldrucker* (1968), S. 267.
[123] Bei diesen und allen im Folgenden aus dem Bestand der ThULB Jena und des GNM Nürn-
      berg verwendeten Abbildungen findet die CC-Lizenz CC BY-NC-SA 4.0 (https://creative

Während die Straßburger Ausgabe nur mit dem Druckjahr versehen worden war, weist eine weitere Ausgabe dieses Titels aus Heidelberg (Gw 202) dann auch einen Kolophon mit Knoblochtzers Namen auf: *Gedrůckt vnd volendet durch Heinrich knobloczer zů Heydelberg am dunerstag vor sant Margarethen tag in dem Lxxxx iar.* (das wäre, wenn man die Angabe für bare Münze nehmen darf, der 8. VII. 1490). Zur Verzierung des Textanfangs greift er nun aber nicht auf seine eigene Straßburger Ausgabe zurück, sondern lässt diesmal den Titelholzschnitt einer Ulmer Ausgabe von Lienhart Holl um 1483/84 (Gw 199, vgl. Abb. 214, in: AMELUNG: *FDSW*, S. 290) sehr detailgetreu, und nicht einmal seitenverkehrt, nachschneiden. Außerdem gelingt es ihm, den Papieraufwand (und damit die Investitionskosten) auf 20 Bll. zu reduzieren.

Abb. 81a (oben) und 81b (unten): BSB München, 4 Inc. c. a. 714 [Ink I-600]; [http://daten. digitale-sammlungen.de/bsb00045025/image_4], 1ᵛ (81a) und [http://daten.digitale-sammlungen. de/bsb00045025/image_41] 20ʳ (81b) (jeweils Ausschnitt).

Die Ausgabe dieses Textes trifft sich aber auch mit dem Interesse der pfalzgräflichen Familie: Philipp der Aufrichtige (1448–1508) hatte eine handschriftliche Fassung des *Ackermann* nämlich als Erbschaft von seiner 1479 verstorbenen Mutter Margaretha (von Savoyen), bekommen, die zuletzt selbst in dritter Ehe mit Ulrich V. von Württemberg verheiratet gewesen war und in Stuttgart die Schreibstube von Ludwig Henfflin mit der Herstellung mehrerer meist überaus reich illustrierter Handschriften, u. a. dem ‚Ackermann‘ (im Schnitt mehr als eine Miniatur pro Blatt), beauftragt hatte:[124]

Abb. 82: UB Heidelberg, Cpg 76 [https://digi.ub.uni-heidelberg.de/diglit/cpg76/0011], 2ʳ (Ausschnitt)

Das Druckdatum der Inkunabel *vor sant Margarethen tag* (s. o. Kolophon) ist sicher nicht zufällig gewählt, wenn nicht überhaupt fingiert.[125] Dadurch wird nämlich ein vielfaches Anspielungsgeflecht hergestellt: ‚Margarethe‘ ist sowohl der Name der Protagonistin des Textes (also der verstorbenen Frau des ‚Ackermanns‘), als auch der Auftraggeberin der Handschrift, Philipps des Aufrichtigen Mutter Margarethe von Savoyen (s. o.), wie auch dessen Frau: Margaretha von Bayern-Landshut (1456–1501).

---

[124] Zu dieser Werkstatt und ihrer Beziehung zu Margarete von Savoyen vgl. die Internet-Seite der UB Heidelberg: https://digi.ub.uni-heidelberg.de/de/bpd/glanzlichter/oberdeutsche/henfflin.html (23.9.2020)

[125] Eine genaue Datierung kennen wir sonst aus Knoblochtzers Drucken nur vom Guarinus: *De ordine docendi* […], s. o. Kap. 3.

7   Beichtlehren

Das Thema Beichte ergibt sich aus dem ‚Memento mori' wie von selbst. Es hat (natürlich nicht nur) im Heidelberg der 1480er Jahre eine enorme Rolle gespielt: Von Johann
von Soest (1448–1506, Sängermeister unter Kurfürst Friedrich I. [1449–76] und
Philipp dem Aufrichtigen [1476–1508]) nimmt man an, dass er 1483 eine Beichtlehre
in Reimen dem Kurfürsten Philipp gewidmet hat (Cpg 730, 51r–74v),[126] und auch das
Opus tripartitum des Johannes Gerson, das Knoblochtzer in der deutschen Übersetzung von Gabriel Biel „nicht nach 1488" im Druck herausgebracht hatte, bestand zu
einem wesentlichen Teil aus einer Beichtlehre (vgl. Kap. 1: […] *diß drigedeilt werck.
Von den tzehen geboden. Von der bijcht. Vnd von der künst zů sterben.* […]).

[Gw 3780: *Beichtbüchlein*]: Von den 16 Ausgaben im *Gw* unter diesem Titel sind
acht durch das gemeinsame Initium ‚Es sind viel Menschen' miteinander verbunden,
die anderen sind voneinander unabhängig, so auch die Heidelberger Edition von
„1494", die mit ihren 64 Bll. das umfangreichste unter den verzeichneten gedruckten
Büchlein (!) darstellt. Es ist wieder eines der wenigen Heidelberger Inkunabeln mit
ausführlichem Kolophon:

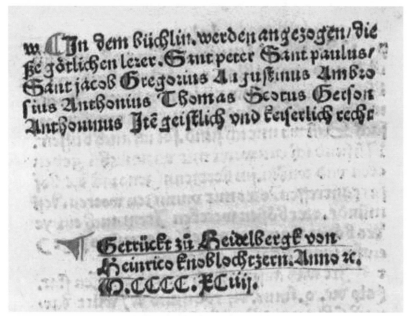

Abb. 83: BSB München, 4 Inc. c. a. 1123 [Ink B-262]; [http://daten.digitale-sammlungen.de/
bsb00034113/image_132], 64ᵛ (Ausschnitt).

---

[126] GESA BONATH: *Johann von Soest*, in: ²*VL* 4 (1983), Sp. 744–755, Zu *Dy gemeyn bicht* v. a.
Sp. 748 f.; dazu auch BACKES (1992), S. 163.

Das erste Blatt des schlichten Druckes, der bis auf Auszeichnungstypen in den Über-schriften ohne Verzierung auskommt, aber im Münchner Exemplar immerhin sorg-fältig rubriziert wurde, weist als Causa scribendi des Textes aus, dass er ‚einfachen, wenig gebildeten' Pfarrern als Hilfsmittel in der Seelsorge dienen sollte (*den schlechten pfarrern nit gar on not, die es auch alle jare jren vnderthonen verkünden solten*), und es zeigt durch die Beigabe eines Registers den Charakter als Findbuch:

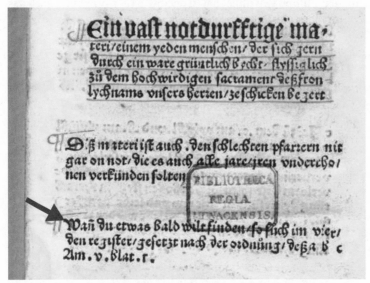

Abb. 84: BSB München, 4 Inc. c. a. 1123 [Ink B-262]; [http://daten.digitale-sammlungen.de/bsb00034113/image_5], 1ʳ (Ausschnitt, Hervorhebung durch Hinzufügen eines blauen Pfeils, C.R.).

Der als sehr unbedarft dargestellte Laienrezipient wird über die katechetischen Grundgebete an die Materie herangeführt (2ʳ): _Die wyl_[127] _der gemein ley in/ weltlichen sachen spitz-/ fündig_[128] _(luce xvj.) Aber in dingen die seel antref-/ fend_[129], _leider vast grob_[130] _dann gar lützel, recht verstan/ den das pater noster, Aue maria, den gloûbenn_[131] [und andere Texte, welche die Vorbereitung auf die Beichte erleichtern] _darumb volget hie nach Item züerst das pater noster_ […]. Neben der Erklärung der katechetischen Grundgebete, der Erztugenden und Sünden (incl. der üblichen, ausführlichen Aufzählung derselben) wird auch auf ein vertieftes Verständnis der Liturgie hingewirkt (4ᵛ): _Die wyl man ettliche ding teglichen thût in messz vnd vesper_

---

[127] ‚Weil'.
[128] ‚schlau'.
[129] ‚betreffend'.
[130] ‚sehr unwissend'.
[131] ‚so dass sie (selbst) das _Vater unser_, das _Gegrüßest seist du Maria_ und das _Glaubens-bekenntnis_ kaum richtig verstehen'.

etc. brûchen, ist billich (vmb grôsser andacht willen) das der ley auch verstande die meynûng der selben dinge. Immerhin zwei der erhaltenen 15 Exemplare, die in *Gw* verzeichnet sind, befinden sich in Heidelberg, eines in der Ub und eines im Stadtarchiv (SCHLECHTER/RIES 234, 235).

[Gw 13746 (vormals Gw n0448) *Hymni. Hymnarium*, deutsch u. lat.] „1494" 22 Bll.: Eines der merkwürdigsten Werke aus Knoblochtzers Presse segelt unter falscher Flagge, hat mit den üblichen Hymnaren (die neun lateinischen Inkunabelausgaben unter diesem Titel *Hymni. Hymnarium* in *Gw* weisen meist Notenmaterial auf) nichts gemein, ist auch die einzige deutsche Variante des Titels und beinhaltet eigentlich eine Beichtlehre, wie schon der Titel verrät:

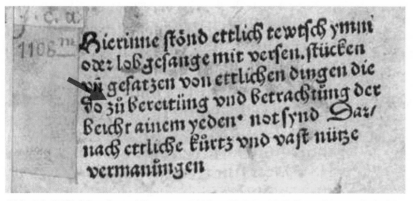

Abb. 85: BSB München, 4 Inc. c. a. 1108 m [Ink D-101] [http://daten.digitale-sammlungen. de/bsb00034235/image_5], Erstes Blatt recto vor den nummerierten Bll. (Ausschnitt, Hervorhebung durch Hinzufügen eines blauen Pfeils, C. R.).

Eine genaue Analyse des Inkunabeltextes, vor allem der enthaltenen *Ave-praeclara*-Kompilation aus der Fassung des Mönchs von Salzburg und einer anderen verbreiteten Übersetzung der alten Sequenz (ursprünglich Hermann von Reichenau 1013–1054), zuzüglich eigenen Zusätzen von einem Anonymus legte BURGHART WACHINGER vor.[132] Die drei von ihm gesichteten Exemplare weisen eine je verschiedene Anordnung der teils nicht bezeichneten Blätter auf. Die Beichtlehre wird durch poetische Texte untermauert, die allerdings teils in Prosa aufgelöst wurden, da nach altem Topos gereimte Texte schon lange unter dem Verdacht standen, Zugeständnisse an den Wahrheitsgehalt machen zu müssen (*oft würt der recht sine der wort zerstôrt, wann man es allenthalb vnderstet ze rewmen*):

---

[132] BURGHART WACHINGER: *Der Mönch von Salzburg. Zur Überlieferung geistlicher Lieder im späten Mittelalter*, Tübingen 1989, S. 145–158: *Anhang II: ‚Ave praeclara' in zwei Übertragungen.* Kurz dazu auch WALTHER LIPPHARDT: *Ave praeclara maris stella (deutsch),* in: *²VL* 1 (1978), Sp. 568–570.

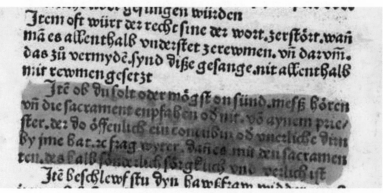

Abb. 86: Verso-Seite der vorherigen Abb.: [http://daten.digitale-sammlungen.de/bsb00034235/image_6] (Ausschnitt).

Es handelt sich also gleichsam um eine Mischung von Johanns von Soest gereimter Beichtlehre (Cpg 730) und dem allzu prosaischen Beichtbüchlein von 1494 (Gw 3780). Gemeinsam ist ihnen eine „Neigung zu Zahlensystematiken",[133] welche für die zu Quantifizierung tendierende Frömmigkeit des ausgehenden Mittelalters typisch ist,[134] die Texte aber nicht eben ‚schmackhaft' macht und das Protestpotential, das zur Reformation führte, ebenso stark gesteigert haben dürfte wie der unsittliche Lebenswandel der Priesterschaft. Diesen verschweigt auch die Textausgabe nicht, ein kritischer Leser aber hätte ihn wohl gerne verschwiegen gesehen (s. Abb. 86). Das Werk ist insgesamt (teils fragmentarisch) in 7 Exemplaren an öffentlichen Einrichtungen erhalten, eines davon befindet sich in der Ub Heidelberg (SCHLECHTER/RIES 964).

8   Sonstige Volksfrömmigkeit und Marienverehrung

[Gw: M38921: *Rosarium deutsch. Rosenkranz unserer lieben Frau*]: Unter diesem Titel kamen Inkunabeln im gesamten deutschen Sprachgebiet heraus: Zwei in Augsburg, eine in Basel, eine in Köln, eine (niederdeutsche) in Magdeburg, eine in Würzburg. Und Knoblochtzer selbst hatte den Text schon in zwei Auflagen in Straßburg gedruckt (Gw M38915 und M38918). Dort hatte er allerdings andere Holzschnitte verwendet als in der Heidelberger Ausgabe „1495" (18 Bll.):[135]

---

[133] BURGHART WACHINGER: *Der Mönch von Salzburg*, wie vorherige Fußnote, S. 156.
[134] Zum ganzen Komplex „Gezählte[r] Frömmigkeit" s. den gleichnamigen Abschnitt in ARNOLD ANGENENDT: *Geschichte der Religiosität im Mittelalter*, Darmstadt 1997, S. 581–584.
[135] Die Straßburger Ausgaben hatten mehr Holzschnitte aufzuweisen als der Heidelberger Druck: vgl. SCHRAMM: *Bilderschmuck 19*, Tafel 44, Nrr. 251 und 252, sowie Tafel 85, Nr. 616.

Abb. 87: ForschB Gotha, Mon.typ 1495 4° 00005 [https://dhb.thulb.uni-jena.de/rsc/viewer/ufb_derivate_00011756/Mon-typ-1495-4-00005_000005.tif], 1ʳ (Ausschnitt).

Das Blatt 1ᵛ bietet eine Inhaltsangabe, *die tafel der Capittel disz büchlins* [...]: [1.] *Wer marie brůderschaft gestift und gelert hat*: [1475 in Köln *durch vil doctores der heiligen geschrift prediger ordens*, 2ʳ],[136] [2.] *Wie du den Rosenkrantz betten vnd opffern solt*, [3.] *Was die pater noster vnd ave maria betütten*. Hier trifft sich die Intention dieses Werkes mit dem katechetischen Grundprogramm des *Beichtbüchleins* (vgl. Kap. 7). Das siebte Kapitel beinhaltet dann u. a. *Vil schöner exempel von dem Rosenkrantz vnd psalter marie*. Ein Exempel, das sich auf Bl. 14ʳ findet, ist eben das, welches Knoblochtzer als Dreingabe auf dem letzten Blatt seiner Heidelberger *Sigenot-*

---

[136] Das trifft sich mit dem heutigen Kenntnisstand, vgl. K. Küppers: *Rosenkranz*, in: *Lexikon des Mittelalters* 7, Lachen 1999, Sp. 1035.

Ausgabe (ein Heldenepos!) von 1490 schon angefügt hatte (vgl. unten Kap. 10): *EYn man het die gewonheit das er allen tag vnser liebenn frawenn macht eynen rosenkrantz* [...]. Dieser Zusatz mag auch durch die enge Verbindung des Fürstenhofes und der Heidelberger Humanisten zum Franziskanerkloster mit seinem marianischen Patrozinium motiviert gewesen sein. Vom Heidelberger Druck des deutschen *Rosariums* sind in *Gw* drei erhaltene Exemplare nachgewiesen.

Beim folgenden Titel, [Gw M14221: JOHANNES DE LAMBSHEIM: *Libri tres perutiles de confraternitatibus rosarii et psalterii Beatae Mariae virginis*], handelt es sich gewissermaßen um das lateinische Pendant zum deutschen *Rosarium*. Das Datum der Ausgabe ist mit „1485–94" nur sehr vage anzugeben,[137] der Umfang beträgt wiederum 18 Bll. Dass auch studierte Theologen sich um die Beförderung der Marienverehrung bemüht hatten, war schon bei Jodocus Gallus (s. o. Kap. 5 zum *Nosce te ipsum*) zu beobachten. Das hier zu betrachtende lateinische Textkonglomerat von Predigten (*Sermones*), Gebeten (*Orationes*) und Liedern (*Carmina*) zur Verehrung der Gottesmutter ist nun bezeichnenderweise, abgesehen von der gotischen Auszeichnungstype der Überschriften, in der italienischen Antiqua gedruckt, und weist (wiederum in Übereinstimmung mit dem *Nosce te ipsum*) auch wieder lateinische Metren auf:

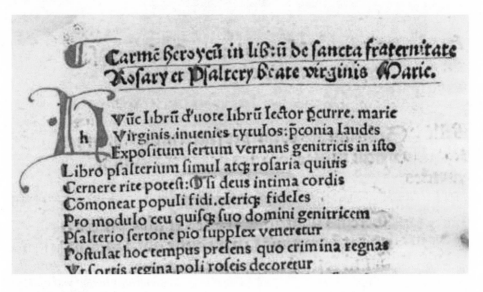

Abb. 88: BSB München, 4 Inc. s. a. 559 [Ink I-464]; [http://daten.digitale-sammlungen.de/bsb00029412/image_6], 1ᵛ (Ausschnitt).

---

[137] So der Eintrag im Nachweis der BSB München und in *Incunabula Short Titel Catalogue* [*ISTC*], *Gw* gibt (wohl fälschlich) 1500 an.

Auch für dieses lateinische Werk hatte Knoblochtzer den dann im *Rosarium* wieder eingesetzten Titelholzschnitt verwendet:

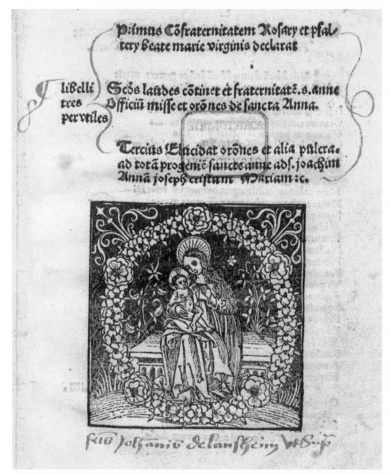

Abb. 89: BSB München, 4 Inc. s. a. 559 [Ink I-464]; [http://daten.digitale-sammlungen. de/bsb00029412/image_5], 1ʳ (Ausschnitt).

Diese Darstellung war im Spätmittelalter weit verbreitet, man vergleiche nur das berühmte Volkacher Rosenkranz-Schnitzwerk von Riemenschneider in *Maria im Weingarten* bei Volkach (1521–1524). Auf den Blättern 7ʳ und 13ʳ (Abb. 90) findet sich dann zudem ein Holzschnitt mit der ebenfalls im Spätmittelalter überaus weit verbreiteten Anna-Selbdritt-Darstellung:

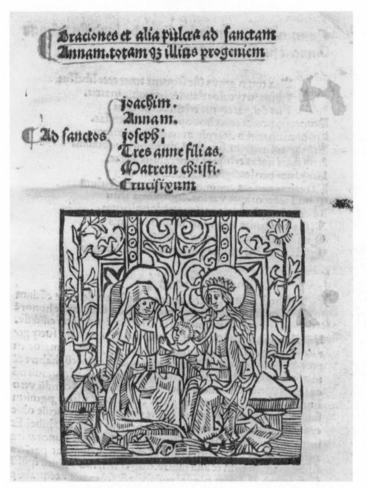

Abb. 90: BSB München, 4 Inc. s. a. 559 [Ink I-464]; [http://daten.digitale-sammlungen.de/
bsb00029412/image_29], 13ʳ (Ausschnitt).

Der auf dem Titelbild handschriftlich annotierte Verfasser, Johannes de Lambsheim,
Augustiner-Chorherr in Christgarten bei Worms, ist auch Autor einer Messlehre,
die mindestens ein Jahr später (1495) ebenfalls bei Knoblochtzer zum Druck kam
(s. Kap. 2).[138] Seine Verbindung mit Johannes Trithemius zeigt wiederum Affinität zu
Humanistischen Kreisen (wie bei Jodocus Gallus, s. o.).

    [Gw 10429: *Fußpfad zur ewigen Seligkeit*; Knoblochtzer für Jakob Köbel]: Im
Jahr „1494" druckte Knoblochtzer ein Werk von 29 Bll., das im Gegensatz zu vielen
seiner Editionen eine Rarität in der Inkunabellandschaft darstellt. Nur der Heidelberger Drucker hat den in zwei Handschriften unter dem Titel *Die Ritterschaft* über-

---

[138] Zum Autor F. J. WORSTBROCK: *Johannes von Lambsheim*, in: ²Vʟ 4 (1983), Sp. 663–668,
    zum hier genannten Werk v. a. Sp. 666 f.

lieferten Text vor 1500, wohl in Jakob Köbels Auftrag, als Wiegendruck heraus-gebracht.[139] Über die Manuskriptfassungen hinaus wurde die Druckausgabe mit Abbildungen versehen, welche die ritterlichen Ausrüstungsgegenstände zeigen, die allegorisch im Sinne geistlichen Rüstzeugs ausgelegt werden, so *Dye vorrede disz büchleins, in welcher die geystlich ritterschafft/ der werltlichen verglichen wirt/* […]):

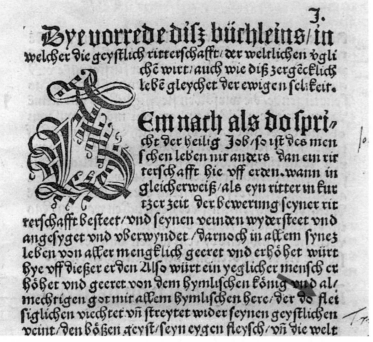

Abb. 91: UB Freiburg i. Br., Ink. K 3361, f [http://dl.ub.uni-freiburg.de/diglit/fusspfad1494/ 0009], 5ʳ (Ausschnitt, Hervorhebung durch Hinzufügen eines blauen Pfeils, C. R.).

Nach einem kurzen Leben werde mit der ewigen Seligkeit belohnt, wer auf Erden *fleisiglichen viechtet und streytet wider seynen geystlichen veint/ den böszen geyst/ seyn eygen fleysch/ vnd die welt* […]. Die herangezogenen Gegenstände sind u. a. das Pferd, der Sattel, der Stegreif, der Gurt, der Panzer, das Schwert:[140]

---

[139] Vgl. Franzjosef Pensel: *Die Ritterschaft*, in: ²VL 8 (1992), Sp. 104–106. Pensel war 1992 nur eine handschriftliche Überlieferung bekannt (Lb Dresden), seither wurde ein weiterer Textzeuge (Ub Gießen) aufgefunden, vgl. Handschriftencensus: http://www.handschriften census.de/werke/1638 (29.9.2020).

[140] Abbildungen aller Holzschnitte bei Schramm: *Bilderschmuck 19*, Tafeln 83 und 84. Die ganze Inkunabel ist auch digital ediert in *DTA* (*Deutsches Textarchiv*), allerdings mit falscher Lokalisierung nach Nürnberg: http://www.deutschestextarchiv.de/book/view/nn_fusspfad_ 1492?p (28.3.2021).

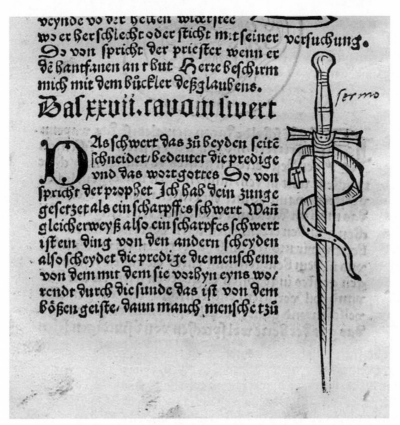

Abb. 92: UB Freiburg i. Br., Ink. K 3361, f [http://dl.ub.uni-freiburg.de/diglit/fusspfad1494/0052], 26ᵛ (Ausschnitt).

Die Idee ist freilich nicht neu, ganz ähnlich hatte schon in Rudolfs von Ems *Barlaam und Josaphat* (ca. 1225) der Asket gegenüber seinem Schützling, dem Königsohn, das geistliche Rüstzeug mit dem weltlichen verglichen:[141]

Dîn halsperc rehtiu güete sî,
diu machet dich von übele vrî.
diu wârheit sî dîn gürtel dîn,
gotes minne sol dîn helm sîn,
das gotes wort daz sî dîn schilt. […]

Der Titel des Drucks zeigt ein sinnfälliges Bild des ‚Miles christianus':

---

[141] Ed. FRANZ PFEIFFER, Leipzig 1843, V. 7676–7680.

Abb. 93: UB Freiburg i. Br., Ink. K 3361, f [http://dl.ub.uni-freiburg.de/diglit/fusspfad1494/0001], 1ʳ (Ausschnitt).

So wie für die Fürsten am Heidelberger Hof eine bis zwei Generation(en) zuvor Fechtbücher erstellt wurden,[142] so wird nun für in ritterlicher Tradition stehende und auch bürgerliche Laien dieses Lehrbuch für das Gefecht gegen die Gefahren, die die Seele bedrängen, gedruckt. Das hier zum Schluss des Werkes eingebrachte Wappen ist dasselbe, das Jakob Köbel später in seiner Oppenheimer eigenen Offizin als

---

[142] Vgl. THERESIA BERG und UDO FRIEDRICH: *Wissenstradierung in spätmittelalterlichen Schriften zur Kriegskunst: Der ‚Bellifortis' des Konrad Kyeser und das anonyme ‚Feuerwerksbuch'* in: MÜLLER: *Wissen für den Hof.* (1994), S. 169–232.

Druckermarke verwendet.[143] Das Motiv geht wohl auf Köbels Wohnhaus in Heidelberg ‚Zur Schleiereule' zurück:[144]

Abb. 94: UB Freiburg i. Br., Ink. K 3361, f [http://dl.ub.uni-freiburg.de/diglit/fusspfad1494/0058], 29ᵛ (Ausschnitt).

Interessant ist auch, dass die Dresdner Handschrift daneben Texte mitüberliefert, die uns aus Knoblochtzers Druckprogramm schon bekannt sind: die *Ulmer Hofzucht* (vgl. Knoblochtzers *Tischzucht*), Kalendertafeln und die *Sybillenweissagung* (s. folgendes Kapitel). Und weiterhin interessant, dass der Endredaktor der Inkunabel (Köbel?), der wohl nach Vollendung des Druckes dem Werk ein *registerleyn* vorangestellt hat (2ʳ–4ʳ), gleich zweimal Korrekturen anbringen musste: *Das zweyt Capitel (da der trücker geirt vnnd das drit gesettzt hat) sagt* […] und *Das xxvj. Capitel (da der trücker geirt vnnd xxvij. gesetzt hat) herinnert vns* […].[145] Wenn damit nicht nur der Setzer angesprochen ist, sondern Knoblochtzer selbst, dann wäre das eine ziemliche Blamage für den Leiter der Offizin, der ja 1489 mit dem Anspruch angetreten war, *impressorie artis magister*, also ‚Meister der Druckkunst' zu sein (vgl. oben zum Guarinus, Kap. 3).

---

[143] GRIMM, HEINRICH: *Köbel, Jakob*, in: *Neue Deutsche Biographie* 12 (1979), S. 289–290, Online-Version: https://www.deutsche-biographie.de/pnd118724142.html#ndbcontent (29.9.2020). Noch nicht richtig zuordnen konnte die Marke ERNST WEIL: *Die deutschen Druckerzeichen des XV. Jahrhunderts*, München 1924, S. 68: „Es ist nicht ganz sicher, ob dies nicht nur eine Schlußvignette darstellt."

[144] GELDNER: *Inkunabeldrucker* (1968), S. 290. Vgl. auch die Angabe in Köbels *Sibyllenweissagung*, diese sei *zů der schlaireylen* entstanden, unten Kap. 9 A.

[145] 2ʳ und 3ᵛ. Eine pauschale Druckerschelte findet sich auch, wiederum von J. Köbel in der Vorrede zu seiner Edition der *Sibyllenweissagung*, auch hier Näheres unten innerhalb des Kapitels 9 A.

9 Belehrung und Information (überwiegend *utilitas*)

In diesem Segment von Knoblochtzers Druckerzeugnissen sind überproportional oft kleine, nur ein Blatt umfassende Werke (Einblattdrucke) enthalten, die sicherlich oft nicht konservierenswert erschienen, da die Brauchbarkeit ihres Informationsgehaltes nur einen kurzen Zeitraum umfasste. Daher wurden sie gerne als Makulaturmaterial verwendet oder gänzlich vernichtet. Die ‚Dunkelziffer‘ ist also hoch, man darf über das erhaltene Material hinaus von weitaus mehr Drucken dieser Art ausgehen.

9 A) Prognostik, Komputistik, Astronomie/Astrologie

Auffällig ist hier ein Themenschwerpunkt um Prognostik und Komputistik aus der Grauzone zwischen Astronomie und Astrologie, wie er in vielen Wiegendruckorten stark vertreten ist:[146]
Die Angaben aus dem *Gw* zu Nr. [Gw 0139920: *Almanach auf das Jahr 1486*, deutsch], der nur in einem fragmentarischen Exemplar erhalten ist, von dem kein Digitalisat zur Verfügung steht, vermitteln einen Eindruck von der Machart und dem Gehalt dieser Almanache: Betont wird die Kompetenz der Urheber: *Nach rat vnd beſchluß der meiſter,* der Informationsgehalt: *des geſtirns vnd auch der artzney* [meist günstige Aderlasstermine], genauer spezifiziert: […] *geſetzt vff dē geworen lauff der ſunnen vnd des mones Mit abſcheydung der bößen planeten,* der Zeitraum der Gültigkeit: *Des iores Criſti vnſers herren geburt Viertzehenhundert vnd vi. vnd achtzig ior.* Und aufgeführt werden die wichtigen Kennzahlen und -buchstaben zur Bestimmung der beweglichen Feiertage: *vnd iſt .U. Sontagbůchſtab Vnd fünff die gemein zahl Vnd ſechs wochen zwyſchen winacht vnd der pfaffen faſtnacht* [= Sonntag *Estomihi*].[147]
Da auch zahlreiche lateinische Exemplare dieser Gattung erhalten sind, ist klar, dass diese Einblattdrucke durchaus nicht nur auf ungebildetes Publikum abzielten. Aus Heidelberg ist [Gw 01419: *Almanach auf das Jahr 1487*, lat.] „um 1487“ erhalten. Auf Grund des Typenmaterials, das Knoblochtzer von Johann Zainer aus Ulm übernommen hatte (s. o. Einleitung u. ö.), war der Druck auch schon einmal diesem zugeschrieben worden. Es ist wiederum nur ein Fragment (in Stockholm) erhalten, ein Digitalisat steht nicht zur Verfügung, dafür eine ausführliche Beschreibung bei *VE 15*, A-295/10.
Im Gegensatz zu Gw 0139920, *Almanach auf das Jahr 1486*, deutsch (s. o.), beschränkt sich [Gw M4474030: *Tafel zur Bestimmung der beweglichen Feste für die*

---

[146] Zur Bedeutung der Astronomie für die Kriegsstrategie: THERESIA BERG und UDO FRIEDRICH: *Wissenstradierung in spätmittelalterlichen Schriften zur Kriegskunst*, in: MÜLLER: *Wissen für den Hof* (1994), S. 199.

[147] Einlässliche Beschreibung eines Almanachs auch bei AMELUNG: *FDSW*, Kat. Nr. 89, S. 76, der konkret hier vorliegende bei *VE 15*, A-281.

Jahre 1488–1507] „um 1488" ganz auf die Komputistik, ordnet die Daten aber in einem gefälligen Gesamtbild an, geschmückt mit Figuren, wie sie dann in ähnlicher Art in den Sibyllenbüchern von Jakob Köbel und Jodocus Eichmann (s. u.) wieder erscheinen.[148]

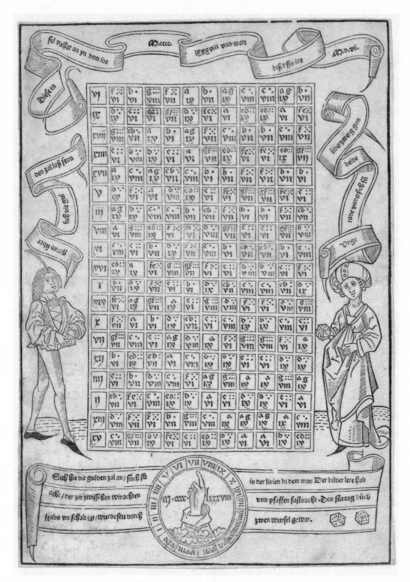

Abb. 95: DtHistMus Berlin, RB 17/305 [http://daten.digitale-sammlungen.de/bsb00083148/image_1], (verkleinert), unter Anwendung der CC-Lizenz CC BY-NC-SA 4.0 (https://creative commons.org/licenses/by-nc-sa/4.0/deed.de).

[148] Weitere Beschreibung, Transkription und Lit. bei *VE 15*, T-3.

Die Beschreibung von [Gw 01454: *Almanach auf das Jahr 1491*, deutsch] „um 1491", von dem wiederum kein Digitalisat zur Verfügung steht,[149] ist fast gleichlautend mit der vom Almanach von 1486 (s. o.) und belegt den stereotypen Charakter dieser Drucke. Sie waren sicher relativ leicht herzustellen und bildeten wohl eine verlässliche Einnahmequelle für die Offizinen. Auf die Gattung Almanach ist unten bei der Zusammenstellung der Werke von Johann Virdung nochmals zurückzukommen.

Eine spekulativere Art der Zukunftsprognose bietet ein Werk, das Knoblochtzer in kurzer Folge in einer lateinischen und in einer deutschen Ausgabe herausbrachte: Zuerst, „um 1488", erschien die an ein gebildetes Publikum gerichtete lateinische Inkunabel: [Gw M18217: LICHTENBERGER, JOHANNES: *Prognosticatio*].

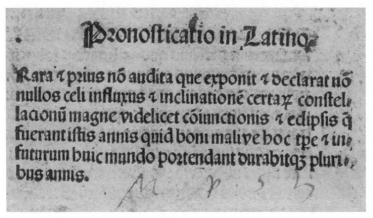

Abb. 96: Lessing J. Rosenwald Collection, Library of Congress, Rare Book and Special Collections Division, Washington D.C. [https://www.loc.gov/resource/rbc0001.2015rosen0122/?sp=5], 1ʳ (Ausschnitt).

Man merkt schon am etwas marktschreierischen Ton des Titels *Rara et prius non audita* (‚rar und nie dagewesen'), dass hier die Frage nach Glück und Unglück (*quid boni malive* […]) ganz anders gestellt wird als bei Petrarca (s. o. Kap. 5: *De remediis utriusque fortunae*). Der himmlische Einfluss, aus dem gegenwärtige und zukünftige, auch politische Ereignisse abgeleitet werden, bezieht sich auf eine besondere Planeten- und Sternbildkonstellation (*nonnulli celi influxus et inclinatio certarum constellationum magne videlicet coniunctionis et eclipsis*), die im Jahr 1484 eingetreten war.[150] Auch in der Schlussschrift der deutschen Ausgabe [Gw M18242, s. u.] gibt sich das Ganze einen numinosen Anstrich: *Gegeben In der fenstern gaszen vnderm gespeneten eychbaům.*

---

[149] Verzeichnet auch bei *VE 15*, A-348.
[150] Genaueres dazu DIETRICH KURZE: *Lichtenberger, Johannes*, in: ²*VL* 5 (1985), Sp. 770–776, hier Sp. 773.

¶ Lob vnd ere sage ich got in ewigkeyt
Der nyt lest vnbelonet eynge gude arbeyt.
Gegeben In der fenstern gaßen vnderm gespeneten eychbaum Im iar.M.cccc
lxxxviij.am ersten tage des Apprilis. durch dem pylgrin Ruth der in welden
verborgen lyt. Des augen syn dunckel worde. der griffel zyddert vonn alter. Got
wolle wol den guden vnd den swetzern als sie verdyenen.

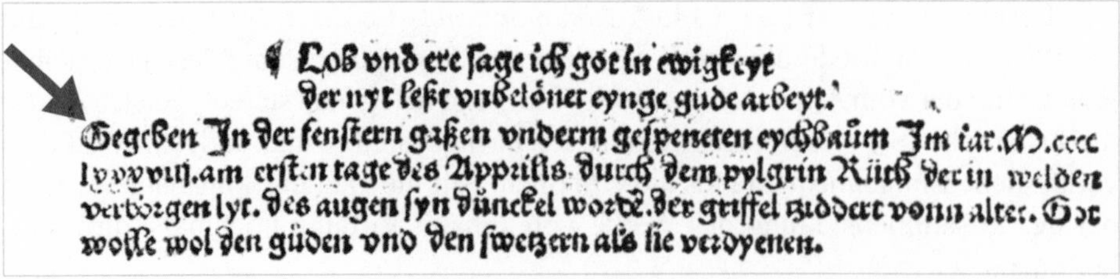

Abb. 97: BSB München, 2 Inc. s. a. 790 [Ink L-168]; [http://daten.digitale-sammlungen.de/bsb00008265/image_93], letztes bedrucktes Bl., recto (Ausschnitt, Hervorhebung durch Hinzufügen eines blauen Pfeils, C. R.).

Ein solches Werk musste natürlich von großer politischer Brisanz sein, weswegen der Autor hier unter einem Pseudonym als *peregrinus Ruth* (‚Pilger Ruth') auftritt.[151] Seine Arbeit war durchaus fragwürdig, kam ins Visier der Inquisition, wurde von den Autoren der ausgeschriebenen, oft nicht genannten Quellen angegriffen, und hatte doch ungeheuren Erfolg bis ins 19. Jahrhundert.[152] Hinter dem Verdecknamen verbirgt sich der aus Grünbach zwischen Kaiserlautern und Idar-Oberstein stammende, um 1440 geborene Astronom/Astrologe („Sterndeuter und Prophet" KURZE, Sp. 770) Johannes Lichtenberger (ca. 1440–1503). Als *astrorum iudex sacri imperii* (Zitat KURZE, Sp. 771) versuchte er, sich als Akteur auf großer politischer Bühne zu gerieren. Das Opus magnum von 36 Bll. in Folio, versehen mit zahlreichen großformatigen Holzschnitten[153] erschien zuerst bei Knoblochtzer in Heidelberg,[154] der damit ein gutes Gespür für den Geschmack und Bedarf des lesenden Publikums zum Ende 15. Jahrhunderts bewies. Später folgten noch Ausgaben in Köln und Straßburg, im frühen 16. Jahrhundert in Augsburg, noch in der Inkunabelzeit sogar auf Italienisch in Brescia, Mailand, Modena und Venedig. Jakob Meydenbach, der um dieselbe Zeit auch die Totentanz-Holzschnitte von Knoblochtzer übernommen hatte, druckte 1492 unter Verwendung der Illustrationen aus der Heidelberger Offizin (zu einer Zeit, da Knoblochtzer nachweislich noch in Heidelberg tätig ist),[155] ebenfalls eine lateinische und eine deutsche Ausgabe.

[151] Unter Lichtenbergers wirklichem Namen erst ab 1525 erschienen, vgl. DIETRICH KURZE: *Lichtenberger, Johannes*, in: ²*VL* 5 (1985), Sp. 770–776, hier Sp. 773.

[152] DIETRICH KURZE: *Lichtenberger, Johannes*, in: ²*VL* 5 (1985), Sp. 770–776, hier Sp. 771 und 773 f.

[153] Weshalb sie als „grobgeschnitten" abgewertet werden in GELDNER, *Inkunabeldrucker* (1968), S. 42, zitatweise nach SCHREIBER, ist m. E. nicht ganz nachvollziehbar.

[154] Im *Gw* 34 erhaltene Exemplare gelistet.

[155] Vgl. nur unten das Kolophon von 1493 zu Jodocus Eichmann: *Sibyllenweissagung* [GW 09255]. Derselbe Vorgang lässt sich beim *Totentanz* (s. Kap. 6) beobachten. GELDNER: *Inkunabeldrucker* (1968), S. 42 (im Abschnitt Mainz, Meydenbach) bezeichnet die Mainzer Ausgaben als „Nachdrucke".

Abb. 98a (links) und 98b (rechts): Heidelberg 1488: Lessing J. Rosenwald Collection, Library of Congress, Rare Book and Special Collections Division, Washington D. C. [https://www.loc. gov/resource/rbc0001.2015rosen0122/?sp=8], 2ᵛ (98a) und Mainz 1492: BSB München, 2 Inc. c. a. 2729 [Ink. L 164]; [http://daten.digitale-sammlungen.de/bsb00033583/image_8], 2ᵛ (98b) (jeweils verkleinerter Ausschnitt).

Dass Knoblochtzer mit seiner Editio princeps ganz nahe am Enstehungsprozess des Werkes handelt, zeigt sich auch in den Bildüberschriften, die noch wie redaktionelle Anweisungen des Autors formuliert sind, z. B. *Hic debet stare Saluator* (lat. Ausgabe, 6ʳ) / *Hye sal steen der saluator* (dt. Ausgabe, 6ʳ, der folgende Holzschnitt 6ᵛ hat die lateinische Beschriftung beibehalten), was dann schon bei Meydenbach zu *Der saluator am iungsten gericht spricht* umformuliert wird. Die Illustrationen selbst zeigen teils Allegorien, teils historische Szenen. Der Text gibt sich in der Vorrede einen durchaus wissenschaftlichen Anstrich, indem über die drei Möglichkeiten der Vorhersage der Zukunft Rechenschaft abgelegt wird: 1. Beobachtung, 2. Sterndeutung, 3. Prophezeiungen von Personen mit seherischen Fähigkeiten. Als Kronzeugen für die drei Kategorien werden ins Feld geführt: Aristoteles, Ptolemäus, Sibylle, Brigitta, Bruder Reinhard (s. Abb. 98a und b). Innerhalb der Kapitel erfolgen Vorhersagen über zu erwartende Ereignisse in Politik, Kirche und Gesellschaft, alles versetzt mit reichlichen Ratschlägen.

　　Bartholomäus Kistler verwendet für seine Ausgaben 1499 und 1500 (Gw M18229, M18233 und M18236) ein kleineres Format und dementsprechend neues, auch ganz anders geartetes, ‚moderner‘ wirkendes Bildmaterial mit Holzschnitten, die an die *Schedelsche Weltchronik* erinnern. Von der lateinischen Variante der Heidelberger Inkunabel besitzen die Uʙ und das Stadtarchiv in Heidelberg je ein Exemplar (Sᴄʜʟᴇᴄʜᴛᴇʀ/Rɪᴇs 1177 und 1178).

[Gw M18242: LICHTENBERGER, JOHANNES: *Prognostikon*, deutsch] „um 1490": Die deutsche Ausgabe aus Heidelberg weist immer noch das schon bekannte, nun eingedeutschte Pseudonym Lichtenbergers *pylgrin Rüth* auf (s. o. Abb. 97). Nicht eingedeutscht werden hingegen (wie schon erwähnt) die Beschriftungen der Holzschnitte. Ein handschriftlicher Textzeuge aus Philadelphia (Pennsylvania), Univ. of Pennsylvania, Rare Book & Manuscript Libr. Collections, LJS 445[156] ist wohl eine Abschrift vom Druck.

    [Gw M50711: VIRDUNG, JOHANNES: *Almanach auf das Jahr 1498*, deutsch] „um 1498": Ganz im Zentrum des schon bekannten Heidelberger (Humanisten-)Kreises befinden wir uns mit den Werken des Johann Virdung von Haßfurt (1463–ca. 1535). Seine Werke wurden vielfach gedruckt, zwei davon auch in Heidelberg. Von den Ausmaßen und dem gesamten Erscheinungsbild seines Almanachs auf das Jahr 1498 kann man sich einen einigermaßen realistischen Eindruck nur machen, wenn man zwei erhaltene Fragmente zusammennimmt. Der untere Rand fehlt den Exemplaren in Boston und Bamberg (allein die Ausmaße des Fragments belaufen sich auf 40,5 × 27,5 cm), die obere Hälfte im Münchener Exemplar:

Abb. 99: SBB Bamberg, VI F 63 [https://nbn-resolving.org/urn:nbn:de:bvb:22-dtl-000008 6465], (Ausschnitt, Hervorhebung durch Hinzufügen eines blauen Pfeils, C.R.), unter Anwendung der CC-Lizenz CC BY-SA 4.0 (https://creativecommons.org/licenses/by-sa/4.0/ deed.de).

---

[156] Nachweis im *Handschriftencensus* [http://www.handschriftencensus.de/werke/7227], (2.10.2020).

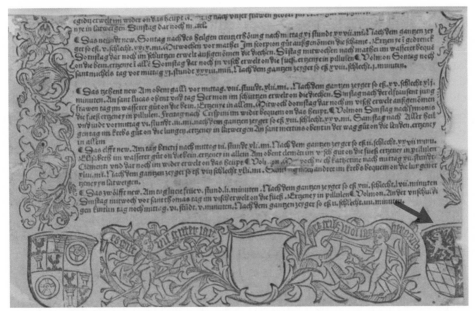

Abb. 100: BSB München, Einbl. Kal. 1498 eb [Ink V-229]; [http://daten.digitale-sammlungen.de/bsb00101515/image_1], (Ausschnitt, Hervorhebung durch Hinzufügen eines blauen Pfeils, C. R.).

Der Autor stellt sich vor als: *den hochberümpten meister hansen virdung von haßfurt des durchleüchtigen fürsten vnd herren hern Philippen pfaltzgrauen by rhein etc. mathematicum vnd Astronomum:*[157]

Abb. 101: Vergrößerter Ausschnitt von Abb. 99, Hervorhebung durch Hinzufügen eines blauen Pfeils, C. R.

Die enge Verbindung mit dem Pfalzgrafen wird dann nochmals durch das entsprechende Wappen am rechten unteren Rand untermauert (s. Abb. 100). Inhaltlich kann man diesen Almanach am ehesten den heute noch gebräuchlichen Mondkalendern

---

[157] Ab 1494 „im Dienst des Kurfürsten Philipp des Aufrichtigen von der Pfalz (1476–1508) als Hofastrologe und ‚Bombardist'": FRANCIS B. BRÉVART: *Virdung, Johann, von Haßfurt*, in: ²*VL* 10 (1999), Sp. 372–375, hier 372.

vergleichen. Es werden für jeden Monat die Neu- und Vollmonddaten angegeben, sowie sonstige astronomische Konstellationen und die daraus abzuleitenden, zu empfehlenden Tätigkeiten zur Gesundheitspflege. Bei diesen Einblattdrucken ist mit einer hohen Verlustrate zu rechnen. Von den neun in *Gw* nachgewiesenen Drucken dieses Werkes (fünf lateinische Varianten, vier deutsche) sind acht bei Konrad Kachelofen in Leipzig erschienen, sogar die Ausfertigungen, die explizit auf Heidelberg zugeschnitten waren (1494 und 1495, je lat. und dt.). Das heißt wohl, dass die Heidelberger Presse nicht von vornherein für die Anfertigung dieser Werke mit dem ungewöhnlich großen Format geeignet war. Und bei den drei erhaltenen Exemplaren, von denen Digitalisate zur Verfügung stehen, herrscht Uneinigkeit in der Zuschreibung: In Bamberg wird der Einblattdruck Grüninger in Straßburg, in Boston J. Zainer in Ulm (wahrscheinlich wegen der aus Ulm stammenden Bordüre) zugeschrieben, nur in München wird die Ausgabe in Heidelberg lokalisiert. Von Knoblochtzer ist auch hier nicht die Rede. Die Köbelsche(?) Eule (s. Abb. 99) könnte ein Indiz dafür sein, dass diesen Druck nicht mehr Knoblochtzer selbst, sondern Köbel mit dessen Typenmaterial in Heidelberg oder evtl. schon in Oppenheim zur Ausführung brachte.

[Gw M50739: VIRDUNG, JOHANNES: *Prognostikon auf das Jahr 1495*, deutsch] „um 1495": Häufiger als die Almanache sind die Prognostiken/Praktiken des Johannes Virdung erhalten, 28 Nachweise gibt es allein für die Zeit bis 1500 im *Gw*, die Mehrzahl in lateinischer Sprache, 13 davon auch auf Deutsch, teils Niederdeutsch. Einige Exemplare sind wieder auf einzelne Jahre oder Zeiträume oder bestimmte Orte gemünzt (Leipzig und Krakau). Die Mehrzahl der Drucke stammt wiederum aus der Offizin von Konrad Kachelofen in Leipzig, ansonsten sind Druckorte im ganzen deutschen Sprachraum vertreten, 1500 erschien gar eine Ausgabe bei Köbel in Oppenheim (Gw M50750). Der Zusammenhang mit dem Heidelberger (Humanisten-) Kreis (vgl. oben Kap. 5) wird verschiedentlich deutlich z. B. durch eine Vorrede an Wimpfeling in Gw M50749:[158] *Dem wirdigen hochgelerten hern Jacoben Wimpfeling von Sletstat, poetischer gedicht erfarner, heidnischer lere bewerter*[159]*, vnd heiliger cristlicher geschrifft ergrunter [...] Enbüt meister hans virdung von haßfurt synen gruß.* (2ᵛ) Oder auch durch das vorangestellte ‚Carmen' des oben (Kap. 5) schon erwähnten, als Prinzenerzieher bekannten Adam Wernher von Themar in Gw M50742 aus Leipzig: *Ad illustrissimi Prinicipis Philippi Comitis palatini Rheni etcetera Mathematicum et bombardistam insignem liberalium arcium Magistrum Johannem Uirdungum Hassfordensem Carmen Ade Wernheri Temarensis lincentiati iurium vt prognosticon in annum domini M.cccc.xcvij. scribat [...] (1ᵛ).*

Während der zuvor erwähnte Druck Gw M50749, „um 1499/1500" kaum noch aus Knoblochtzers eigener Druckerei stammen dürfte, ist dies für die Ausgabe auf das Jahr 1495 (Gw M50739) durchaus wahrscheinlich: Diese Ausgabe eröffnet nun

---

[158] Diesen Druck ordnet *Gw* um „1499/1500" mit Fragezeichen wohl zu Unrecht noch „Knoblochtzer(?)" zu (s. Eintrag unten).

[159] Heißt: ‚in Studien der klassischen Antike erfahren'.

mit einer Widmung an Pfalzgraf Philipp. Umso erstaunlicher ist die nicht eben sorgfältige Machart des Druckes, die immerhin einen großen Titelholzschnitt (Mars im Sternbild Skorpion?) trägt:

Deütsch practica Cracouiensis magistrij Johan
nis virdung von hasfart gemacht czů ereun[160] *dem*
durchletichtig(e)n[161] *fürsten vnd herren herren philip-*
sen pfaltzgraffen by Rheyn (et)c(etera) Vff das Tausent
vierhundert vndfünffvndneüntzigistes Jare

Abb. 102: WLB Stuttgart, Inc. Qt .8373b [http://digital.wlb-stuttgart.de/purl/bsz348658990] = Titel (Ausschnitt).

---

[160] Wahrscheinlich Druckfehler mit verdrehtem ersten *n* für richtig *erenn*.
[161] Gemeint ist nhd. ‚durchlauchten‘.

Von diesem Werk, das zu Beginn noch eine Holzschnitt-Initiale *D* in raffiniertem Flechtwerkornament aufweist,[162] ist nur ein Exemplar in der Württembergischen Landesbibliothek Stuttgart, dieses zudem nur fragmentarisch, erhalten, so dass man sich vom Umfang keine genauen Vorstellungen machen kann. Immerhin ist im Erhaltenen von neun Kapiteln die Rede (es können natürlich auch mehr gewesen sein). Der Autor zeigt in der Vorrede an, dass er zu seiner Darstellung durch gewissenhafte Beobachtung *mit flisiglich(e)n*[!] *ansehen/ der figuren desz himelsz nach lere der weysen* gekommen sei. Ziel sei es, unglückliche und glückliche Ereignisse vorauszusehen, die uns Sterblichen (*vnsz doettliche[n] yrdischen menschen*) widerfahren können. In Betracht kommen einerseits Krieg (*streydt*), Tod (*dőttlikeyt*), Teuerung, Regengüsse, große Kälte und furchterregende Donnerschläge, andererseits *gůt lufft, Gesuntheyt der corper fruckbarkeyt vnd derglychen.*

Gw M50741, eine lateinische Ausgabe auf das Jahr 1496, die wieder das Carmen des Adam Wernher von Themar aufweist (s. o.), erfährt in *Gw* gar keine Zuordnung zu einer Offizin, der INKA-Eintrag nimmt Bezug auf die verwendeten Typen und kommt zu der hochinteressanten Aussage: „Heidelberg: Heinrich Knoblochtzer [teilw. mit dem Typenmaterial des Peter Drach in Speyer]".[163] Das passte natürlich bestens zu der Kooperation der beiden Werkstätten, die oben bei der Vergil-Ausgabe von 1495 u. ö. schon zu beobachten war.

Die gedruckten Ausgaben ‚für's Volk' haben prunkvolle Pendants in handschriftlichen Wahrsagebüchern innerhalb der Bibliothek der Kurfürsten: Virdungs *Tabulae resolutae de supputandis siderum motibus* (Vatikan, BAV, Stamp. Pal. IV 489; lat. 566c), seine *Practica Vom XLIII. Iar an biß man zelt LXIIII* (ebd. Stamp. Pal. IV 146; ted. 3194k)[164] und das berühmte *Heidelberger Schicksalsbuch* (Cpg 832, ca. 1490).[165]

[Gw M50749: VIRDUNG, JOHANNES: *Prognostikon auf das Jahr 1500*, deutsch] „um 1499/1500":

---

[162] Ähnlich der vom *Fußpfad zur ewigen Seligkeit* (s. o. Kap. 8), vgl. SCHRAMM: *Bilderschmuck 19*, Tafel 83, Abb. 589.

[163] *Inkunabelkatalog deutscher Bibliotheken*: [http://www.inka.uni-tuebingen.de/?inka=2300 3772] (3.10.2020); vgl. auch BACKES (1992), S. 156–158: Weiteres zur Rolle Virdungs in Heidelberg.

[164] Vgl. die beiden Einträge von JOACHIM TELLE in: *Bibliotheca Palatina* (1986), S. 106–108.

[165] Eintrag von KARIN ZIMMERMANN: A15, in: *Kostbarkeiten gesammelter Geschichte*, S. 149 f. mit Farbtafel 3, S. 289.

Abb. 103: SBB Berlin, PK, 8° Inc 1208.9 [https://digital.staatsbibliothek-berlin.de/werkansicht? PPN=PPN1015971687&PHYSID=PHYS_0003&DMDID=], 1ʳ (Ausschnitt).

Dieser Druck dürfte, wie oben schon dargelegt, kaum noch in Knoblochtzers eigener Regie erstellt worden sein.

[Gw M16375: KÖBEL, JAKOB: *Sibyllen Weissagung*]: Das Werk, das im 14. Jh. entstanden sein dürfte, ist in unterschiedlich langen Redaktionen (zwischen 672 und 1024 Versen) handschriftlich vielfach überliefert.¹⁶⁶ Der Heidelberger Wiegendruck hat prominente Vorgänger: Eine nur fragmentarisch erhaltene Inkunabel dieses Titels von Gutenberg gilt „als der älteste bezeugte, mit beweglichen Lettern gedruckte Text in dt. Sprache".¹⁶⁷ Jakob Köbel (vgl. oben Kap. 5: *Mensa philosophica* und *Tischzucht*, Kap. 8: *Fußpfad zur Seligkeit*, Kap. 9: Virdungs *Almanach auf das Jahr 1498*) legte für ‚seine' Ausgabe, der er eine Widmung an seinen Vater Klaus Köbel, *burger zů heydelberg* und *aller liebster vatter* (1ᵛ der Heidelberger Ausgabe) vorausschickt, die 830 Verse umfassende Redaktion zu Grunde. Und wie seine *Fußpfad*-Ausgabe

---

¹⁶⁶ In 37 Handschriften lt. B. SCHNELL/N. F. PALMER: *Sibyllenweissagungen* (deutsch), v. a. Abschnitte III: *Sibyllen Buch* und IIIa: *Drucküberlieferung des SB*, in: ²Vʟ 8 (1992), Sp. 1140–1152, v. a. 1145–1149, hier Sp. 1145 und 1148.
¹⁶⁷ Ebd. Sp. 1149.

auch (s. d.) erschließt er den Inhalt durch eine beigefügte Kapitelübersicht, ein *regis-terlin* (4ʳ des Ulmer Drucks). Klaus Köbel habe seinen Sohn schon seit langem da-rum gebeten (*ermant*), *etwas vß den alten Coronickschreibern zusammen ze raspeln* (1ᵛ der Heidelberger Ausgabe, *ze klauben* 2ʳ der Ulmer Ausgabe), was die Zuver-lässigkeit des *buchlin genant die Sibyllen weyssagung* prüfen solle. Der Redaktor konzentriere sich von den zehn nachgewiesenen auf die *Sibylla Erythrea/Erethrea* (beide Schreibungen 1ᵛ der Heidelberger Ausgabe), die König Salomon begegnet sei. Dies Begegnung wird auf dem Titelholzschnitt dargestellt (s. u.). Im Inkunabel-zeitalter wurde diese Köbelsche Redaktion zwei Mal gedruckt, wobei der Druck von Schäffler in Ulm (Gw M16377) lt. Amelung (*Fᴅꜱᴡ*, S. 382) „eine genaue Kopie der Heidelberger Vorlage"[168] sein dürfte[169]:

Abb. 104a (links) und 104b (rechts): Heidelberger Ausgabe: GNM Nürnberg, Inc. 8° 14765 [http://dlib.gnm.de/item/8Inc14765/3], 1ʳ (104a) und Ulmer Druck: SBB Berlin, PK, 8° Inc 2667.5   [https://digital.staatsbibliothek-berlin.de/werkansicht?PPN=PPN788612867&PHY SID=PHYS_0006&DMDID=], 1ʳ (104b) (jeweils Ausschnitt).

---

[168] Amelungs Angaben: *Fᴅꜱᴡ* (1979), Nr. 164, S. 381–383, sind äußerst gehaltvoll, im Detail teils durch B. Schnell/N. F. Palmer: *Sibyllenweissagungen* (deutsch), v.a. Ab-schnitte III: *Sibyllen Buch* und IIIa: *Drucküberlieferung des SB*, in: ²Vʟ 8 (1992), Sp. 1140–1152, v.a. 1145–1149, überholt.

[169] Zu Köbels deutscher Ausgabe aus seiner eigenen Druckerei in Oppenheim von 1516 s. N. F. Palmer, wie vorherige Anm. IIIa: *Drucküberlieferung des SB*, Sp. 1150.

Freilich benötigt der Ulmer Drucker für die Edition in 8° 27 Bll. Papier, während die Heidelberger Ausgabe in 4° nur 16 Bll. umfasst. Wenn der Titel auch verspricht, dass der Leser in die Lage versetzt werden sollte, *warlich kunfftig ding [zu] sagen* (s. o.), so sind die Sibyllen-Passagen doch von einem starken heilgeschichtlichen Rahmen eingefasst (*Die vorred diß bůchlins thůt anzaigen die almechtikayt gotes. Schópfung himels vnd der erden des paradiß vnd der menschen betrůgung des teuffelischen schlangen* […] *Das ix. Capitel sagt wie gott das iungst gericht besitzt vndd gůt vnd bóß vervrtailen wirt etc.* 4ʳ und 5ᵛ der Ulmer Ausgabe) und münden in ein Memento mori und den Appell zur rechtzeitigen Umkehr vom sündigen Leben. Die Redaktion der Textgrundlage in Heidelberg verschweigt auch der Ulmer Druck nicht (3ᵛ), wir begegnen wieder einmal, diesmal nicht in bildlicher, sondern in sprachlicher Form dem schon bekannten Haus „Zur Schleiereule". Vielleicht ist die *eyl* im Diktum *hab ich dir in ainer eyl zůsamen geklaubt*, auch schon doppeldeutig als ‚Eile' und ‚Eule' zu verstehen:

dye ich zů disem bůchlin hab dir in
ainer eyl zů samen geklaubt in aller
vndertänigkait Damit so spar dich
got gesund. Datum haidelberg zů
der schlaireylen. Anno domini Tau
sent Vierhundert Vnd in dem zwai
vnd neünzigisten iar Auff dē Esch
er mitwoch.

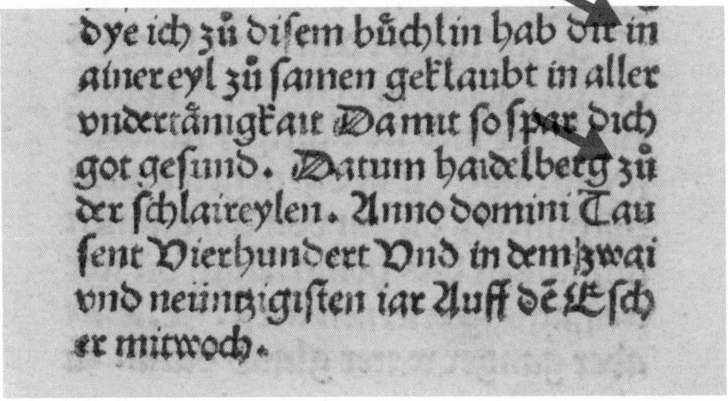

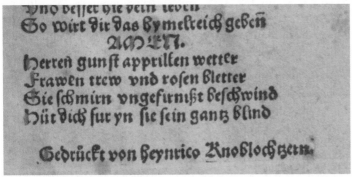

Abb. 105: SBB Berlin PK, Ink 2667, 5 [https://digital.staatsbibliothek-berlin.de/werkansicht?PPN=PPN788612867&PHYSID=PHYS_0010&DMDID=], 3ᵛ (Ausschnitt, Hervorhebung durch Hinzufügen blauer Pfeile, C. R.).

Der Druck selbst ist dann eindeutig Knoblochtzers Werkstatt zugeordnet.

vnd besser die dein leben
So wirt dir das hymelreich geben
AMEN.
Herren gunst apprillen wetter
Frawen trew vnd rosen bletter
Sie schmirn vngefirnißt beschwind
Hüt dich fur yn sie sein gantz blind
Gedrückt von heynrico Knoblochtzern.

Abb. 106: Heidelberger Ausgabe: GNM Nürnberg, Inc. 8° 14765 [http://dlib.gnm.de/item/8Inc14765/27], 16ʳ (Ausschnitt).

Überaus interessant ist in diesem Zusammenhang, dass die von Köbel vorgeschaltete Vorrede wiederum eine (im Vergleich zum *Fußpfad*, wo ja auf konkrete Fehler des Druckers verwiesen wird), nun pauschale Druckerschelte enthält, indem in einer editionsphilologisch modern anmutenden textkritischen Anmerkung darauf hinge-wiesen wird, dass über mehrere Stationen tradierte Texte von *vil schreybern* und *vnfleißigen truckern* [...] *offt geergert*[170] *vnd selten gebessert werden* (3ᵛ der Ulmer Ausgabe) und man also bei der Lektüre immer mit Verderbnissen zu rechnen hätte, weshalb kein *gantzer warer glaub daran zů haben sey* (3ʳ/ᵛ der Ulmer Ausgabe). Da-mit stellt Jakob Köbel natürlich auch höchste Ansprüche an sein künftiges Gewerk in Oppenheim, wo er später eine eigene Offizin betreibt.

[Gw 09255: EICHMANN, JODOCUS: *Weissagungen der 12 Sibyllen über die jungfräu-liche Geburt Christi*]: Dieses Werk kommt äußerlich so ähnlich daher wie das vor-herige, hat einen vergleichbaren Umfang (hier 18 Bll. dort 16 Bll.) und wird vom selben Titelblatt geschmückt. Und doch verbirgt sich dahinter ein völlig anderer Text. Es ist gleichsam die wissenschaftlich-theologische Variante des Themas in Prosa im Gegensatz zur persönlich motivierten Darstellung des Themas durch Köbel in Versen. Das Werk geht von 12 (statt 10) Sibyllen aus und hat seinen Ursprung in einer Predigt des um eine Generation älteren Theologen und Humanismusförderer der ersten Stunde Jodocus Eichmann (ca. 1420–1489 oder 1491).[171] Obwohl ein Digitalisat der beiden erhaltenen Exemplare nicht zur Verfügung steht, kann man sich dank der Beschreibung im *Gw* eine recht gute Vorstellung vom Konzept des Werkes machen: Es war betitelt als: *Bewerung*[172] *der menſchwerdung chriſti / von einer iungfrawen / mit gezugknuſſe zwölffer nachbenanten Sybillen von doctor Ioſt eychman etwan prediger zů Heydelberg gepredigt.*

Auf Bl. 1ᵇ wird das Programm entworfen: *Diß buchlin von zwölff Sybillen zu er-kennen gibt / was ein ygklich derſelben / von chriſto von der mutter gottes marie / vnd andern gotlichen dingen geweiſſagt vnd geoffenbart / auch was geſtalt geberde weſen vnd kleidung ygklich Sybil getragen vnd gehabt hat.*

Die Attraktivität der Publikation wurde wohl erheblich durch Holzschnitte aller 12 Sibyllen gesteigert. Sie sind alle bei A. SCHRAMM, *Bilderschmuck 19*, Tafel 81 und 82 (Abb. 577–588) wiedergegeben, wirken in dieser Zusammenstellung wie eine spätmittelalterliche Modenschau. Auf Bl. 18ʳ endet das Werk nach der üblichen Bitte um göttlichen Beistand (*helff vns got vatter vnd ſone vnd der heilig geiſt. Amen.*) in einem ausführlichen Kolophon: *Getruckt zů Heydelberg von heinrico knob⸗/ lochtzern Nach chriſti vnſers herren geburt Tau-/ ſant Fierhundert Nüntzig vnd drew* [1493] *iar etc.*

---

[170] ,ärger gemacht' also ,verschlechtert, verderbt' werden.
[171] Der Autor ist also zur Zeit des Drucks schon verstorben, vgl. auch F. J. WORSTBROCK: *Eich-mann, Jodocus*, in: ²*VL* 2 (1979), Sp. 393–397, zum Werk kurz Sp. 396.
[172] ,Wahrheitsgemäße Prophezeiung'.

Belehrung und Information ist bisweilen auch im Miniaturformat größeren Werken beigegeben: Eine Seite *Was zeyt vnd monat im iar ein ieglicher visch am besten sey*:

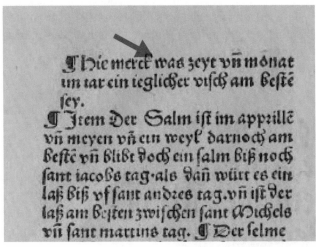

Abb. 107: ULB Darmstadt, Inc. III-29 [http://tudigit.ulb.tu-darmstadt.de/show/inc-iii-29/0002], 1va (Ausschnitt, Hervorhebung durch Hinzufügen eines blauen Pfeils, C. R.).

hat wohl deshalb auf die Verso-Seite des Titels zu Philipp Frankfurter: *Der Pfaffe vom Kalenberg* (s. u. Kap. 10) gefunden, weil die Erzählung auf einem Fischmarkt beginnt:

Abb. 108: ULB Darmstadt, Inc. III-29 [http://tudigit.ulb.tu-darmstadt.de/show/inc-iii-29/0003], 2rb (Ausschnitt).

Vom Redegestus her schließt der Text deutlich an die Kalendarien und Prognostiken an. Er dürfte, wie in anderen Druckausgaben auch, den zweiten Teil von [Gw: 0567910N: *Büchlein, wie man Fische und Vögel fangen soll*] gebildet haben. Von der Heidelberger Edition, die im *Gw* wiederum mit „Jakob Köbel (um 1493)" verbunden wird, ist leider kein Exemplar erhalten. Die anderen Auflagen innerhalb der Inkunabelzeit aus Straßburg (4), Erfurt (1), Antwerpen (1) umfassen meist 6 Bll., weisen teils auch Holzschnittillustrationen auf, z. B. die Erfurter Inkunabel:

Abb. 109: UB Wien, Inc. I 137981 [https://fedora.phaidra.univie.ac.at/fedora/objects/o:224 846/methods/bdef:Book/view], 1ʳ (= Aufnahme 5, Ausschnitt, Hervorhebung durch Hinzufügen eines blauen Pfeils, C. R.).

9 B)   Politische, gesellschaftliche Information/Amtssachen

Die Informationen zum Tagesgeschehen in Stadt, Region und Reich, die meist in Form von Einblattdrucken erschienen sind, stellten ein wesentliches wirtschaftliches Standbein der meisten Druckereien in dieser frühen Zeit dar. Die Dunkelziffer an tatsächlich erschienen „Drucksachen" dieser Kategorie dürfte sehr hoch sein, da auch diese Einblattdrucke oft nicht erhalten sind (vgl. Einleitung zu Kap. 9). Aus Knoblochtzers Offizin sind gut zehn dieser tagespolitischen und/oder informierenden Kleindrucke überliefert. Zwei davon betreffen Kaiser Maximilian:

1. [Gw M22076: Maximilian I., Römischer Kaiser: *Erwählung*]: Der *Gw* verzeichnet unter Kaiser Maximilian I. (1459–1519) eine Fülle von Einblattdrucken mit ‚Ausschreiben', ‚Aufforderungen', ‚Mahnungen', ‚Geboten' und ‚Instruktionen'.[173] Im vorliegenden Fall handelt es sich um eine etwas umfangreichere Drucksache. Die Betitelung im *Gw* ist insofern irreführend, als es sich bei dem Werk im Wesentlichen um nichts weiter als ein Verzeichnis der zu Maximilians Königswahl am 16.2.1486 in Frankfurt anwesenden Personen handelt, zu einer Zeit also, da sein Vater, Friedrich III., noch die Kaiserwürde innehatte. Vom Heidelberger Exemplar (*Gw*: „nach 20.II.1486")[174] sind 3 Textzeugen erhalten, es steht aber kein Digitalisat zur Verfügung. Der Text wurde auch in mehreren anderen Orten gedruckt, so bei Schöffer in Mainz (Gw M22087), die Heidelberger Inkunabel dürfte ähnlich aussehen:

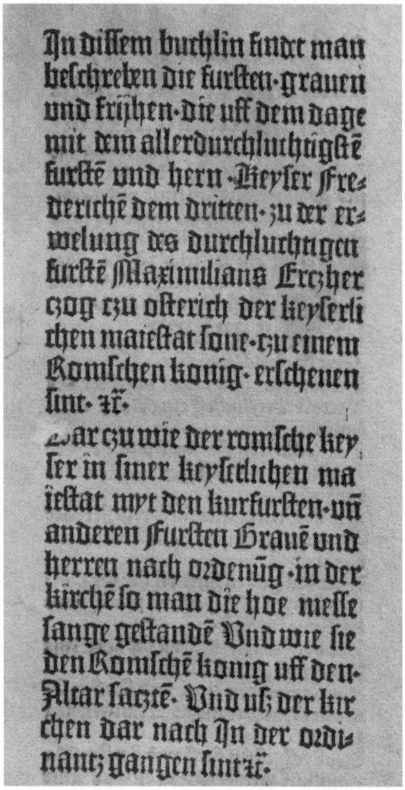
In dissem buchlin findet man
beschreben die fursten·grauen
und frijhen·die uff dem dage
mit dem allerdurchluchtigstẽ
furstẽ und hern·Keyser Fre=
derichẽ dem dritten·zu der er=
welung des durchluchtigen
furstẽ Maximilians Erczher
zog czu osterich der keyserli
chen maiestat sone·czu einem
Romschen konig·erschenen
sint·ꝛc·
..ar czu wie der romsche key
ser in siner keyserlichen ma
iestat myt den kurfursten·vñ
anderen Fursten Grauẽ und
herren nach ordenũg·in der
kirchẽ so man die hoe messe
sange gestandẽ Und wie sie
den Romschẽ konig uff den·
Altar saztẽ·Und usz der kir
chen dar nach In der ordi
nancz gangen sint ꝛc·

Abb. 110: UB Frankfurt, Inc. Qu 504 [http://sammlungen.ub.uni-frankfurt.de/inc/content/pageview/5359577], 1r (Ausschnitt).

173 Vgl. auch *Ve 15*, M-17 bis M-144. Zum Memoria-Programm (*gedächtnus*) von Kaiser Maximilian I. vgl. Jan Dirk Müller: *Kaiser Maximilian I.* in: *²Vl* VI (1987), Sp. 204–236.

174 Die Zuschreibung an Knoblochtzer ist nicht unumstritten: Der *Incunabula Short Titel Catalogue* [*Istc*] folgt der Zuschreibung von *Gw* nicht, sondern nimmt Grüninger in Strassburg als Urheber der Inkunabel an.

Instruktive Information zur Textgattung und eine großformatige Abbildung bietet auch AMELUNG unter den Angaben zu einem Druck von Conrad Dinckmut aus Ulm (Gw M22088).[175]

2. [Gw M2210810: Maximilian I., Römischer Kaiser: *Handel und Vornehmen Etlicher in Flandern gegen die römische Majestät*] entstammt der Auseinandersetzung Kaiser Friedrichs III. und seines Sohnes, König Maximilians (*Gw*: „nach Februar 1488"), mit den Flandrischen Städten, mit denen dann im Oktober 1489 ein Frieden zustande kam, worin Maximilian als Regent in Vertretung seines minderjährigen Sohnes anerkannt wurde.[176] Es ist ein Text, der außer hier in Heidelberg auch bei Friedrich Creussner in Nürnberg gedruckt wurde (Gw M2211010), wovon noch vier Exemplare nachweisbar sind (davon eines in der UB Heidelberg: SCHLECHTER/RIES: 1252). Vom Heidelberger Druck ist nur ein Textzeuge bekannt, und zwar in New York, Morgan Library (vgl. Angaben im *Gw*).

[Gw 02855–02858: *Aufforderung an die Pfarrgeistlichen, für die Verbreitung des Ablasses zum Besten des Kampfes gegen die Türken mitzuwirken*]: Der sogenannte *Türkenkalender*, besser die *manung der cristenheit widder die durken* steht prominent am Beginn des Inkunabelzeitalters, da diese Flugschrift von 6 Bll. als erster Wiegendruck in deutscher Sprache gilt. Er ging aus Gutenbergs Presse in Mainz hervor, ist auf Dezember 1454 datiert (Gw M19909) und beinhaltet, kalendarisch sortiert und mit Gebeten ‚garniert‘, die Aufforderung an verschiedene Fürsten des Reiches, sich im Kampf gegen die ‚Türken‘, die 1453 Konstantinopel erobert hatten, zu engagieren. Jahrzehnte später ist das Thema noch ebenso aktuell. AMELUNG: *FDSW* verzeichnet unter Nr. 150 (S. 340, Abb. 232) einen lateinischen Ablassbrief von Raimundus Peraudi, 1488 *zum Besten des Kampfes wider die Türken*. Die erhaltenen Exemplare, oft auf Pergament gedruckt, um die Wichtigkeit des Dokuments zu unterstreichen, zeigen durch die jeweils handschriftlich annotierten Namen und Daten, wer diese Ablassbriefe erworben hat.[177] Die Komplexität der Kampagne wird durch den vorliegenden Druck deutlich, der nun seinerseits wieder die Pfarrgeistlichen dazu auffordert, die Werbetrommel für derlei Ablässe zu rühren. Im Gegensatz zum *Gw* ordnet das *VE 15* (A-140 bis A-143) diesen Druck Grüninger in Straßburg („um 1500") zu.

[Gw M25010: *Modus quem observabunt commissarii pro tuitione fidei in indulgentiarum publicatione*] entstammt dem gleichen Zusammanhang. Hier wird „um 1487" in lateinischer Sprache formuliert, welches Verfahren die Glaubenshüter (*commissarii pro tuitione fidei*) bei der Veröffentlichung von Ablässen einzuhalten hätten. *ISTC* schreibt denn den Text auch wieder Raimundus Peraudi zu (vgl. vorherigen Eintrag). Unter den zahlreichen *Modi*, die der *Gw* verzeichnet, ist dieser der einzige mit diesem Initium, in *VE 15* findet sich kein Eintrag.

---

[175] AMELUNG: *FDSW*, Nr. 114, S. 226–228 mit Abb. 172, S. 227.
[176] Vgl. K. F. HALTAUS: *Geschichte des Kaisers Maximilian I.*, Leipzig 1865, S. 77.
[177] Vgl. *VE 15*, P-62 bis P-200!

[Gw M12524 und M12528: *Instrumentum iudicum Moguntinensium*]: Es dürfte sich bei den beiden *Gw*-Nummern um denselben Frühdruck handeln, eine Arbeit von 4 Bll., die in den verschiedenen Textzeugen nicht vollständig erhalten ist (das Münchner und das Memminger Exemplar ergänzen einander wohl). Der *Gw* beschreibt den Inhalt des Dokuments so: „Es handelt sich um ein von den Richtern des Mainzer geistlichen Gerichts ausgestelltes Transsumpt [=,Aktualisierung'] der Ablassbulle *Thesauri sacratissimae passionis* Papst Innozenz' VIII., Rom, 10.X.1487, mit Bestätigung des Notars Johannes Fries [...] Mainz, 16.I.1488". Die Zuschreibung an Knoblochtzer erfolgt wohl nicht zuletzt wegen des Einsatzes des von ihm bekannten Initialentyps, hier eines zum *I* gedrehten *H* aus dem ‚romanischen Alphabet', das Knoblochtzer von J. Zainer übernommen hatte:[178]

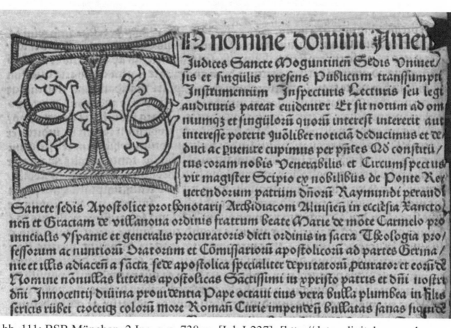

Abb. 111: BSB München, 2 Inc. s. a. 738 m, [Ink I-237]; [http://daten.digitale-sammlungen.de/bsb00039555/image_1], 1ʳ (Ausschnitt).

Bei [Gw M37153: RAUSCHNER, JÖRG: *Einladung zu einem Armbrustschießen nach Heidelberg, 18.V.1490*] handelt es sich um eine ca. 32 × 26 cm große, 62 Zeilen umfassende Einladungsurkunde zu einer Art von Kurfürst Philipp ausgerichteten oder zumindest bewilligten Schützen- und Volksfest, ausgestellt von dem Schützen- oder Zeremonienmeister Jörg Rauschner. Dass der Druck aus Knoblochtzers Werkstatt stammt, ist aus dem Umstand abzuleiten, dass die Initiale, die hier als deutsches *D* zu lesen ist, andernorts in lateinischen Texten wie z. B. bei Jacobus de Jüterbog: *De*

---

[178] Vgl. AMELUNG: *FDSW*, Abb. 31, S. 62 und Text S. 66.

valore et utilitate missarum von 1493 (Gw M10884, Kap. 2) u. ö. um 180° gedreht als *Q* verwendet wurde (s. d.):[179]

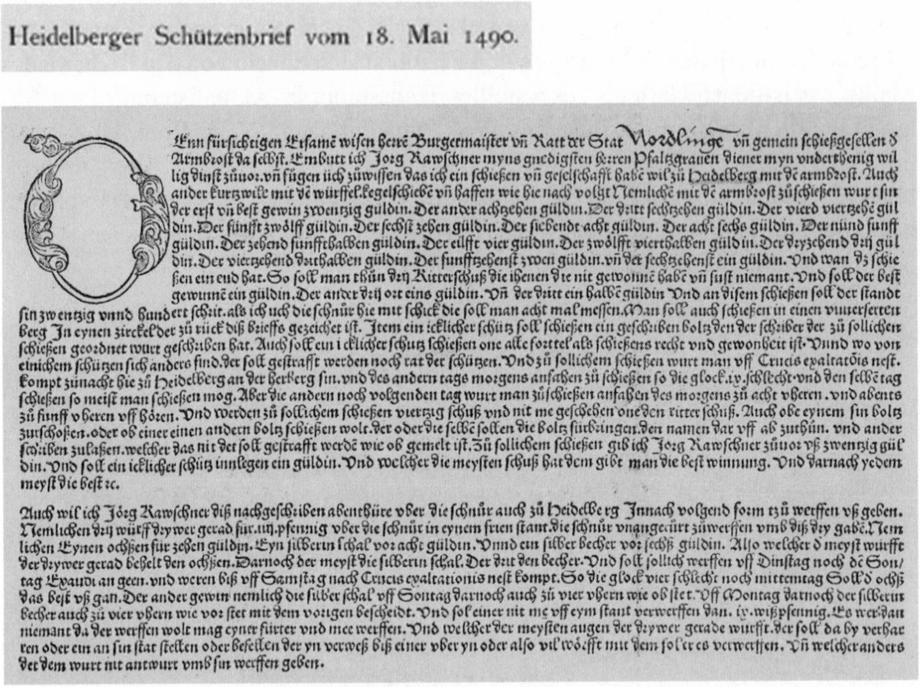
Heidelberger Schützenbrief vom 18. Mai 1490.

Enn fürsichtigen Ersamē wisen herrē Burgermaister vñ Ratt der Stat Nordlinge vñ gemein schießgesellen d
Armbrost da selbst. Embutt ich Jorg Rawschner myns gnedigsten herren Pfaltzgrauen diener myn vnderthenig wil
lig dinst zůuor. vñ fügen üch zůwissen das ich ein schießen vñ geselschafft habē wil zů heidelberg mit dē armbrost. Auch
ander kurtzwile mit dē würffel. kegelschiebē vñ haffen wie hie nach volgt Nemlichē mit dē armbrost zůschießen wurt sin
der erst vñ best gewin zwentzig guldin. Der ander achtzehen güldin. Der dritt sechtzehen güldin. Der vierd viertzehē gül
din. Der fünfft zwölff güldin. Der sechst zehen güldin. Der siebendt acht güldin. Der acht sechs güldin. Der nünd funff
güldin. Der zehend funfftshalben güldin. Der eilfft vier güldin. Der zwölfft vierthalben güldin. Der dryzehend dry gül
din. Der viertzehend drithalben güldin. Der funfftzehenst zwen güldin. vñ der sechtzehenst ein güldin. Vnd wan dz schie
ßen ein end hat. So soll man thůn dry Ritterschüß die ihenen die nit gewonnē habē vñ sust niemant. Vnd soll der best
gewinnē ein güldin. Der ander dry ort eins güldin. Vñ der dritt ein halbē güldin Vnd an disem schießen soll der standt
sin zwentzig vnnd hundert schrit. als ich uch die schnür hie mit schick die soll man acht mal messen. Man soll auch schießen in einen vinnerserten
berg In eynen zirckel der zů rück diß brieffs gezeichet ist. Item ein ieklicher schütz soll schießen ein geschriben boltz den der schriber der zů sollichem
schießen geordnet wurt geschriben hat. Auch soll ein ieklicher schutz schießen one alle forttel als schießens recht vnd gewonheit ist. Vnnd wo von
einichem schützen sich anders find. der soll gestrafft werden noch rat der schützen. Vnd zů sollichem schießen wurt man vff Crucis exaltatōis nest.
kompt zůnacht hie zů Heidelberg an der herberg sin. vnd des andern tags morgens anfahen zů schießen so die glock. ix. schlecht. vnd den selbē tag
schießen so meist man schießen mog. Aber die andern noch volgenden tag wurt man zůschießen anfahen des morgens zů acht vheren. vnd abents
zů funff vheren vff hören. Vnd werden zů sollichem schießen viertzig schuß vnd nit me geschehen one den ritter schuß. Auch obe eynem sin boltz
zurschossen. oder ob einer einen andern boltz schießen wolt. der oder die selbē sollen die boltz fürbringen. den namen dar vff ab zuthůn. vnd ander
schriben zulaßen. welcher das nit det soll gestrafft werdē wie ob gemelt ist. Zů sollichem schießen gib ich Jorg Rawschner zůuor vß zwentzig gül
din. Vnd soll ein ieklicher schütz innlegen ein güldin. Vnd welcher die meysten schuß hat dem gibt man die best winnung. Vnd darnach yedem
meyst die best etc.

Auch wil ich Jörg Rawschner diß nachgeschriben abenthüre vber die schnür auch zů Heidelberg Innach volgend form tzů werffen vß geben.
Nemlichen dry würff drywer gerad für. iiij. pfennig vber die schnür in eynem frien stant. die schnür vngangeürt zůwerffen vmb diß dry gabē. Nem
lichen Eynen ochßen für zehen güldin. Eyn silberin schal vor acht güldin. Vnnd ein silber becher vor sechß güldin. Also welcher d meyst würfft
der drywer gerad behelt den ochßen. Darnoch der meyst die silberin schal. Der drit den becher. Vnd soll sollich werffen vff Dinstag noch dē Son/
tag Exaudi an geen. vnd weren biß vff Samstag nach Crucis exaltationis nest kompt. So die glock vier schlecht noch mittemtag Soll d ochß
das best vß gan. Der ander gewin nemlich die silber schal vff Sontag darnoch auch zů vier vhern wie ob stet. Vff Montag darnoch der silberin
becher auch zů vier vhern wie vor stet mit dem vorigen bescheidt. Vnd sol einer nit me vff eym stant verwerffen dan. ix. wißpfennig. Es wer dan
niemant da der werffen wolt mag eyner fürter vnd mee werffen. Vnd welcher der meysten augen der drywer gerade wurfft. der soll da by verhar
ren oder ein an sin stat stellen oder befellen der yn verweß biß einer vber yn oder also vil würfft mit dem sol er es verwerffen. Vñ welcher anders
det dem wurt nit antwurt vmb sin werffen geben.

Abb. 112: aus FREYS, ERNST: *Gedruckte Schützenbriefe des 15. Jahrhunderts: in getreuer Nachbildung*, München 1912, Digitalisat der UB Heidelberg, Tafel 24 [https://digi.ub.uni-heidelberg.de/diglit/freys1912/0071], (oberer Abschnitt).

Der Brief mit sechs Textblöcken von 21, 10, 9, 10, 4 und 8 Zeilen beginnt:

Denn fürsichtigen Ersamen wisen herren Burgermaister vnd Ratt der Stat [……..][180] *vnd gemein*[181] *schießgesellen der Armbrost da selbst. Embutt ich Jorg Rawschner myns gnedigsten herren Pfaltzgrauen diener myn vnderthenig willig dinst zůuor. vnd fügen üch zů wissen das ich ein schießen vnd gesellschaft haben will zů heidelberg mit den armbrost. Auch ander kurtzwile mit dem würffel, kegelschieben vnd haffen.*[182]

[179] Sogenanntes, ursprünglich aus Ulm stammendes ‚Rokoko-Alphabet' vgl. AMELUNG: *FDSW*, Abb. 34 und Text S. 66.

[180] In die vorgesehene Lücke ist hier von Hand *Nördlingen* eingetragen, dort, im Stadtarchiv liegt auch das einzig erhaltene Exemplar der Einladung.

[181] ‚allen'.

[182] Gemeint ist ‚Glückshafen', eine Art Lotterie. Weitere Information dazu bei *VE 15*, R-6.

Darauf folgt dann im Weiteren die detaillierte Beschreibung von Ablauf und ausge-
lobten Preisen dieses *abenthüres*. Die Datierung am Schluss lautet: *Geben czů heydelberg vnder mynem Ingesigel getruckt zů endt dißer schrifft Vff Dinstag noch dem
Sontag vocem iocunditatis. Anno etc. Nonagesimo*

Abb. 113: Unterer Abschnitt aus derselben Quelle wie Abb. 112, Hervorhebung durch Hinzufügen eines blauen Pfeils, C. R.

Diese Einladungsbriefe haben offensichtlich schon eine längere Tradition: Um
15 Jahre älter, aber im Grunde schon identisch strukturiert, ist die Einladung zu
einem Armbrustschießen aus Ulm 1478 mit 83 Zeilen, das handschriftlich an das
fränkische Allersheim adressiert ist.[183]

[Gw M50312: *Verteidigung der Rechte des Deutschen Ordens auf die Balleien
Apulien und Sizilien*] „nach 25.VII.1492".[184] Die Zuschreibung an Knoblochtzer
wird nach der schon bekannten, aus Ulm stammenden *D*-Initiale zu Beginn des
Textes vorgenommen: *D̲er Teutsche orden. Ist. Als das offenbar am tage ligt/ Jnn
seier ersten Stifftung gesetzt [...] Uff den Adel/ der Teutschen nacion ...*[185]

Ähnlich gelagert ist [Gw 12882: HOHENLOHE, KRAFT GRAF VON: *Klage beim
Schwäbischen Bund gegen die Stadt Schwäbisch Hall. Neuenstein, 29.IV.1493*]: Darin
ist mehrfach auf ‚Missiven', also Sendschreiben, Bezug genommen, eine Gattung
von amtlichen Schreiben, für deren Anfertigung in *Formulare und deutsch Rhetorica*
(1488) eine Anweisung vermittelt wird (s. o. Kap. 4). Da ein Digitalisat von den verzeichneten drei erhaltenen Exemplaren nicht vorhanden ist, gebe ich die Inhalts-
skizze aus *Gw*:

---

[183] AMELUNG: *FDSW*, Nr. 34, S. 108; Dieser Brief war ERNST FREYS 1912 noch nicht bekannt.
[184] Datum ermittelt nach dem Todesdatum Papst Innozenz' VIII., das auf der verso-Seite
erwähnt wird. Vgl. auch *VE 15*, D-4.
[185] Zitiert nach dem Eintrag in *VE 15*, Typengenauigkeit leicht vereinfacht.

[1ʳ] *Den gemeinen hauptlewten des bundes zu ſwaben*

[1ᵛ] *MEin freuntlichen dinſt alles gut vnd gunſtlichen gruß zuuor Wolgeborner freuntlicher lieber Schwager vnd beſunder lieber In vergangen tagen han ich vch gemeinen hauplewten vnd auch der verſamlung des Bundes zů Swaben Die vff montag nach Conceptionis marie negſtuergangen zu Vlme bei einander geweſen ſind geſchrieben [...]*

[3ᵛ, Z. 11] *... Datum Newenſtein vff Montag nach dem Sontag Iubilate Anno .M.cccc.xciij. Crafft Graue von Hohenloe vnd zů ziegennhain etc. Darnach han die von halle Nach beſchluſſe yr miſſiue etliche Clage Artickel wieder mich der ſelben yr miſſiue angehangen Darvff bitte ich mein antwort zůuernemen [...]*

[4ʳ, Z. 34] *... Aber wan die zeit das erheyſchen würdet/ wyll ich dapfferer artickel vnd ſpruche dan die von halle angezeigt han noch zethůn wyſſen/ fürpryngen/ Aber die zů dieſem malen vß vrſache verhalten.*

Eine gute Vorstellung von dieser Art der Publizierung von Klagen, Drohbriefen und Beschwerden gewinnt man, wenn man das im *Gw* verzeichnete *Ausschreiben* dazu nimmt, das in diesem Fall nun vom Schwäbischen Bund ausging und sich gegen den Raubzug von Hans Lindenschmid gegen ein Mitglied des Bundes richtet.[186]

Aus den Jahren 1496–1498, kurz nachdem Knoblochtzer noch das riesige Auftragswerk für Drach in Speyer, die lateinische Ausgabe der Werke Vergils, ‚gestemmt‘ hatte, sind dann Knoblochtzers Typen nur noch in diesen kleinen Drucken nachzuweisen, die inhaltlich dem eben Beschriebenen vergleichbar sind. Das legt die Vermutung nahe, dass sie evtl. nach Niedergang der Offizin gar nicht mehr von Heinrich Knoblochtzer selbst angefertigt wurden:

[Gw M33125: KURFÜRST PHILIPP VON DER PFALZ: *Ausschreiben betr. Übernahme des Reichsvikariats*]: Einblattdrucke, die auf Kurfürst Philipp d. A. zurückgehen, sind nur sehr wenige überliefert (drei Nummern bei *Ve 15*: P-220 bis P-222, zwei davon Prüss in Straßburg zugeordnet): *Philips von gots gnaden Pfaltzgraue bei Rein Hertzog in Beyern des heiligen Romischen richs Erttzdruchseß vnd Kurfurst* beginnt das einseitig bedruckte Blatt von 32 Zeilen (zitiert nach *Ve 15*, P-221), die Datierung am Schluss lautet: *Datum heydelberg vff Samstag nach Bartholomej Apostoli. Anno domini Milesimo quadragenesimo Nonagesimo Sexto* (zitiert nach *Ve 15*, wie zuvor). Sie gibt den Termin der Ausfertigung an, nicht des Drucks, weshalb *Gw* „nach 27.VIII.1496" datiert.

[Gw M47454 und M4745410: TRATT, HANS VON: *Ausschreiben über seinen Handel mit der Stadt Weißenburg*] „nach 17.I.1497": Mit einer Flut von Höflichkeitsfloskeln beginnt das Schreiben, mit dem sich Tratt gegen die Verleumdungen und Übergriffe der Stadt Weißenburg verwahrt:[187] *(A)llen vnd jglichen hochwirdigen durchluchtigen hoch vnd wolgebornen Erwirdigen wirdigen edeln strengen vesten Ersamen fürnemen wisen Geistlichen [...] Embiet ich hans vom dradt Ritter der pfaltz marschalck*

---

[186] Gw M40956–M40959, und auch AMELUNG: *FDSW*, Nr. 152, S. 342.

[187] Genauere Beschreibung in *Ve 15*, T-23 und 24, daraus auch die folgende Transkription (im Typenrepertoire leicht vereinfacht).

Min vndertenig schuldig gehorsam willig früntlich dinst. Dass sich Hans von Tratt für die Austragung seiner Streitigkeiten und Reklamierung seiner Rechte gerne des neuen Mediums Druck bediente, belegen zwei weitere, ähnlich lautende Einträge unter seinem Namen im *Gw*, eine davon von Drach in Speyer gedruckt (M4745310).

[Gw M51378: WALBRUN, HANS UND PHILIP VON: *Beschwerde über die Ermordung ihres Vaters Hans von Walbrun durch seinen Bruder*]: Das Ausschreiben, das mit einer Flechtwerk-*A*-Initiale aus Knoblochtzers Repertoire beginnt, wendet sich an die *Gnedigsten vnd gnedigen lieben herren vnd guten fründe* (Z. 5)[188] mit der Versicherung, dass die beiden Ausfertigenden, Hans und Philip von Walbrunn, von der Ermordung ihres Vaters ausgehen: *vns zwyffelt nit der groe vnmelich vnnatürlicher freflicher mort vnd strafwirdig vbel an hern hanßen von walbrün ritter vnserrn lieben vatter seligen durch syn brûder [...]* (Z. 5 f.). Darauf folgt eine Skizze über den Lebenslauf des mutmaßlich Ermoderten und die Aufforderung, den Mörder *Crafft des heilligen richs ordenung zû worms* (Z. 41) zur Rechenschaft zu ziehen. Ausgefertigt ist das Dokument *vff sant Symon vnd judas obent Anno domini millesimo Quadringentesimo Nonagesimo Octauo* (= 27.10.1498).[189] Der Druck selbst wird von *Gw* und *VE 15* „vor 13.I.1499" datiert.

10 Erzählende Literatur (überwiegend *delectatio*)

Zwischen Information, Panegyrik und erzählender Literatur ist der 460 Reimpaare umfassende *hubsche spruch* angesiedelt, der nur in diesem Druck (ohne Zeilenumbruch bei den Reimpaaren) überliefert ist [Gw 09056: DRABSANFT, MATTHIAS: *Von den Schlachten in Holland*] und in dem *Mathiß Drabsanfft [...]* seinem/seinen Befehlshaber(n) und dem König Maximilian *zu dienst und zu eren* in 460 Reimpaaren teils aus eigener Anschauung die Ereignisse bei der Niederschlagung eines „Aufstand[s] der holländischen Adelspartei" schildert.[190]

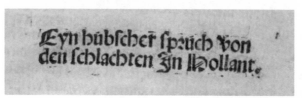

Abb. 114: SBB Berlin, PK, Inc. 1206, 8 [https://digital.staatsbibliothek-berlin.de/werkansicht?PPN=PPN818846801&PHYSID=PHYS_0005&DMDID=], 1ʳ (Ausschnitt).

---

[188] Zitate nach Abb. 98 im ersten Band von *VE 15*, dort auch weitere Information unter W-1, Bd. 3, S. 596.
[189] Zitiert nach *VE 15*, W-1 unter Korrektur der Druckfehler der Inkunabel.
[190] FRIEDER SCHANZE: *Drabsanft, Mathis*, in: ²*VL* 2 (1979), Sp. 220 f.

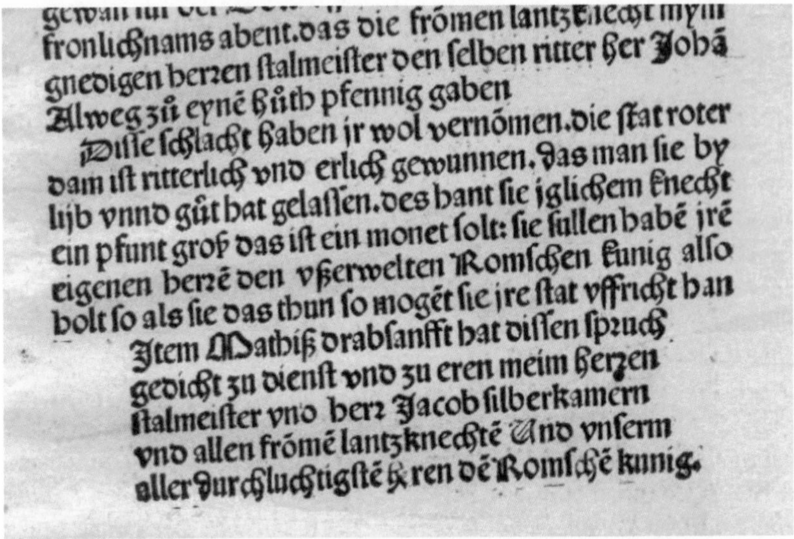

gewan hn der ...
fronlichnams abent.das die frömen lantzcnecht myn
gnedigen bertzen stalmeister den selben ritter her Johā
Alweg zū eynē hūth pfennig gaben
Diſſe ſchlacht haben ir wol vernōmen.die ſtat roter
dam iſt ritterlich vnd erlich gewunnen.das man ſie by
lijb vnnd gūt hat gelaſſen.des hant ſie jglichem knecht
ein pfunt groſ das iſt ein monet ſolt: ſie ſullen habē jrē
eigenen bertzē den vſſerwelten Romſchen kunig alſo
bolt ſo als ſie das thun ſo mogēt ſie jre ſtat vffricht han
Item Mathiſ drabſanfft hat diſſen ſpruch
gedicht zu dienſt vnd zu eren meim hertzen
ſtalmeiſter vnd hertz Jacob ſilberkamern
vnd allen frömē lantzknechtē Vnd vnſerm
aller Durchluchtigſtē herren dē Romſchē kunig.

Abb. 115: SBB Berlin, PK, Inc. 1206, 8 [https://digital.staatsbibliothek-berlin.de/werkansicht?
PPN=PPN818846801&PHYSID=PHYS_0015&DMDID=], 6ʳ (Ausschnitt).

Ein fehlerhafter Druck des Blattes, dessen obere Ränder nach Faltung auf 3ʳ und 4ᵛ
(von insgesamt 6 Bll.) zu liegen kamen (Abb. hier 4ᵛ), dürfte als ,Mängelexemplar'
auch damals „um 1489" schon zu einer Wertminderung des Heftchens geführt haben:

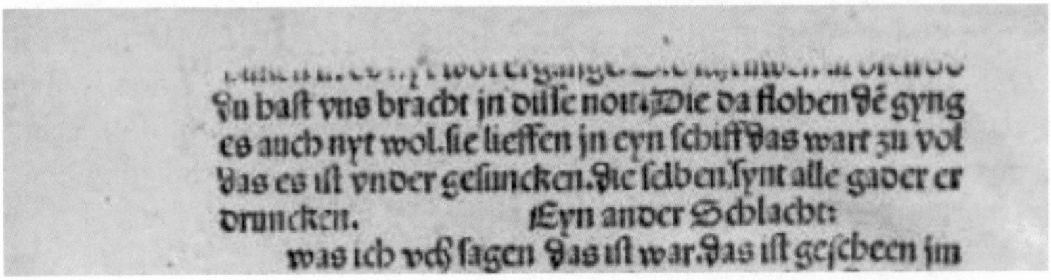

... wor ergange ...
ſu baſt vns bracht jn diſſe not.Die da floben hē gyng
es auch nyt wol.ſie lieffen jn eyn ſchiff das wart zu vol
das es iſt vnder geſuncken.Die ſelben ſynt alle gader er
drunckten.   Eyn ander Schlacht:
was ich vch ſagen das iſt war.das iſt geſchben jm

Abb. 116: SBB Berlin, PK, Inc. 1206, 8 [https://digital.staatsbibliothek-berlin.de/werkansicht?
PPN=PPN818846801&PHYSID=PHYS_0012&DMDID=], 4ᵛ (Ausschnitt)

Der künstlerische Wert der Arbeit war ohnehin überschaubar, das zeigt eine Kost-
probe von Bl. 3ᵛ: *Die slacht wol wir lassen faren. Vnd wollen von eyner frisschen
nůwen sagen, die vff dem wasser ist geschen. Ritter vnd knecht hant das gethan man-
cher stoltzer man hat das gesehen. Do es wart am viij. tag noch vnsers heren vffartz.
Den man nent den non tag. Nůn merckent jr herren was ich vch sag. Do gebrach den
von rotterdam. Fleisch brot wyn vnd ander profand.* Die Punkte sollen wohl überwiegend die Reime markieren.

[Gw 12795 und 12796: *Historia. Sigenot.* 1490 und 1493, erstere Inkunabel mit
Beigabe einer Exempelerzählung vom *Rosenkranz unserer lieben Frauen*, s. o. Kap. 8]:
Wie schon beim *Ackermann von Böhmen* (s. o. Kap. 6) ergab sich (wohl nicht zu-
fällig) ein Einfluss der Interessen, die sich in der kurfürstlichen Bibliothek ablesen

lassen, auf Knoblochtzers Druckprogramm bei einem weiteren Druckwerk von 1490
(und 1493), das nun eindeutig eher der *delectatio* zuzuordnen ist: Es handelt sich um
die in heldenepischen Strophen abgefasste Erzählung von den abenteuerlichen Er-
lebnissen des Dietrich von Bern (historisch eigentlich Theoderich der Große; *Bern* =
,Verona') mit dem Riesen ,Sigenot', in dessen Gefangenschaft der Held zeitweise
gerät, jedoch von seinem ,Mentor' und Meister Hildebrand wieder befreit werden
kann. Der von der Germanistik etablierte Titel *Sigenot*, den auch der *Gw* übernommen hat, ist hier etwas irreführend, im Mittelalter und auch hier im Druck lief das
Werk unter dem Titel *her Diethrich von Berñ*,

Abb. 117a (oben) und 117b (unten): SBB Berlin, PK, 4° Inc. 1200 [https://digital.staatsbibliothek-
berlin.de/werkansicht?PPN=PPN729131610&PHYSID=PHYS_0005&DMDID=], 1ʳ (117a)
und [https://digital.staatsbibliothek-berlin.de/werkansicht?PPN=PPN729131610&PHYSID=
PHYS_0045&DMDID=], 21ʳ (117b) (jeweils Ausschnitt).

Auch dieser Text war (wie der *Ackermann von Böhmen*) in einer handschriftlichen Fassung aus der berühmten Hennflin-Werkstatt[191] Bestandteil der Büchererbschaft von Margarethe von Savoyen an ihren kurpfälzischen Sohn Philipp (Cpg 67).[192] Doch mag der Druck auch daher angeregt worden sein, direkt abhängig sind die Heidelberger Inkunabeln nicht von der Handschrift der kurpfälzischen Bibliothek: Mit Blick auf die Verwandtschaft der Darstellung des Eröffnungsbildes könnte man meinen, Knoblochtzer habe die Heidelberger Handschrift für seinen Inkunabeldruck zum Vorbild genommen:

Abb. 118a (links) und 118b (rechts): UB Heidelberg, Cpg 67 [https://digi.ub.uni-heidelberg.de/diglit/cpg67/0007] 1ʳ (118a) und SBB Berlin, wie oben: [https://digital.staatsbibliothek-berlin.de/werkansicht?PPN=PPN729131610&PHYSID=PHYS_0007&DMDID=], Bl. 2ʳ (118b) (Ausschnitt).

Der Text des Druckes hängt aber, so ergab eine Kollationierung der beiden Textzeugen, nicht von Cpg 67 ab.[193] Und eine weitere Umschau belegt, dass Knoblochtzers Holzschnitte vereinfachte, seitenverkehrte Nachschnitte einer Augsburger Inkunabel aus dem Jahre 1487/88 sind, von der sich nur wenige Seiten erhalten haben:

---

[191] Vgl. dazu die überaus instruktive Seite von ULRIKE SPYRA und MARIA EFFINGER von 2012: https://digi.ub.uni-heidelberg.de/de/bpd/glanzlichter/oberdeutsche/hennflin.html (6.10.2020).

[192] Vgl. BACKES (1992), S. 184, ZIMMERMANN (1999), S. 17.

[193] So auch die Neuedition des *Sigenot* von E. LIENERT/E. PONTINI/S. BAUMGARTEN, Berlin/Boston 2020 (*Texte und Studien zur mittelhochdeutschen Heldenepik 12*), S. 47.

Abb. 119a (links) und 119b (rechts): BSB München, Rar. 317 [Ink S-382], Gw 12794, [http://daten.digitale-sammlungen.de/bsb00017547/image_4], (Fragment) (119a) und SBB Berlin, wie oben [https://digital.staatsbibliothek-berlin.de/werkansicht?PPN=PPN729131610&PHYSID=PHYS_0025&DMDID=], Bl. 11ʳ (119b) (jeweils Ausschnitt).

Für seine zweite Ausgabe dieses offensichtlich erfolgreichen Titels von 1493 [Gw 12796] verwendet Knoblochtzer die Holzschnitte nochmals.[194] Den Text aber muss er neu setzen, erreicht durch geschickteren Umbruch eine Reduzierung des Papieraufwands von vorher 22 auf jetzt 20 Bll. Von dieser zweiten Auflage ist nur ein, zudem sehr ramponiertes Exemplar erhalten (GNM Nürnberg, Inc. 4° 76786, Digitalisat vorhanden). Dass auch von zwei weiteren Drucken aus Reutlingen 1495 und Nürnberg „nach 1500(?)" [Gw 12796 und 12799] nur Fragmente überliefert sind, spricht für den intensiven Gebrauch des Textes beim mittelalterlichen Leser. Möglicherweise sind einige Auflagen auch ganz verloren gegangen. Auch noch erhalten sind zwei Exemplare einer Erfurter Ausgabe von 1499 [Gw 12798], die als Bildprogramm nur die Eröffnungsszene (Dietrich und Hildebrand im Gespräch) als größeren Nachschnitt der bekannten Muster aus Augsburg und Heidelberg in der Funktion des Titelblattes bietet.

---

[194] Die von HEITZ/RITTER übernommenen Angaben zu den Abhängigkeitsverhältnissen der Holzschnittfolgen in den beiden Heidelberger Ausgaben bei LIENERT/PONTINI/BAUMGARTEN: *Sigenot* (vgl. vorherige Fußnote), S. 22 sind etwas missverständlich. Es wurde einfach in der Ausgabe von 1493 ein Holzschnitt auf Bl. 17ʳ und 18ʳ doppelt verwendet, wo in der älteren Ausgabe (18ᵛ und 19ᵛ) noch zwei verschiedene Illustrationen eingesetzt worden waren.

[Gw 10289: FRANKFURTER, PHILIPP: *Der Pfarrer vom Kalenberg*]: Von diesem Werk, dessen Entstehung man sich um 1470 in Wien vorstellt,[195] hatte Knoblochtzer möglicherweise Kenntnis durch Mechthild von der Pfalz (*1419), die in zweiter Ehe mit Erzherzog Albrecht VI. von Österreich (†1463) verheiratet war und nach dessen Tod den ‚Musenhof' in Rottenburg unterhielt. Mit der eben (beim ‚Sigenot') schon erwähnten Margarethe von Savoyen war sie doppelt verschwägert und starb 1482 in Heidelberg.[196] Das Werk ist handschriftlich gar nicht, in Drucken nur sehr schlecht überliefert. Die beiden Ausgaben aus Augsburg 1480 und der niederdeutsche Druck aus Lübeck „nicht vor 1500" sind in keinem Exemplar vollständig überliefert, einige Inkunabelausgaben, so vermutet der *Gw*, dürften auch „verlorengegangen" sein.

Im selben Jahr wie die Heidelberger Inkunabel „[14]90", kam eine auch in Nürnberg heraus (60 Bll. in 8°, 36 Holzschnitte). Die Heidelberger Ausgabe ist mit 38 kleinen Illustrationen ausgestattet, wobei das letzte Bildchen bereits zu einer Reimpaar-Erzählung *von dem aller schonsten ritter Alexander vnnd von seiner schonen frauwen* gehört,[197] die Knoblochtzer auf frei gebliebenem Papier seiner Folioausgabe von 19 Bll. zur Steigerung der Attraktivität noch beigibt. Die Scheu, leeres Papier zu verkaufen, war offensichtlich in diesem Fall so groß, dass Knoblochtzer auf der Verso-Seite des Titelblattes:

Abb. 120: ULB Darmstadt Inc. III-29 [http://tudigit.ulb.tu-darmstadt.de/show/inc-iii-29/0001/image], 1ʳ (Ausschnitt).

auch noch den informierenden Text darüber beigibt, *was zeyt vnd monat im iar ein ieglicher visch am besten sey* (s. o. Kap. 9 A).

Am Ende des Kerntextes vom *Pfarrer vom Kalenberg* ist der Autor genannt:

---

[195] Vgl. HELLMUT ROSENFELD: *Frankfurter, Philipp*: in: ²*VL* 2 (1979), Sp. 817–820.
[196] Vgl. auch das Kapitel 4.2. „Die Rolle der adligen Damen" in: BACKES (1992): S. 171–191.
[197] Über das Märe, „das in ungewöhnlicher Weise eine Ehebruchsgeschichte mit dem Thema der treuen Minne" verbindet, vgl. FRIEDER SCHANZE: ‚*Ritter Alexander*', in: ²*VL* 8 (1992), Sp. 94 f.

Dô feß der pfarer geftozßen ift
got fy mit im zü aller frift
Jn siner hochen ewekeyt
Vñ maria dye reine meit
Alßo will ich loffen do von
wer ynder do eyn biderman
Vñ der noch wyter wer gewefen
dan ich / vñ het sin mer gelefen
Der mag es wol fetzen her zü
wol beyde fpat vñ auch frü
Blybt es von mir vnußgefchlagen
ich wolt im des danck fagen
Wänynder lebt vff erden kein man
der alle ding gantz wyffen kan
Darümb bit ich euch allgemeyn
arm reich groß vñ auch klein
All dy die legend hören lefen
das fie mir wollen gnedig wefen
Mit iren worten vñ fchimpff
das es mir nit bring vngelimpff
Ob ich zü lützel oder zü vyl
vñ nyt begriffen het das zyl
das macht das ich bin vngelert
vñ fuch dy kunft byn von mir kert
Darümb ift myn gemüt fo fchwer
fo redt phillip franckfurter
Zü wien in der löblichen ftat
der das zü rymen gemacht hat

Jtem von eynem frantzofifchẽ ritter
der dz aller fchönft wyep het in finer
rifte. vñ wie er noch mit einer fchön/
ern in einem andern land fin ee brach
da durch dy beide in den thurn gelit
wurten. vñ wie fin recht ee weip fi
beyde erledigt von dem tod

Vñ hört von eyner hyftorien
wie eyner erloft ward võ forgen
Der bübft ritter von gar vnd leiß
vñ het das aller fchönft weiß
als fie in wyten landen was
ir beider fchon waß an maß
Dar zü er eren halb nit ließ
der ritter alexander hieß
Vnd was von gebürt ein frantzoß
mit fchilt fper zü fuß zü roß
Ward maniger helt von im verfett
vñ bezwungen mit dem fchwert
Deß halb fein lob erhal gar weit
daß dort ein herolt vff ein zeit
Vñ fprach got hat ye gethon
finder gnad an difem man
Vñ finem weib mit großer fchon
doch ob ir ein andere cron
Die wont zü lon in engelant
do wirt dye fchönft euch bekant
Die lang geboren ward võ einẽ wiß
do dacht der ritter minen liep
mag ich do bin wie es mir gee
vñ folt ich kumen nömer mer
Nicht dan ein knecht er mit im nam
vnd alß er in dye ftat dort kam
Gar offt er den weg mit füßen maß
Vñ alß fie eineft darauß drat

Abb. 121: ULB Darmstadt Inc. III-29 [http://tudigit.ulb.tu-darmstadt.de/show/inc-iii-29/0034/image], 17ᵛ (Ausschnitt, Hervorhebung durch Hinzufügen eines blauen Pfeils, C. R.).

Am Ende des ganzen Druckwerkes, also nach der Geschichte *Vom Ritter Alexander* nennt sich der Drucker, eingebunden in ein letztes haarsträubendes Reimpaar, das immerhin verrät, dass man sich als Leserschaft dieses Textes hauptsächlich weibliches Publikum vorstellte:

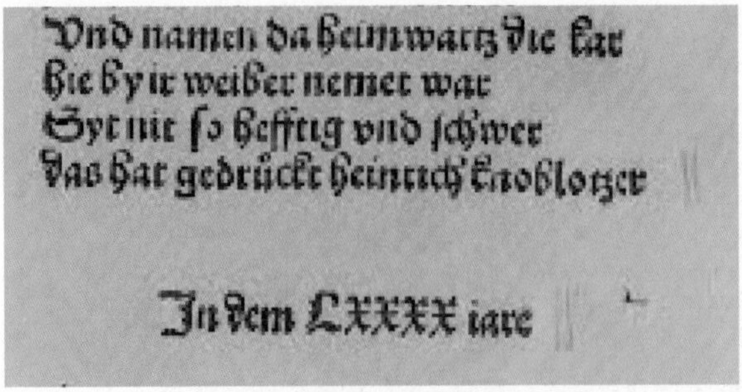

Vnd namen da heimwartz die kat
Sie sy ir weiber nemet war
Syt nit so hefftig vnd schwer
Das hat gedrückt heinrich knoblotzer

In dem LXXXX iare

Abb. 122: ULB Darmstadt Inc. III-29 [http://tudigit.ulb.tu-darmstadt.de/show/inc-iii-29/0037/image], 19r (Ausschnittt).

Möglicherweise ist der Druck am Rande auch vom Interesse des Humanistenkreises motiviert, der ja ganz offensichtlich auch Einfluss auf Knoblochtzers Druckprogramm nahm. Man denke an die Schwankbeigaben im 4. Buch der *Mensa philosophica* (Kap. 5). Dann wäre ein möglicher Gebrauchszusammenhang der Schwanksammlung auch kurzweilige Tischunterhaltung, eine Art weltliche Tischlesung.

[Gw 12663 *Historia. Melusine*, deutsch]: Von einer französischen Prosafassung dieses (auch seinem Ursprung nach französischen) Stoffes von Jean d'Arras sind ebenfalls Inkunabeln erhalten (Gw 12649–12654, „1478" bis „um 1498"). Erstaunlich ist jedoch, dass dieser Text auch im deutschsprachigen Raum eine breite Rezeption fand. Sie fußt auf der deutschsprachigen Prosa des Berner Stadtbeamten Thüring von Ringoltingen,[198] dessen Bearbeitung allerdings auf die Versfassung „des poitevinischen Dichters Couldrette" zurück geht (Jan-Dirk Müller, Sp. 908). Die *delectatio* über die Wundergeschichte von Melusine, die, halb Mensch halb Meerwesen, den in Not geratenen Fürsten Raimund nicht nur rettet, sondern ihn auch heiratet, scheint den genealogischen Aspekt der Geschichte (aus den reichlich männlichen Nachkommen, die alle mit einem ‚Muttermal' versehen sind, leitet ein französisches Adelsgeschlecht seine Herkunft ab), im deutschen Sprachraum überwogen zu haben. Den eigentlichen Motivationskern für die Geschichte, nämlich, dass Melusine ihre Ehe mit Raimund davon abhängig macht, dass sie sich jeden Samstag von ihm unbeobachtet in das ursprüngliche Mischwesen zurückverwandeln darf, und ihr Mann aber eines Tages dagegen verstößt und damit eine Katastrophe auslöst, verschweigt die Vorrede der Heidelberger Inkunabel vom 13.12.1491 zugunsten einer ambitionierten Wahrheitsbeteuerung (in Übersetzung)[199]: ‚Diese abenteuerliche Geschichte erzählt uns von einer Dame namens Melusine, einer Meerfrau von königlicher Abstammung, die aus dem Berge Avalon gekommen war. Dieser Berg liegt in Frankreich. Und diese Meerfrau wurde jeden Samstag vom Nabel abwärts ein lang-

[198] Jan-Dirk Müller: *Thüring von Ringoltingen*, in: ²*VL* 9 (1995), Sp. 908–914.

[199] Meiner Übersetzung liegt der kritisch edierte Text von Karin Schneider zu Grunde: *Thüring von Ringoltingen, ‚Melusine'*, Berlin 1958 (*Texte des späten Mittelalters 9*), S. 36. Die Inkunabel enthält nämlich einige Druckfehler, die eine Übersetzung schwer machen.

gestrecktes Drachenwesen, da sie zur Hälfte ein Geistwesen hatte. Es stammten von ihr auch große, mächtige Geschlechter ab mit Königen, Fürsten, Grafen, freien Rittern und Knechten, deren Nachkommen noch heute namhafte Leute dieses Standes sind, woran man erkennt, dass diese Geschichte durch eigene Erfahrbarkeit zeigt, dass sie voll und ganz der Wahrheit entspricht.'

Abb. 123: GNM Nürnberg, Inc. 4° 101382; Knoblochtzer, Heidelberg 1491 [http://dlib.gnm.de/item/4Inc101382/7], 2^r (Ausschnitt).

Deutsche Inkunabelausgaben sind nun sogar älter (schon ab 1474) und zahlreicher (zumindest erhalten) als die französichen. Zehn Ausgaben verzeichnet der *Gw*, neun hoch- eine niederdeutsche: Gw 12655–12664. Die ältesten stammen aus Augsburg und Basel (Gw 12655 und 12656), vier Druckausgaben gehen allein auf Knoblochtzer zurück, drei davon entstanden in Straßburg und eine in Heidelberg. In der Ästhetik der Präsentation und auch der Zahl und Art der Holzschnitte folgt Knoblochtzer in seinen Straßburger Ausgaben (Gw 12657, 12658, 12661: „um 1477"/„um 1481/83") ganz der Inkunabel aus Basel (Gw 12656: „um 1474"), doch kann er den Papieraufwand durch entsprechende Typen- und Satzwahl von 100 zunächst auf 79, dann auf 64 Bll. absenken (allesamt 2° Format).

Repmōd do der dise grüſſenlich vñ frōmde geſchōp
ffet ſin ſinē gemahel geſach Do ward er gar ſer be
kümbert vñ von allē ſinem gemütte betrübt /vñ er=
ſchrack vs der acht võ diſer geſicht / vñ ſtund alſo
võ vorcht /in grōſſen ſorgē dz im der ſchweis võ nōt vs gieng /
doch er beſinte ſich vñ vmacht dis lochlin / ſo er mit dē ſwert
gemacht hat /wider mit emē tüchlin / vñ wachs vñ vſach ſich
mit dz es ſin gemahel befundē het /Was er geton hatte vñ ker
te do mit ſchwigēde võ dannē in grōſſem zorn vnd wider müt
vber ſinē bruder vñ er beſigelt nu dis loch wol vñ widerumbe
das niemāt hin geſehē mōcht vñ kam do wider zū ſinē bruder
In grōſſem zorn vñ grymikeit /do in der bruder ſach komē do
bedūcht in wol /repmōd wer vaſt zorņig /vñ vſach ſich er het
ſin wip meluſinē an etwas vnerlicher getātt vnd an vntruwen

Abb. 124: SBB Berlin, 4° Inc 2223; Knoblochtzer, Straßburg 1478 (Gw 12658) [https://digital.
staatsbibliothek-berlin.de/werkansicht?PPN=PPN729132951&PHYSID=PHYS_0079&
DMDID=], 38ʳ (Ausschnitt).

In der Heidelberger Ausgabe reduziert Knoblochtzer den Umfang dann auf gar nur
40 Bll. in 4°. Das war freilich nur durch den Einsatz neuer, kleinerer Holzschnitte im
spiegelverkehrten Nachschnitt der Straßburger Bilder zu erreichen:

vnd herberg an do in er dē ymes gehebt
hat an vñ verbrāt vñ verdarb d virt vñ
alles sein haußgesind kint vñ diener vñ
sich man noch dy geußē des hauß.nu tū
ich wid an dy hystory vñ füget sich auff
eine samßtag.dz Reimōd (Melusinenn
aber verlore het als auch ano samßtag
doch het er sy nit darūb versucht noch ir
nach gefragt vñ sin geluß vñ eid gehal
tē dan er auch dan guts vñ nit arges ni
gedacht.vñ ist d zeit eben do wz d graff
vom Vorst Reimōds vatter abgāgen
mit dez tod.darūb so kaz sein brüd d elt
test d do zū mol graff wz zū.Lusinē zū
sein brüd d in gar schön vñ erlich entpfy
eng vñ dis wz zū einer hochzit dz dy gra
ssen vñ kunos herrē zū hoff zū urē herrē
geritten warent do sprach d graff vom
Vorst zū sein brüd.lyeber brüd heyssent
eweren gemahel her ur zū urē vñ euwe
ren gesten kümen vñ sy entpfohen vnd
ur er an tho als ir geziemt.Reimōd aut
wurt vñ sprach.lieber brüd last vch nyt
belangen morgen solle ur sy sehenn also
wart nu d ymbiß geben erlich vñ nach
dez ymbis do nam d graff vom Vorst
sein brüd besund vñ sprach Reimōd lie
ber brüd ich besorge ir sient verzoubert
vñ dz ist ein gantz lantmer.vnd spricht
menglich ir sint nit wol bedacht das ir
nit sollent noch gedörent ewer gemahel
noch fragen wo sy od wye sich halt am
samstag.vñ ist ein fremde sach dz ir nyt
solt wissen wz ir gewerb tho oder lossen
sy.Vñ ich muß es vch sagen ir hant sein
grosse vnere vñ hund rede vil.dan etlich
meinent sy treibe hüberey vnd hat ander
kent lieber dan vch etlich sprechent es sye
ein gespenste vñ ein vngehür wesen vm
sy.Dis sag ich uch als meynem brüder
vnd rat vch daz ir gedenckt zū wissen wz
ir gewerb seyg daf ir nit also zū einem to
ren gemacht vñ ir von ir geefft werden
Reymond do er dise mer bort do wart
er von zorn rot darnach bleich vñ kert
an mer wort von seinem brüder in gros

grimigkeit vñ in herten zorn vñ ging
gar schnelle vñ nam sein schwert vnnd
lieff an ein kammer vor ur er vor nie kū
men was.dan.(Melusyna die ie selbs zū
ir heimlichkeit gebauwen het vnd kam
an ein eisnne tür do stūd er vnnd gedacht
wz im zū tho wer nach seins brüd wor
ten also.do kaz ym zū sennen vñ geda
chte das sein weib gegen ym vntrulich
für vñ bůberey tryb vnd villicht yetz an
sollichem end wer des sy laster vñ vnre
het.er zoch sein schwert auß vñ sucht wo
er möcht ein loch finden do durch er sins
gemahels gewerb sehe vñ do durch er
der worheit innen wart vñ auß zwiffel
kummen möcht vñ macht myt seinem
schwert ein loch durch die tür.Ach wye
werckte er im selbs do so groß vbel dan
er verlor do durch alle freud vñ lüst dy
ser zeyt Reymond sach nu durch dz loch
hin in vñ sach dz sein weybe inn einem
bad nacket saß vnd sy was von dem na
bel auff auß der achte ein schön weiblich
bild võ leib vñ angesicht schön.aber võ
deznabel hin ab wz sy ein groser lauger
wurmb.võ blower lasur mit weisser sil
bere farwe vñ dar vnd silberin tröpflin
gesprenget vndeinand als ein schlang.

¶ Wye Reimōd mellusinen im bad sa
ch vñ er vbel erschrack vñ in grossen zo
ren seine brüd võ im schickt wan er im ar
ges võ (Melusinē sagt dz es aber nit sur
den het

Abb. 125: GNM Nürnberg, Inc. 4° 101382; Knoblochtzer, Heidelberg 1491 [http://dlib.gnm.de/
item/4Inc101382/44], 20ᵛ (Ausschnitt).

Gleichwohl wurde die Attraktivität des Werkes durch den Einsatz zahlreicher
Initialenholzschnitte gesteigert, von denen ziemlich alle Versionen, die wir aus
Knoblochtzers Drucken bisher schon kennengelernt hatten, hier wieder erschei-
nen:

Je ward die hoch
zeit an gehabenn
mit freüden vnd
myt eren·vñ ward
do gestochen ge/
tantzet vñ kurtz/
weil vil getriben
Der künig stach
zü mol wol vnd
wert die hochzeit acht tag.darnach wol
ten sy von hoff scheiden vnd vrloub fo:
deren so kumpt ein bott schnell geritten
von Beßem vnd fragt nach dem künig
von Elsas vnd also ward er schnelle in
gelossen vñ bracht deß künig brieff do er
dye auff geret vnd gelesen hett.

¶ Wye des künig vo̅·Elsas botschafft
kam dz die Türcken seinen brüder dem
künig vo̅ Beßem Prag beleget hettenn

S erschrackt er ser
vnnd sagt yn al
leun das ym der
künig von Beße
botschafft getho̅
vnnd verschribe̅
het. daß er keiser
auß der türckey
dye stat zü Prag
gar mit starckem volck besessen het vnd
er von niemant entschuttung noch hie
lff west zü habenn dann von ym vnnd
das er ynn vmb hilff vnnd brüderlyche
truwe hoch ermanet het vnnd batt der
künig zü stund dye beydenn gebrüder
mit grossem ernst demüttiglichen das
sye vmb der gantzen cristenheyt vnnd
vmb seinns brüder dienst willenn auch
vmb irs truwen nammen willen wolte̅
yar zü hilff thonn das dye heydischenn
vnnd Türckischen diet von Beßem uß
dem land geschlagenn wurdenn vnnd
seynn bruder entschutter wurd.Do ant
wurt Anthom vnnd sprach.Lyeber her
sint vnerschrockenn.Dann wissent sych
er furwar meynn brüder Reinhart der
soll yar farenn myt vch vnnd mit man
gem türenn ritter vnnd soll do zü thon
myt der hilff des der alle ding vermag.
das dye heydenn von Pannenals ich zü
got hoff geschlagenn vnnd vertribenn
werdenn.Solltent ir euch auch myt eu/
wer macht besammelen vnnd vnnd wy
der her kummen Als dann so züchst me
ynn brüder myt euch.

Er danckte ym d
künig gar fleissig
lichen vñ sprach.
Ist den das vns
gelingt als ich zü
gott hoff.so hatt
mein brüder eyn
enig tochter dye
ym fast lyeb ist.
versprich ich vch by meinenn treun das

Abb. 126: GNM Nürnberg, Inc. 4° 101382 [http://dlib.gnm.de/item/4Inc101382/34], 15ᵛ
(Ausschnitt).

Die werbewirksame Betitelung:

Melosine geschicht.
Mit den figuren.

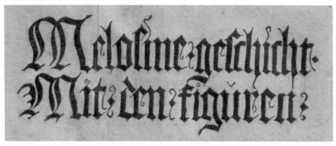

Abb. 127: GNM Nürnberg, Inc. 4° 101382 [http://dlib.gnm.de/item/4Inc101382/5], 1r (Ausschnitt).

weckt also durchaus keine falschen Erwartungen. Der Kolophon weist den maximalen Datensatz der Firmierung einer Inkunabel auf: Drucker, Druckort und genau umschriebenes Datum:

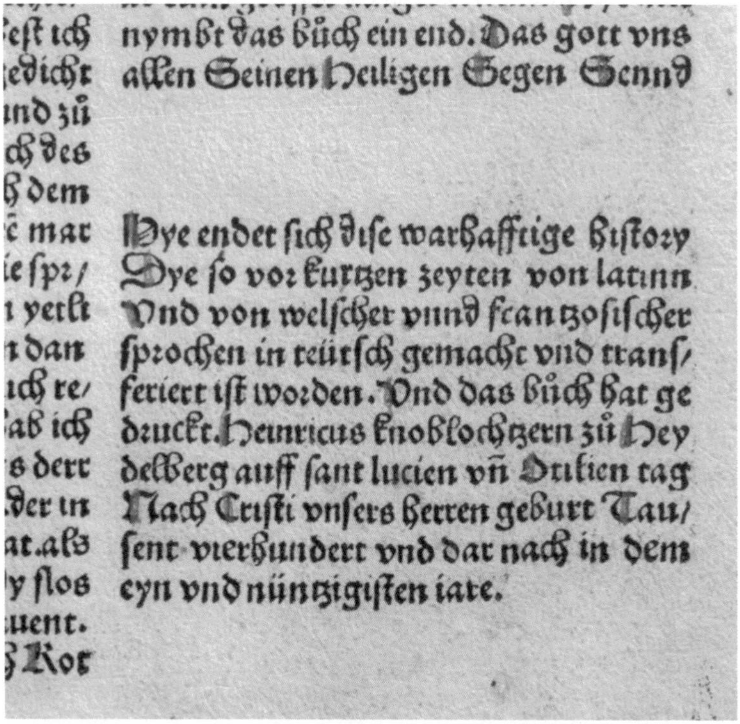

nymbt das büch ein end. Das gott vns
allen Seinen Heiligen Segen Sennd

Hye endet sich dise warhafftige hystory
Dye so vor kurtzen zeyten von latinn
Vnd von welscher vnnd frantzosischer
sprochen in teütsch gemacht vnd trans/
feriert ist worden. Vnd das büch hat ge
druckt. Heinricus knoblochtzern zü Hey
delberg auff sant lucien vñ Otilien tag
Nach Cristi vnsers herren geburt Tau/
sent vierhundert vnd dar nach in dem
eyn vnd nüntzigisten iare.

Abb. 128: GNM Nürnberg, Inc. 4° 101382 [http://dlib.gnm.de/item/4Inc101382/81], 39r (Ausschnitt).

Vom diesem Heidelberger Druck besitzt das Heidelberger Stadtarchiv ein (nicht ganz vollständiges) Exemplar (Schlechter/Ries 1265).

11   Was nicht gedruckt wurde

An Kontur gewinnt Knoblochtzers Druckprogramm schließlich auch, wenn man es
,von außen' betrachtet, aus der Warte der Themen nämlich, die aus verschiedenen
Gründen ins Repertoire der Heidelberger Offizin hätten aufgenommen werden
können. Diese ,Negativliste' erhebt keinerlei Anspruch auf Vollständigkeit:
  Am einfachsten wäre es für Knoblochtzer wohl gewesen, so müsste man denken,
in Straßburg schon Gedrucktes in Heidelberg wieder in sein Publikationsprogramm
aufzunehmen. Eine *Gw*-Liste, die für Knoblochtzer in Heidelberg 85 Treffer anzeigt,
ergibt für Straßburg 72 Titel, das Lebenswerk ist also in etwa gleichmäßig auf die
beiden Wirkungsstätten verteilt, doch ist der Umfang an eingesetzten Holzschnitten
in Straßburg beträchtlich größer. Eine ungefähre Vorstellung davon vermitteln die
Tafeln von A. SCHRAMM.[200] Bei einigen Heidelberger Titeln hat Knoblochtzer ja
tatsächlich auf sein Straßburger Druckprogramm zurückgegriffen, wie oben beschrieben: der *Ackermann von Böhmen* hat einen Straßburger Vorläufer (Gw 198),
wie auch verschiedene *Almanache* und *Kalender* (Kap. 9 A)[201] und der *Arbor consanguinitatis* des Johannes Andreae in lateinischen und deutschen Fassungen (Gw
1696, 1707, 1719, 1720). Die vielen für die Beichte relevanten Titel aus Heidelberg
konnten an Antonius Florentinus: *Confessionale* anknüpfen (Gw 02098), Johannes
Versors *Super Donatum* aus Heidelberg schließt an Donats *Ars minor* mit deutscher
Interlinearglosse aus Straßburg an (Gw 08973). Das *Formulare und deutsch Rheto-
rica* wird neu aufgelegt wie auch der *Ordo iudicarius*. Gersons *Ars moriendi* aus
Straßburg (Gw 10840) wird mit der deutschen Ausgabe des *Opus tripartitum* in
Heidelberg wieder aufgegriffen. Der Sequenz *Unserer Lieben Frau* des Mönchs von
Salzburg (Gw 12291) wird diese oben beschriebene, merkwürdige Heidelberger
Ausgabe von *Hymni. Hymnarium deutsch* zur Seite gestellt. Die Heidelberger *Melu-
sine* hatte Straßburger Vorläufer (Gw 12657, 12658, 12661), allerdings mit anderem
Bildrepertoire (wie oben beschrieben), die *Rosenkranz*-Ausgaben waren ebenso in
Straßburg schon im Programm (Gw M 38915 und 38918) wie der *Vocabularius Ex
quo* (Gw M5119 und M 5120).
  Doch überwiegen die Titel, die Knoblochtzer nicht aufnahm, obwohl sie nach
Ausweis der Frühdruckgeschichte oft Erfolg versprechend waren, möglicherweise
war der Markt für einige Titel schon gesättigt (vgl. z. B. die *Historia vom Herzog
Ernst*). Straßburger Titel, die in Heidelberg nicht aufgegriffen wurden, sind weiter-
hin ¶ die Fabelsammlung *Aesop* in einer lateinischen und zwei zweisprachigen, von

---

[200] ,Ungefähr' deshalb, weil SCHRAMM: *Bilderschmuck 19*, Tafeln 4–106 (Bild 11–424 Straß-
      burg, 425–659 Heidelberg) noch nicht alles Material kannte und auch eine problematische
      Nummerierung der einzelnen Holzschnitte unabhängig von ihrer Größe und Komplexität
      durchführte.

[201] In Heidelberg wiederholt Knoblochtzer aber nicht den umfangreichen deutschen Kalender-
      druck wie Straßburg 1483 (Gw M16012) mit einem opulenten Bildprogramm, vgl.
      SCHRAMM: *Bilderschmuck 19*, Abb. 83–114.

Heinrich Steinhöwel erstellten Ausgaben (Gw 348, 355, 356 von 1481–1483), die deutlich in der Tradition des berühmten ‚Ulmer Aesop‘[202] standen; die drei ‚Topseller‘ ¶ Petrarcas *Historia Griseldis* in der deutschen Fassung von H. Steinhöwel (Gw M31581 und M31582, Straßburg 1478 und 1482) und ¶ *De duobus amantibus* von Aeneas Silvius Piccolomini (=*De Euriolo et Lucretia*; Gw M33548 und M33550, Straßburg 1477) sowie ¶ *De duobus amantibus* von Brunus Aretinus (=*De amore Guiscardi et Sigismundae*, Gw 5644 und 5645 um 1476/78 und 1482), beide Liebesgeschichten in der Übersetzung von Niklas von Wyle, ¶ die vom Schachspiel abgeleitete Gesellschaftsallegorie *Schachzabelbuch* (= Cessolis, Jacobus de: *De ludo scachorum*, deutsch), um 1478 und 1483, mit je 40 Bll. und 15 bzw. 16 Holzschnitten (GW 6528 und 6530), ¶ zwei kleinere Titel von Geiler von Kaysersberg (Gw 10586 und 10592), ¶ die riesigen Sammlungen lateinischer Sermonen des Johannes Herolt von 524 Blättern (Gw 12387, nicht nach 1477) und Jordanus von Quedlinburg mit 248 Blättern (Gw M15125, nicht nach 1479), ¶ die *Historia vom Herzog Ernst*, eine Inkunabel von 56 Bll. mit 32 Holzschnitten (Gw 12535, um 1477)[203], die in dieser Fassung später mancherorts wiederholt herausgebracht wurde, nicht mehr aber zu Knoblochtzers Heidelberger Zeit. Denkbar wäre sicher auch gewesen eine Wiederholung der ersten lateinischen Druck-Ausgaben des ¶ paradoxen Dialogs zwischen Weisheit und Schlauheit: *Salomon et Marcolfus* (14 Bll. Gw 12755) mit Zierbordüre und *S*-Initiale ‚Salomon und Marcolphus im Gespräch‘,[204]sowie ¶ eine deutsche Ausgabe der *Historia septem sapientum* (*Cronick vnd histori* […] *die man nempt der siben meister bůch*) mit umfangreichem Holzschnittprogramm von 52 (ungewöhnlicherweise oft rahmenlosen) Bildern unterschiedlicher Qualität, verteilt auf die ersten 41 von 76 Bll. (ab 42ʳ *geistliche vßlegung und glose*). ¶ Der *Belial*, den man als iuristische Causa (*Litigatio Christi cum Belial*) oder als Trostbuch (*Consolatio pecccatorum*) lesen konnte, kam bei Knoblochtzer in Straßburg in der deutschen Fassung 1477, 1478, 1481 und 1483 gleich vier Mal unter Wiederholung des Bilderschmucks von 33 Holzschnitten (Gw M11086, M11087, M11091 und M11096)[205] und dann noch einmal in einer lateinischen Fassung ohne Illustration (Gw M11057) heraus. ¶ Der *Liber de translatione trium regum* von Johannes von Hildesheim kam in der deutschen Fassung (*ein bůch gesetzet in eren vnsers herren Jhesu cristi vnd seiner můter mareien vnd der heiligen dryer künig wirdigkeit wie sy in die land komen vnd ander werck die sy begangen vnd volbrocht haben vntz in ir end* […]) nach Ausweis des *Gw* aussschließlich in Straßburg heraus, zweimal bei Knoblochtzer (Gw M14019 und M14020),[206] einmal bei Prüss. ¶ Vom *Prebyterbrief* des ‚Priesterkönigs

---

[202] Vgl. dazu AMELUNG: *FDSW*, Nr. 28 mit zahlreichen Abbildungen. Die Holzschnitte sind bei SCHRAMM: *Bilderschmuck 19*, im Gegensatz zu denen der meisten hier folgenden Werke, nicht berücksichtigt.

[203] SCHRAMM: *Bilderschmuck 19*, Abb. 202–231.

[204] SCHRAMM: *Bilderschmuck 19*, S. 8 mit Abbildung 424 auf Tafel 70.

[205] SCHRAMM: *Bilderschmuck 19*, Abb. 11–44.

[206] zum Bildprogramm SCHRAMM: *Bilderschmuck 19*, Abb. 147–200.

Johannes' (vgl. Einträge unter diesem Titel im *Handschriftencensus*) sind keine Inkunabeln der deutschen Fassung erhalten, dass es sie nicht gegeben hat, ist unwahrscheinlich. Von den vier lateinischen Fassungen dieses schmalen Werks geht eine auf Knoblochtzer in Straßburg zurück (Gw 14515, um 1482, 9 Bll.), dabei setzt er die Zierbordüre ein, die er auch bei der *Salomon-et-Marcolfus*-Ausgabe verwendete. Der Kolophon gibt nur den Titel des Werkes an: *Explicit epistola de Johanne qui dicitur presbiter Indie.* ¶ Erstaunlich ist, dass der *Vocabularius praedicantium*, ein umfangreiches lateinisch-deutsches Wörterbuch, das humanistisch eingefärbt und mit ambiotioniertem Anspruch auftretend von Johannes Melber auf der Basis des Oeuvres von dessen Lehrer Jodocus Eichmann (vgl. oben Kap. 9 A: Gw 09255: *Weissagungen der 12 Sibyllen*) schon in den 50er Jahren des 15. Jhs. wohl in Heidelberg erstellt wurde,[207] von Knoblochtzer in Straßburg (als zweitälteste von über 25 Inkunabelausgaben) gedruckt wurde (Gw M22727, 1482, 234 Bll.), nicht aber in Heidelberg. Merkwürdig auch, dass Titel, die sonst zu den in der Inkunabelzeit am häufigsten gedruckten gehören, ¶ wie die quadrivial-theologische Minimalenzyklopädie *Ludcidarius* (Gw M09344, Straßburg um 1481) und ¶ Hans Tuchers bei *Gw* mit sechs Ausgaben gelistete *Reise ins gelobte Land* (Knoblochtzers Inkunabel aus Straßburg Gw M47734) in Heidelberg nicht nochmals aufgelegt wurden, jedenfalls sind keine Exemplare erhalten. ¶ Nicht verwunderlich ist dagegen, dass die drei Inkunabeldrucke, die sich um die Burgunderkriege (Feldzüge Karls des Kühnen gegen Ludwig XI. seit 1465) drehen, Gw M17614: *Burgundische Legende*, Gw M17616: Konrad Pfettisheim *Reimchronik der Burgunderkriege* und Gw M48074: H.E. Tüsch *Burgundische Historie* (Knoblochtzer, Straßburg, soweit datiert 1477),[208] und ein Lied von Veit Weber über die Schlacht von Murten 1476 (Gw M51444) in Heidelberg nicht wiederholt wurden. Von ihrer Machart her aber finden diese Werke ein Pendant in der Heidelberger Inkunabel Gw 09056: M. Drabsanfts *Reimspruch Von den Schlachten in Holland* (vgl. Kap. 10). ¶ Die Straßburger Inkunabel *De Turcis; De origine, potentia et gestis Turcorum* (Gw M48136, Straßburg 1481) ist im selben Kontext zu sehen wie Knolochtzers Heidelberger Drucke, die zum Ablass für die Finanzierung des Kampfes gegen die Türken auffordern (vgl. Kap. 9 B).

Innerhalb des Publikationsprogramms des ‚Drucker des Lindelbach' sind auffalllend viele Titel vertreten, die dem Umfeld der Bettelorden, insbesondere der Franziskaner zuzuordnen sind (vgl. Kap. 1). Wenn wir diesen Drucker tatsächlich mit Knoblochtzer gleichsetzen dürfen, so hätte er einige Werke ins Heidelberger Programm aufnehmen können, die z.B. auch in Ulm in vergleichbarem Kontext erschienen

---

[207] KLAUS KIRCHERT/DOROTHEA KLEIN: *Melber, Johannes aus Gerolzhofen*, in: ²VL 6 (1987), Sp. 367–371, und die entsprechenden beiden Handschrifteneinträge in *Handschriftencensus* unter seinem Namen.

[208] Vgl. KURT HANNEMANN: *‚Burgundische Legende'*, in: ²VL 1 (1978), Sp. 1131–1134 und FRIEDER SCHANZE: *Pfettisheim, Konrad*, in: ²VL 7 (1989), Sp. 564–567, vgl. auch SCHRAMM: *Bilderschmuck 19*, Abb. 46–53.

sind, wie ¶ die Predigtsammlungen des Franziskaners Konrad Gristsch/Grütsch (Gw 11539 und 11540: 1475/76, je 271 Bll.)[209] und ¶ des (Pseudo-) Bonaventura (Gw 4812: 1481, 288 + 140 Bll.),[210] ¶ die ebenfalls Bonaventura zugeschriebenen *Meditationes vitae Christi* (Gw 04745, 1487, 54 Bll.) oder ¶ die Rede von Octavianus de Martinis zu Bonaventuras Heiligsprechung (Gw 21356: 1482, 21 Bll.).[211]

Knoblochtzers Heidelberger Offizin ist offensichtlich auch nicht zuständig für den Druck von Liturgica, auf die sich etwa die Drachs in Speyer oder Ratdolt in Augsburg spezialisiert hatten. Nicht einmal die Ausgabe des ¶ *Plenars*, das Knoblochtzer in Straßburg „um 1482" und „um 1484" zwei Mal gedruckt hatte (Gw 34130 und 34131, 230 Bll.: *hie vaht sich an ein plenari nach ordenung der heiligen cristenlichen kirchen in dem man geschriben vindet all epistel vnd ewangeli als die gesungen vnd gelesen werdent in dem ampt der heiligen meß durch das gantz Jahre*) wird in Heidelberg wiederholt.[212]

Jacob Meydenbach in Mainz hat ab 1491 insgesamt ein knappes Dutzend Drucke hervorgebracht. Für die lateinischen und deutschen Ausgaben von Lichtenbergers *Prognosticatio* (lat. 1491, 1492 lat. und dte. Ausgabe: Gw M18222, M18225, M18244) verwendet er die Holzschnitte von Knoblochtzers Ausgaben von ca. 1488 und ca. 1490 (M18217 und M18242, vgl. oben Kap. 9 A). Ebenso greift er beim Druck des *Totentanz mit figuren* (um 1494/5; Gw M47259) auf das Material des Heidelberger ‚Druckmeisters' zurück (um 1488; Gw M47257). Daneben findet sich in seinem Publikationsprogramm u. a. schon 1491 eine riesige Ausgabe ¶ des *Hortus sanitatis* von 454 Bll. mit 1073 Holzschnitten.[213] Derartiges medizinisches Schrifttum fehlt Knoblochtzer in Heidelberg ganz, nicht einmal das sonst weit verbreitete ¶ *Regimen sanitatis*[214]oder Pestregimina[215] hat er im Programm.

Im 6. und 10. Kapitel war festzustellen, dass Knoblochtzers literarisches Repertoire u. U. von der Fürstenbibliothek, insbesondere den Titeln, die 1479 als Erbschaft der Margarete von Savoyen an ihren Sohn Philipp d. A. in Heidelberg gegangen waren, beeinflusst wurde. Parallelen, Anregungen und Einflüsse waren denkbar beim *Ackermann von Böhmen*, dem *Sigenot*, evtl. dem *Pfaffen vom Kalenberg*. Wäre dieser mutmaßliche Einfluss weiter gegangen, hätten beispielsweise noch ¶ Eleonores von Österreich *Pontus und Sidonia* (Cpg 142; 4 Inkunabelausgaben aus Augsburg Gw 12719–12722) oder ¶ Elisabeths von Nassau-Saarbrücken: *Herpin* (Cpg 152; Druck zuerst Straßburg 1514, vgl. Gw 11 Sp. 176a) bei Knoblochtzer in Heidelberg erscheinen können.

---

[209] AMELUNG: *FDSW,* Nr. 22 (fälschlich <u>Johannes</u> Gritsch).

[210] AMELUNG: *FDSW,* Nr. 43.

[211] AMELUNG: *FDSW*, Nr. 54.

[212] Zum Bildprogramm vgl. SCHRAMM: *Bilderschmuck 19*, Abb. 370–421.

[213] Vgl. neben den Angaben im *Gw* auch GELDNER: *Inkunabeldrucker* (1968), S. 42.

[214] Vgl. AMELUNG: *FDSW*, Nr. 94.

[215] Z. B. AMELUNG: *FDSW*, Nr. 95 u. ö. (Register: „Pestschriften").

Vom Werk der Humanisten, die mit Heidelberg verbunden waren, lag manches, wie Luders *Ars oratoria*, für Knoblochtzers Tätigkeit in Heidelberg ‚zu früh' anderes war ‚zu spät' wie Wimpfelings *Adolescentia* u. a. oder einige Titel aus Reuchlins Werk. Dessen ¶ *Vocabularius breviloquus*, der seit 1477 bis in die späte Inkunabelzeit unzählige Male in ganz Europa gedruckt wurde, hätte aber auch in Knoblochtzers Heidelberger Programm gut gepasst (s. die verschiedenen Vokabularien, die bei ihm erschienen sind). Jakob Köbel, der schon als Verleger die Dienste von Knoblochtzers Druckerei in Anspruch genommen hatte (s. o. allenthalben), setzte in seiner eigenen Offizin in Oppenheim Knoblochtzers Tradition insofern fort, als er manches Material von ihm verwendete, manche Titel wie Virdungs *Practica* (s. o. Kap. 9 A) wieder aufnahm. Von einigen Titeln, die Jakob Köbel in der eigenen Werkstatt herausbrachte,[216] hätten sicher manche auch schon bei Knoblochtzer erscheinen können.

Zum Themenschwerpunkt der Marienverehrung (vgl. Kap. 8) hätten auch noch Titel wie ¶ die Sequenz *Von Unserer Lieben Frau* des Mönch von Salzburg, ¶ Pseudo-Bonaventuras *Von dem großen Mit Leyden der Jungkfrawen Marie*, ¶ Alanus' de Rupe *Marienpsalter* oder das *Lob der Glieder Mariae* gepasst, die allesamt u. a. in Ulm erschienen,[217] dessen Buchdruckerszene auf Knoblochtzers Schaffen nicht nur durch die Übernahme von Zainers Initialenmaterial einen gewissen Einfluss ausgeübt zu haben scheint.

So mag manches noch denkbare Projekt bei Heinrich Knoblochtzer daran gescheitert sein, dass seine Schaffenskraft durch gesundheitliche Gründe, mangelnde wirtschaftliche Prosperität oder fehlende Aufträge versiegte.

---

[216] GELDNER: *Inkunabeldrucker* (1968), S. 290; CHRISTOPH RESKE: *Die Buchdrucker des 16. und 17. Jahrhunderts im deutschen Sprachgebiet. Auf der Grundlage des gleichnamigen Werkes von Josef Benzing*, Wiesbaden 2007, S. 761 f. mit weiterer Literatur.

[217] AMELUNG: *FDSW*, Nrr. 7, 120, 121, 124, 126.

B Statistik

Dieser Überblick in Form einer Bibliographie raisonneé sollte ein einigermaßen plastisches Bild von *dem* führenden Heidelberger Inkunabeldrucker, Heinrich Knoblochtzer ergeben. Und es lassen sich einige Korrekturen an der bisherigen Einschätzung anbringen: Die Zahl der gedruckten Werke suggeriert ein Nachlassen der Aktivität schon nach 1490:

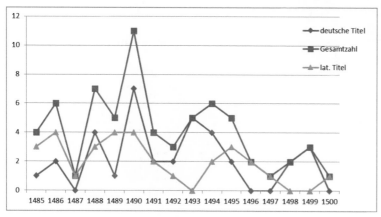

Abb. 129: Anzahl der gedruckten Titel

Betrachtet man hingegen die Anzahl der gesetzten Blätter, so kann man noch deutlicher eine zweite Tätigkeitsspitze in den Jahren 1494/5 ausmachen, bevor es dann gegen Ende des Jahrhunderts tatsächlich ‚bergab‘ ging:

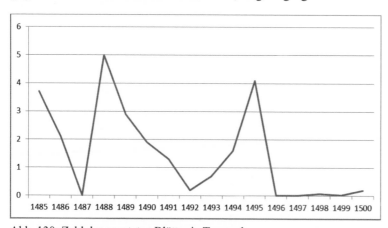

Abb. 130: Zahl der gesetzten Blätter in Tausend

Eine zweite Korrektur ergibt sich, wenn man das Verhältnis zwischen lateinischer und deutscher Sprache nicht nur auf die Werke bezieht (dies führte bislang zur Einschätzung Knoblochtzers als einem Drucker, der vor allem Deutsches druckte), sondern die gesetzten Blätter beachtet. So zeigt sich, dass der Aufwand an Material und Mitarbeitern für lateinische Texte weitaus größer war als für deutsche.

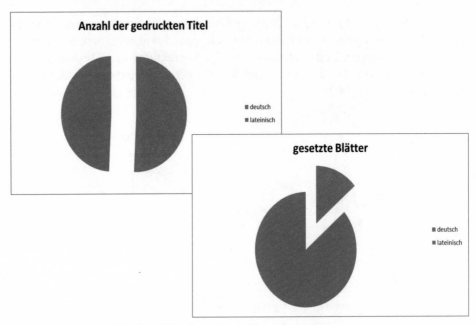

Abb. 131: Der Materialaufwand für deutsche und lateinische Texte

C   Fazit

Als Fazit ergibt sich:

Knoblochtzer, aus Ettenheim stammend, zuerst Drucker in Straßburg neben vielen anderen, konkurrierenden Offizinen, wandert von dort wegen Schulden oder auf der Suche nach neuem Standort mit weniger Konkurrenz um 1484/85 nach Heidelberg aus (vgl. Einleitung).

In Heidelberg waren bis dahin keine Druckwerkstätten ansässig. Woher er das notwendige Papier bezog, wird eine genaue Wasserzeichenanalyse seiner Drucke klären können, die hier nicht zu leisten war. Vielleicht befindet sich seine Werkstatt in Wassernähe im Mühlenviertel?

Evtl. wurde sein Herzug aber auch vom Fürstenhof, den vom Hof unterstützten Franziskanern oder/und humanistischen Bestrebungen um den bis kurz zuvor hier weilenden Rudolf Agricola (†1485) befördert.

In Heidelberg bezieht Knoblochtzer (falls man ihn mit dem ‚Drucker des Lindelbach‘ gleichsetzen darf) jedenfalls erste Aufträge aus dem Franziskanerkloster unterhalb des Schlosses (am heutigen Karlsplatz) oder erhofft sich Distributionsmöglichkeiten über das Ordensnetzwerk (vgl. Kap. 1).

Knoblochtzer sucht dann auch die Nähe zur Universität, eine der ältesten im deutschen Sprachraum (seit 1386), schreibt sich 1486 hier ein, druckt Werke, die für das Studium benötigt werden, dabei bevorzugt er erkennbar hier tätige Theologen (vgl. Kap. 2).

Er publiziert Werke aus dem hier aktiven Humanistenkreis (vgl. Kap. 5), der seinerseits wieder in engem Kontakt zum Hof und zum Franziskanerkloster stand (vgl. Kap. 1) und versorgt aus gleicher Quelle gespeiste spätmittelalterliche Frömmigkeitsbewegungen (vgl. Kap. 6, 7, 8).

Eine verlässliche Säule seines Unternehmens scheint der Druck von informierenden Schriften gewesen zu sein (Kap. 9), wobei auch hier wieder in Heidelberg ansässige oder geschätzte Autoren bevorzugt werden (Köbel, Eichmann, Virdung).

Knoblochtzer setzt später sein Druckprogramm aus Straßburg hier fort, nicht ohne es in Blick auf günstigere Kalkulation technisch weiterzuentwickeln (Kap. 4, 6, 10), stellt Beziehung zum Fürstenhof und zur zunehmend gebildeten städtischen Käuferschicht her (Kap. 5, 6, 10).

Aus der Zeit, als die Produktivität seiner Offizin in Heidelberg ihren Höhepunkt erreicht (1489–1491), stammt auch sein selbstbewusstestes Kolophon als ‚Meister der Druckkunst‘ (*Impressus heydelberge, per henricum knoblochtzer impressorie artis magistrum*), wohl nicht zufällig in einem humansitisch angehauchten lateinischen Werk, das sich auf das Studium an der Universität bezieht (Baptista Guarinus: *De ordine docendi ac studendi*; Kap. 3). Aber auch später, 1495, wird in einer anderen, theologischen Inkunabel seine Bedeutung für die Texterstellung als umsichtiger, ehrenwerter Drucker (*Providus et honestus Henricus knoblotzer: Impressor Heidelbergensis*) hervorgehoben (vgl. Kap. 2, Johannes de Lambsheim: *Speculum officii missae expositorium*):

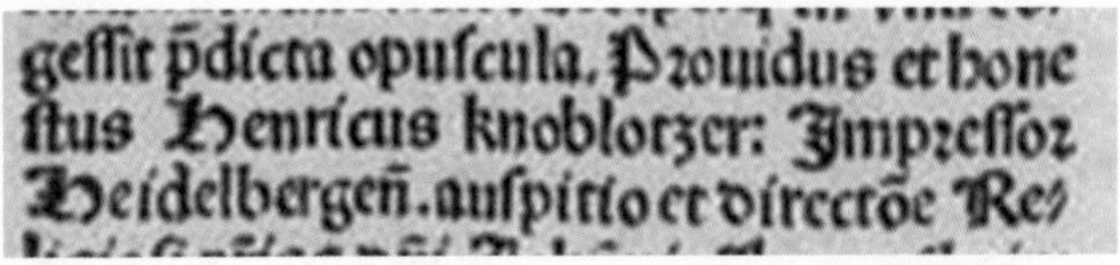
gessit p̄dicta opuscula. Prouidus et hone
stus Henricus knoblotzer: Impressor
Heidelbergeñ. auspitio et directõe Re-

Abb. 132: ULB Bonn, Inc 1017 [https://digitale-sammlungen.ulb.uni-bonn.de/content/pageview/1562812], 30r (Ausschnitt).

Er kooperiert mit anderen Akteuren in der Region. Hinter manchen Drucken stehen Verleger (z. B. Jakob Köbel, Kap. 5, 9 A u. ö.) oder andere Drucker wie die Offizin Drach in Speyer. Er kooperiert auch technisch überregional, übernimmt z. B. Lettern von Johannes Zainer in Ulm, er ist letztlich ein Drucker, der vielfältige Sparten bedient, und nicht zuletzt insofern ein Pionier, als er Heidelbergs Tradition als Druck- und Verlagsstadt begründet:

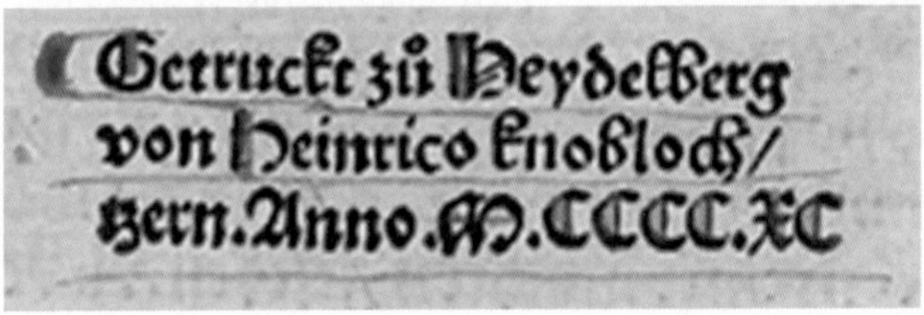
Getruckt zů Heydelberg
von Heinrico knobloch/
zern. Anno. M.CCCC.XC

Abb. 133: aus: *Her Diethrich von Berñ/Sigenot*, vgl. Kap. 10 (mit Nachweis dort).

D Abgekürzt zitierte Literatur

AMELUNG: *F*DSW
PETER AMELUNG: *Der Frühdruck im deutschen Südwesten 1473–1500. Band 1: Ulm. Eine Ausstellung der Württembergischen Landesbibliothek Stuttgart*, Stuttgart 1979.

BACKES (1992)
MARTINA BACKES: *Das literarische Leben am kurpfälzischen Hof zu Heidelberg im 15. Jahrhundert. Ein Beitrag zur Gönnerforschung des Spätmittelalters* (*Hermaea: Germanistische Forschungen NF 68*), Tübingen 1992.

Bibliotheca Palatina (1986)
Katalog zur Ausstellung vom 8. Juli bis 2. November 1986 in der Heiliggeistkirche Heidelberg, Textband und Bildband, hg. von ELMAR MITTLER in Zusammenarbeit mit WALTER BERSCHIN, VERA TROST u.a., Heidelberg 1986.

GELDNER: *Inkunabeldrucker* (1968)
FERDINAND GELDNER: *Die deutschen Inkunabeldrucker. Ein Handbuch der deutschen Buchdrucker des XV. Jahrhunderts nach Druckorten, Band 1: Das deutsche Sprachgebiet*, Stuttgart 1968.

GELDNER: *Knoblochtzer* (1979)
FERDINAND GELDNER: Knoblochtzer, Heinrich, in: *Neue Deutsche Biographie 12* (1979), S. 195 [Onlinefassung, o. S.].

*G*W
Gesamtkatalog der Wiegendrucke, herausgegeben von der Kommission für den Gesamtkatalog der Wiegendrucke, Leipzig 1925 ff.: [https://www.gesamtkatalogderwiegendrucke.de/].

*I*NKA
Eberhard-Karls-Universität Tübingen: Der Inkunabelkatalog *I*NKA ist kein abgeschlossener Katalog, sondern bietet Zugriff auf verschiedene Dateien eines Datenpools, der sich aus Exemplarbeschreibungen von Inkunabeln in verschiedenen Bibliotheken zusammensetzt. Der Datenpool wird regelmäßig aktualisiert: [https://www.inka.uni-tuebingen.de/].

*I*STC
Incunabula Short Titel Catalogue: international database of 15th-century European printing created by the British Library with contributions from institutions worldwide: [http://www.bl.uk/catalogues/istc/].

LÄHNEMANN (2002)
HENRIKE LÄHNEMANN: *Margarethe von Savoyen in ihren literarischen Beziehungen*, in: *Encomia-Deutsch*, Sonderheft der Deutschen Sektion des *International Center for Language Studies*, Tübingen, S. 158–173.

MITTLER: *Heidelberg* (1996)
ELMAR MITTLER (Hg.): *Heidelberg. Geschichte und Gestalt*. Heidelberg 1996.

MÜLLER: *Wissen für den Hof* (1994)
JAN-DIRK MÜLLER (Hg.): *Wissen für den Hof. Der spätmittelalterliche Verschriftlichungsprozess am Beispiel Heidelberg im 15. Jahrhundert* (SFB 231: *Träger, Felder, Formen pragmatischer Schriftlichkeit im Mittelalter; Münstersche Mittelalter-Schriften, Band 67*), München 1994.

ROTH: *Geschichte* (1901)
FERDINAND W. E. ROTH: *Geschichte und Bibliographie der Heidelberger Buchdruckereien 1485–1510*, in: *Neues Archiv für die Geschichte der Stadt Heidelberg 4* (1901), S. 197–224.

SCHLECHTER/RIES (2009)
Universitätsbibliothek Heidelberg: *Katalog der Inkunabeln der UB Heidelberg, des Instituts für Geschichte der Medizin und des Stadtarchivs Heidelberg*, bearbeitet von ARMIN SCHLECHTER und LUDWIG RIES, Wiesbaden 2009.

SCHRAMM: *Bilderschmuck 19*
ALBERT SCHRAMM: *Der Bilderschmuck der Frühdrucke (Band 19): Die Straßburger Drucker: 1. Johann Mentelin …*, Leipzig 1936; Digitalisat UB Heidelberg: [https://digi.ub.uni-heidelberg.de/diglit/schramm1936bd19].

TW
Typenrepertorium der Wiegendrucke: Inkunabelreferat der Staatsbibliothek zu Berlin/Preußischer Kulturbesitz, Datenbank der im Buchdruck des 15. Jahrhunderts verwendeten Drucktypen: [https://tw.staatsbibliothek-berlin.de/].

VE 15
FALK EISERMANN: *Verzeichnis der typographischen Einblattdrucke des 15. Jahrhunderts im Heiligen Römischen Reich Deutscher Nation*, 3 Bände, Wiesbaden 2004.

²VL
Die deutsche Literatur des Mittelalters. Verfasserlexikon, zweite, völlig neu bearbeitete Auflage (11 Bände), herausgegeben von KURT RUH und BURGHART WACHINGER, Berlin/New York 1978–2004.

ZIMMERMANN (1999)
KARIN ZIMMERMANN: *Die Anfänge der Bibliotheca Palatina bis zu Friedrich I. dem Siegreichen und Philipp dem Aufrichtigen*, in: *Universitätsbibliothek Heidelberg: Kostbarkeiten gesammelter Geschichte. Heidelberg und die Pfalz in Zeugnissen der UB*, hg. von ARMIN SCHLECHTER, Heidelberg 1999, S. 3–17.

E   Register

Grundstock des alphabetischen Werkregisters ist die Liste, die der *Gw* bei der maschinellen Suche nach den Schlagwörtern: Druckort ‚Heidelberg‘ und Druckername ‚Knoblochtzer‘ auswirft. Die Liste enthält 85 Treffer, die ich hier mit Querverweisen versehe. Rot hervorgehoben werden die Firmierungen, soweit sie dem Druck selbst in ganz unterschiedlichen Ausprägungen zu entnehmen sind (vgl. Einleitung). Blau hervorgehoben sind die Angaben, die auf den früher separat geführten ‚Drucker des Lindelbach‘ verweisen, der heute nach überwiegender Auffassung (aber nicht mit letzter Sicherheit) mit Knoblochtzer gleichgesetzt wird. In eckiger Klammer bleiben, nach Usus des *Gw*, aus dem Typenmaterial erschlossene Angaben stehen. Zahlreiche Werktitel etwa von Knoblochtzers Drucken aus Straßburg sind im Register nicht berücksichtigt, sind aber im entsprechenden Abschnitt des 11. Kapitels leicht aufzufinden. Angegeben ist immer die Seite, auf der der Eintrag beginnt, auf *f.*- und *ff.*-Angaben wird verzichtet.

Beichtbüchlein. Heidelberg: Heinrich
Knoblochtzer, 1494; 4° [Gw 03780]: **85**
Biel, Gabriel → Gerson
Brunus, Gabriel → Johannes de Deo
Cartusianus
*Büchlein, Wie man Fische und Vögel fangen
soll* [Heidelberg: Jakob Köbel, um
1493]; [Gw 0567910N]: **112**

Cato, deutsch. [Heidelberg: Heinrich Knoblochtzer, um 1490]; 4° [Gw 06323 und
06324]: **42**
Chaimis, Bartholomaeus de: *Confessionale.*
[Heidelberg: Drucker des Lindelbach
(Heinrich Knoblochtzer), nicht nach
1485]; 4° [Gw 06548]: **18**
Constructionarius → *Grammatica. Regulae
congruitatum*

Danse macabre des hommes, Grant; Lyon
[Matthias Huss] 18.2. [1499/1500];
[Gw 7954]: **9**
Danse macabre → *Totentanz*
Datus, Augustinus: *Elegantiolae* etc.
[Heidelberg: Drucker des Lindelbach
(Heinrich Knoblochtzer), nach(?) 21.
VIII.1486]; 4° [Gw 08126]: **34**
Deutscher Orden → *Verteidigung der Rechte
des Deutschen Ordens*
Dietrich von Bern → *Sigenot*
Disticha Catonis → *Cato*
Drabsanft, Matthias: *Von den Schlachten in
Holland* [Heidelberg: Heinrich Knob-
lochtzer, um 1489]; 8° [Gw 09056]: **119**

Eichmann, Jodocus: *Weissagungen der 12 Sibyllen über die jungfräuliche Geburt
Christi,* Heidelberg: Heinrich Knoblochtzer, 1493; 4° [Gw 09255]: **110**
Einblattdruck → Almanach; → Philipp,
Kurfürst von der Pfalz; → Rauschner,
Jörg; → *Tafel zur Bestimmung der
beweglichen Feste für die Jahre 1488–
1507*; → Tratt, Hans von; → *Verteidigung der Rechte des Deutschen Ordens
auf die Balleien Apulien und Sizilien*; →

Virdung, Johannes; → Walbrun, Hans
und Philipp von.
Elegantiolae → Datus, Augustinus
Es tu scholaris? Heidelberg: Heinrich
Knoblochtzer, [um 1494/95]; 4°
[Gw 09401]: **40**
Evrardus de Valle Scholarum: *Sermones de
sanctis,* Heidelberg: [Drucker des
Lindelbach (Heinrich Knoblochtzer)],
21.I.1485; 2° [Gw 0948920]: **19**

Formulare und deutsch Rhetorica [Heidel-
berg: Heinrich Knoblochtzer], 1488; 2°
[Gw 10187]: **54**
Frankfurter, Philipp: *Der Pfarrer vom Kalen-
ber*g. Davor: *Wann ein jeglicher Fisch
am besten ist.* Daran: *Vom Ritter
Alexander und seiner Frau.* [Heidel-
berg]: Heinrich Knoblochtzer, [14]90; 2°
[Gw 10289]: **111, 124**
Fußpfad zur ewigen Seligkeit, Heidelberg:
[Heinrich Knoblochtzer für Jakob
Köbel], [14]94; 4° [Gw 10429]: **92**

Gallus, Jodocus → Johannes de Deo
Cartusianus
Gabriel Brunus → Johannes de Deo
Cartusianus
Gerson, Johannes: *Opus tripartitum,* deutsch
von Gabriel Biel. [Heidelberg: Heinrich
Knoblochtzer, nicht nach 1488]; 4°
[Gw 10786]: **22**
Grammatica. Regula Dominus quae pars
[Heidelberg: Heinrich Knoblochtzer, um
1486/90]; 4° [Gw 11144]: **41**
*Grammatica. Regulae congruitatum,
constructiones et regimina. Constructio-
narius.* [Heidelberg: Heinrich Knob-
lochtzer für] Jakob Köbel, [um 1490]; 4°
[Gw 11219]: **42**
Guarinus, Baptista: *De ordine docendi ac
studendi.* Heidelberg: Heinrich Knoblochtzer, 18.XII.1489; 4° [Gw 11597]: **44**

Historia Melusine → *Melusine*
Historia Sigenot → *Sigenot*